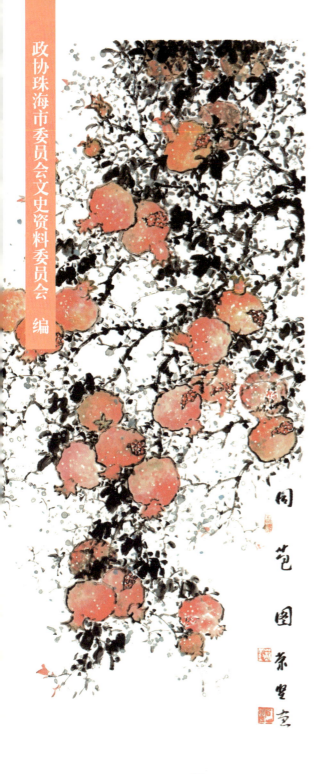

政协珠海市委员会文史资料委员会 编

2024·第三十二辑

珠海文史

赵朴初

中国文史出版社

图书在版编目（CIP）数据

珠海文史. 第三十二辑 / 政协珠海市委员会文史资
料委员会编. -- 北京 ： 中国文史出版社，2024.11.
ISBN 978-7-5205-4864-9

Ⅰ．K296.53

中国国家版本馆 CIP 数据核字第 2024ZT7042 号

责任编辑：戴小璇

出版发行：中国文史出版社

社　　址：北京市海淀区西八里庄路 69 号院　邮编：100142
电　　话：010-81136606　　81136602　81136603（发行部）
传　　真：010-81136655
印　　装：廊坊市海涛印刷有限公司
经　　销：全国新华书店
开　　本：787×1092mm　　1/16
印　　张：18.75
字　　数：168 千字
版　　次：2024 年 12 月北京第 1 版
印　　次：2025 年 6 月第 2 次印刷
定　　价：78.00 元

目 录

史海钩沉

地方风物

庆祝新中国成立75周年

人民政协成立75周年

珠海城市品牌——中国国际航空航天博览会

刘利亚

中国国际航空航天博览会，简称"中国航展"或"珠海航展"，创办于 1996 年，是由中央人民政府批准逢双年在中国珠海举办的综合性国际航空航天展览，属"国家行为"，以实物展示、贸易洽谈、学术交流、飞行表演及地面装备动态演示为主要特征。中国航展现已发展成为集贸易性、专业性、观赏性于一体，代表当今国际航空航天业先进科技主流，展示当今世界航空航天业发展水平的蓝天盛会，成为展示我国国防综合实力及军民融合成果的主窗口、促进中外军事交流和军贸合作的大平台，并已成功跻身世界五大航展之列，也是珠海的重要城市品牌。

细致筹划

早在珠海机场兴建前夕，1992 年开始，就着手筹划举办航空航天博览会，珠海市委、市政府通过各种渠道与巴黎、温哥华、范堡罗、新加坡等多个著名国际航展的组织机构进行联系和咨询，主动邀请国内外有关专家到珠海实地考察，委托专门机构开展可行性研究论证。

在珠海机场建设的同时，还聘请 60 多位国内外专家组成顾问团为航展招商，其中包括中国民用航空总局副局长、空军副司令员、总参副总参谋长，以及航空工业总公司、中国航空工业总公司国际贸易局、航天工业总公司、中国国际展览中心、中国长城展览公司的负责人等。尽管我国没有举办过航展，但顾问团中的许多领导曾多次参加世界著名的航展，为珠海举办航展提出了许多宝贵的意见建议。

同时进行的还有航展报批手续。珠海市领导班子原来以为只要全市上下取得共识，下定决心，向民航总局报告即可举办航展，实际进行中了解到举办航展必须报告国务院批准。1994 年 1 月 22 日，珠海市政府向国务院提交举办航展的请示，经过不懈努力，1995 年 5 月 19 日，国务院正式批复同意，此中曲折经历证明，举办航展的复杂程度远远超出前期预估。

举办航展在国内来说是首创，所以需联系报告的部门很多，包括经贸部、贸促会、海关总署、航空工业部、外交部、军委外事部门、总参、空军总部、国防科工委，还有中央军委、国务院办公厅、中央办公厅等。市领导领衔的团队在北京与珠海之间奔波了近一年，拜访了十几个单位，陈述申办理由。对在珠海举办中国国际航空航天博览会这一新生事物，很多部门虽然认识也朦胧不清，但知道是利国利民的好事，均表态支持。最难的一关在国防科工委。当时的主管领导告诉珠海，航展关系到外国飞机和武器的进出，事关领空开放和安全问题，超出了他们的批准权限，必须向中央军委主席报批，建议珠海向总书记报告。

于是，珠海市委、市政府向时任中共中央总书记、国家主席、中央军委主席江泽民作专题报告，详细汇报了航展的筹备情况和所遇到的困难。江泽民同志同意珠海举办航展，并在报告上批示了七点意见，指示航展的筹备工作要加快。江泽民同志的批示让举办中国（珠海）国际航空航天博览会的工作更加顺畅，相关部门纷纷协助珠海加快推进各项筹备工作。

1995 年，国务院总理办公会议研究决定将珠海航展定位为国家行为，明确命名为"中国国际航空航天博览会"，每逢双年在珠海举办，同时成立航展组委会，首届航展组委会主任是时任国务院副总理吴邦国，珠海市主要领导任常务副主任，中央各部委负责人担任组委会成员。

首届惊艳

1995年5月，关于在珠海举办首届中国国际航空航天博览会的议题，在国务院常务会议上获得通过。1996年4月15日的国务会议确定，首届中国国际航空航天博览会1996年11月5日至10日在珠海机场举行。

与此同时，航展场馆建设加快推进，至1996年10月27日，首届中国国际航空航天博览会的主要工程5.2万平方米的展馆、23万平方米的飞机展示坪、5万平方米的道路广场、10万平方米的绿化及临时开放口岸、4万平方米的候机楼装修工程，全部竣工。

1996年11月5日，首届带飞行表演的中国国际航空航天博览会在珠海开幕。航展得到了党和国家领导人的高度重视，江泽民同志专门为航展题词，时任国务院总理李鹏为航展开幕式剪彩，时任国务院副总理吴邦国致开幕词，6位政治局委员视察航展，56位将军参观航展，国家、广东省、珠海市各级领导及国内外嘉宾共7000余人出席开幕式。来自包括中国在内的25个国家和地区的400多家航空航天厂商参加了航展。歼8-M型战斗机、直-9型直升机、运12国产运输机，以及代表中国航天技术世界先进水平的长征二号捆绑式火箭（长二捆）向全世界展示了中国航空航天的实力。苏-27、

1996年首届中国国际航空航天博览会在珠海机场举行

苏-30、伊尔-78和英国金梦特技飞行表演队也加入了此次世界航空航天盛会。

航展期间,参展和进行飞行表演的飞机共96架。中国航空工业总公司有18架飞机参展,其中8架做飞行表演。中国航天工业总公司展出运载火箭、防卫导弹、人造地球卫星等50多种航天产品实物和模型。长征二号捆绑式火箭是此届航展最大的实物展品。从11月5日至10日,共签订15项合同协议,合同金额约20亿美元。海内外观众70多万人次观展。首届中国国际航空航天博览会引起了新闻传媒的广泛关注,据不完全统计,航展筹备和开幕期间,国内外新闻传媒共刊播有关航展新闻1万多条(幅),其中境外传媒刊播4000多条(幅),为航展的成功举办起到了积极的推动作用。航展期间,有13个国家和地区的38家传媒机构汇聚珠海,加上国内传媒,共有200多家新闻单位报道了此次盛会。

值得一提的是,在首届航展中,代表中国航天技术世界先进水平的长征二号捆绑式火箭实体在现场展出,成为首届航展的"镇展之宝"。在珠海市的筹划中,坚持将"长二捆"矗立展出,因为只有"一竖起来,整个环境庄严肃穆,威风

"长二捆"火箭矗立在珠海
首届中国国际航空航天博览会上

凛凛,主题集中",才能更好地"扬我国威,壮我军威"!事实上,"长二捆"是一个"巨人",组装起来,从头到脚总高度达到 60 多米,除了在发射场和靶场,它从未被矗立展示过。如果坚持在珠海航展上矗立展出,不能排除由于一些不可预料的原因发生倾倒,那将成为一个国际事件,必须承担极大的政治风险。因此,航天部门特别叮嘱,"长二捆"横卧展示。关键时刻,珠海经济特区人的执着和韧劲充分体现出来,为了说服航天部门领导,在他们到达珠海的当天,珠海市领导在现场一直等到晚上,诚恳地对领导和专家讲:在技术上你们尽管提要求,出任何事情,我们对国家负责。最终"长二捆"实体首次实现了矗立展出,这个令人瞩目的庞然大物所展示出来的不仅是中国航天的先进技术,也是珠海经济特区敢为人先的气势。后来,"长二捆"和"长三乙"火箭,每届航展都矗立展出在展馆外,成为中国航展的标志性景观。

拓展功能

从 1996 年到 2023 年,珠海成功主办了 14 届航展,航展的规模和专业性不断提高,逐渐成为珠海经济特区最亮丽的"城市名片"。

2018 年,中共中央总书记、国家主席、中央军委主席习近平给第十二届中国国际航空航天博览会发贺信,指出,经过 20 多年的努力,中国国际航空航天博览会成为最具国际影响力的航空航天类专业展会之一,为推动世界航空航天科技发展发挥了积极作用。

作为一张蓝天之上的"国家名片",中国航展要持续向全球传递开放自信的"中国声音"。新发展格局下,中国航展进一步发挥平台效应,助推中国航空航天及国防事业更快更好发展,聚焦高质量发展,锚定"制造业当家",珠海将这张"金字招牌"越擦越亮。

聚焦"拓展中国国际航空航天博览会平台功能",进一步打造、成为"国际交流、全球合作""军民融合、高端制造""港澳融入国家发展大局""科普教育、爱国主义教育"的大平台，在加快建设航天强国中发挥航展优势、体现珠海担当。

加快实现高水平科技自立自强，是推动高质量发展的必由之路。

航空航天产业是当今世界最具挑战性和广泛带动性的高科技领域之一，该产业既是国家综合国力的集中体现和重要标志，又是国家战略性新兴产业和先进制造业的重要组成部分。中国航展积累了国内乃至全世界最优质的航空航天、高端制造、国防工业、军民两用技术、电子信息等领域的企业资源，是粤港澳大湾区建设现代化产业体系和参与国际高端制造市场的重要平台。

党的十八大以来，随着我国航空航天事业不断刷新纪录，一些关键核心技术攻关取得新突破，载人航天、探月探火、卫星导航、大飞机制造等领域创新成果不断涌现，航空航天科技水平实现跨越式发展、取得历史性成就，中国航展进入了高质量发展、实现国际超越的重要阶段。

"中国始终致力于同世界各国一道，推动航空航天科技发展。"第十二届中国航展开幕式上，习近平总书记发来贺信，为进一步办好中国航展指明了前进方向，提供了根本遵循。

珠海着力从四个方面拓展中国航展平台功能，在加快建设航天强国中发挥航展优势、体现珠海担当。

一是拓展中国航展"国际交流、全球合作"的平台功能。

"探索浩瀚宇宙是人类共同的梦想，国际交流与合作是航空航天探索的发展方向。中国航展搭建平台、连接世界，助力国内国际双循环、展示人类命运共同体理念。"珠海努力争取国家相关部委和主办单位的支持，推动更多国家和地区的军政代表团，以及国际机构、科研部门、企业参与中国航展，不断扩大中国航展的影响力。2023 年 11 月，珠海举办首届亚洲通用航空展，实现"双年看航展，单年看通用航空展"。

二是拓展中国航展"军民融合、高端制造"的平台功能。

珠海坚持"制造业当家"，吸引更多航空航天领域的军民融合项目在粤港澳大湾区集聚，特别是在太阳能光伏、新型储能、集成电路、精密制造等领域"强强联合""优势互补"，提升"中国制造""广东制造"的全球竞争力。

三是拓展中国航展"港澳融入国家发展大局"的平台功能。

中国香港是国际金融、航运、贸易中心和国际航空枢纽，中国澳门是世界旅游休闲中心、中国与葡语国家商贸合作服务平台。珠海以中国航展为平台，加之港珠澳大桥这一"国之重器"，把香港、澳门、珠海三座城市更加紧密联系在一起，借助港珠澳大桥经贸新通道，可以更好发挥航展平台功能，推动粤港澳大湾区产业融合发展，同时也促进内地与港澳资源共享、联动发展，不断提升与港澳深度合作质量和水平，支持香港、澳门更好地融入国家发展大局。

四是拓展中国航展"科普教育、爱国主义教育"的平台功能。

2023 年 1 月，全国首个超大太空展览馆——珠海太空中心在珠海航展中心正式开馆。"我们要用好中国航展和珠海太空中心这个'永不落幕的航展平台'，打造粤港澳大湾区青少年爱国主义教育基地，激发全民尤其是青少年崇尚科学、探索未知、敢于创新的热情，增强青少年特别是港澳青少年的国家意识、爱国主义精神和对祖国的向心力。"

建"世纪工程"　树时代丰碑

——我在港珠澳大桥建设期间的见闻

陈新年

　　横跨伶仃洋的港珠澳大桥，是在"一国两制"框架下，由粤港澳三地合作共建的"世纪工程"。历经 6 年论证、9 年建设，1 万多名中国建设者用自己的智慧和汗水，通过自主创新，创造了多个世界之最，被英国《卫报》誉为"新世界七大奇迹"之一。它的建成，不仅仅是中国由桥梁大国迈向桥梁强国的里程碑，也是一座代表人类与海洋和谐相处的丰碑。

　　时至今日，在"港车北上""澳车北上"等政策，以及"经珠港飞""港

港珠澳大桥最后一座"海豚塔"吊装成功

珠澳大桥游"等项目的推动下，港珠澳大桥出现了车畅人旺的新局面，成为粤港澳大湾区的经贸新通道。

数据显示，截至 2024 年 7 月 7 日，通过港珠澳大桥珠海公路口岸的出入境人员超 1300 万人次，同比大幅增长 114%；出入境车辆达 260 万辆次，同比增长约 104%。

时任《珠江晚报》记者的我，有幸曾在 2014 年与港珠澳大桥结缘。作为大桥建设的见证者、记录者、传播者，每当从珠海情侣路看到港珠澳大桥的身姿时，总会思绪万千，情不自禁想起当年的大桥建设情景，仿佛回到了大桥的建设现场。

中央拍板，完成大桥建设前期多个论证方案

"今天建设的港珠澳大桥，跟我们之前要建的伶仃洋大桥根本不是一座桥。" 2017 年底，在完成港珠澳大桥主体工程后，曾主政珠海 16 年的梁广大此时已年逾八十，受邀乘船前往大桥东人工岛参观。在乘船过程中，这位被誉为 "梁胆大" 的老干部向记者讲述了尘封多年的伶仃洋大桥往事。

时间回到 20 世纪 80 年代初。刚刚撤县建市的珠海，一夜之间成为中国改革开放首批 4 个经济特区之一。1983 年，从基建中获得灵感的香港商人胡应湘首次提出跨珠江口兴建伶仃洋大桥的设想，并在珠海市政府层面找到了知音。

"珠海的特区范围小，适应不了全面发展的需要。要从根本上解决珠海的未来发展空间问题，就必须先把珠海西部和东部连接起来，扩大空间。" 1983 年，时任珠海市市长的梁广大的发展思路与胡应湘的设想不谋而合。他成为粤港澳三地政府层面第一位提出并致力推动跨珠江口建设伶仃洋大桥的政府官员。

"大桥建设对整个珠三角地区发展都有利，只要大桥建得成，什么努

力都去做，只要尽快建，谁建都支持。"胡应湘在多个场合这样说。

在胡应湘、梁广大等人的推动下，伶仃洋大桥项目一帆风顺一路绿灯。1992年，珠海成立伶仃洋大桥筹建处。1996年12月30日，珠海举行盛大的中外记者通报会，宣布国务院已原则同意伶仃洋大桥项目立项。大桥走向为：从香港屯门经内伶仃岛、淇澳岛到珠海。

"当时，大桥的建设资金都做了三手准备，伶仃洋大桥的珠海引桥——淇澳大桥也开始动工。但是，由于当时港澳都没有回归祖国，香港有人提出反对建设大桥的意见，大桥的走向也让澳门不高兴，珠海主导的伶仃洋大桥折戟伶仃洋。"采访中，珠海的一位退休政府官员这样总结伶仃洋大桥的夭折原因。

万里海疆，潮起潮落。1997年7月1日香港回归祖国，1999年12月20日澳门回归祖国。与此同时，跨越珠江口海域，连接香港、澳门、珠海的超级工程——港珠澳大桥开始在粤港澳三地酝酿。尤其是在1997年亚洲金融危机的冲击下，香港对大桥的建设显得更为积极。

"之前，我提出的伶仃洋大桥走向是香港屯门至珠海的淇澳岛，现在我提出的方案是从香港大屿山西区连接珠海和澳门，也就是单Y方案。"2018年2月6日，在港珠澳大桥主体工程交工验收会上，看到自己的心愿已经变成现实时，胡应湘倍感欣慰。

"没有中央和国家的支持，这座大桥很难建成。"交工验收会上，时任港珠澳大桥管理局局长、曾任港珠澳大桥前期工作协调小组办公室主任的朱永灵称："大桥建设牵涉到粤港澳三地，由于三方经济效益需求不一致，导致了大桥走线、落脚点、口岸设置等多个项目的观点的不一致，协调小组从2004年4月成立开始，整整论证了6年，协调了6年，最后都是通过中央拍板来确定。"

其中，桥型是大桥论争中最激烈的焦点，也就是举世瞩目的"单双Y"之争。

所谓"单Y"，就是大桥东端连接香港新机场的散石湾，西端分两个方向连接珠海和澳门。其方案是香港商人胡应湘提出，为香港投资方所中意。

所谓"双Y"，就是在"单Y"的基础上，大桥东端再引出一条通道连接深圳。其方案是中山大学港珠澳三角研究中心郑天祥教授提出，为广东投资方所心仪。

各方都想让大桥更多地照顾自己的利益，必然会遭到另外两方的反对。经过多次协商后，依然没有结果。2004年底，中央最终决定采用"单Y"设计方案，大桥不与深圳连接。广东方面最终尊重香港方面的意见，服从中央决定。

"中央的决定，主要是从工程科学性方面考量。"朱永灵说，大桥的设计使用寿命是120年，早期大桥的车流不大，与其一次性加大投资建一座"双Y"，还不如先省点钱建一座"单Y"，如果未来有需要，可以再建一座，同样可以起到"双Y"的作用。

"另外，还有两个原因，一个是'双Y'很难选址，甚至还有破坏水环境，以及破坏航道的风险。另一个是'双Y'会让一座桥上出现两种车辆，本来内地车往来是不需要出入境查验的，如果是'双Y'的话，车辆出入境的管理难度大。"

"单双Y"之争的硝烟刚刚散尽，珠澳双方落脚点的争议烽烟又起。

"广东希望大桥能连接横琴岛，一来避免拱北区域的密集车流人流造成交通瘫痪，二来有利于珠海的发展，因为横琴岛有近80平方公里的土地可以开发利用，对优化珠海的产业布局有很大好处。"在大桥建设期间，港珠澳大桥三地联合工作委员会的一位成员告诉记者，这样的想法显然会引起澳门的不满。

协调小组内的一位澳门人士公开表示，如果把横琴岛作为珠海的登陆点，意味着大桥西面的引桥就会从澳氹的几座大桥上空穿越，引桥会将澳门分成两半，会影响澳门今后的空中发展。如果从澳门半岛和氹仔岛之间的水域底下穿越到横琴，也会影响澳门以后修地铁。

后来，珠澳双方多次交换意见，但分歧依然很大，澳门只强调自己的落脚点首选明珠。最后，双方都表示，大桥的事项须报中央审批，国家怎么定都会服从大局。

直到 2005 年 4 月，国家发改委主持召开大桥桥位技术方案论证会，通过现场勘察，多方论证，选择一个最佳方案提交给国家高层研究决定，最终确定大桥东岸的起点为大屿山散石湾，西岸珠海和澳门的落脚点分别为拱北和明珠。

集中力量干大事，破解世界难题填补行业空白

经过长时间的论证，承担港珠澳大桥工程可行性研究的中交公路规划设计院给出的"桥岛隧集群"设计方案得到了粤港澳三地以及中央的认可：

2017 年 5 月 2 日，港珠澳大桥海底隧道最终接头首次沉放下水对接

港珠澳大桥全长55千米，其中包含22.9千米的桥梁工程和6.7千米的海底隧道，隧道由东、西两个人工岛连接。

　　港珠澳大桥由粤港澳三地合作共建，三地之间有着文化差异和制度的不同，大桥的工程技术要求必须满足三地政府和三地市民的不同诉求。为此，大桥在设计之初，前期协调小组通过多次协调，最终在重大技术标准上形成了粤港澳三地各自较高的技术要求，即"技术标准就高不就低"的原则。

西人工岛凤帽收尾施工

比如，中国的桥梁隧道设计寿命都是 100 年，但是香港曾受英国 150 多年的殖民统治，很多工程建设都是执行英国的技术标准，像港珠澳大桥这种规模的大桥，其设计的使用年限就应是 120 年；而澳门比较宽松，没有特别要求。因此，最终按照香港的要求，采用了设计使用年限 120 年的技术标准。

"技术标准就高不就低的原则，有效解决了三地政府的需求，减少了大家的分歧。但带来的是多个世界级难题，考验着设计师和建设者的智慧。" 2018 年底，在大桥主体工程实现全线贯通后，中交公路规划设计院副院长、港珠澳大桥工程可行性研究主要负责人孟凡超在接受记者采访时说："无论是桥梁的建设，还是岛隧的施工，难度直逼工程技术极限。"

"不过，好在我们有优越的社会主义制度，能集中力量办大事。为了解决工程技术难题，国家集中了国内外 200 多家科研单位、上千名科技工作者围绕港珠澳大桥的建设，共开展科研专题研究 300 余项，终于托举起这座世界级工程。"时任大桥总工程师的苏权科说。

海底隧道的施工，被业界称为桥梁领域的"珠穆朗玛峰"。

按照设计，港珠澳大桥需要在水深达 45 米左右的海底里铺设一条长 6.7 千米的海底隧道，隧道除了暗埋段为现场浇筑外，其余部分由 33 节每一节排水量达 8 万立方米的巨型沉管和 1 节重达 6000 吨的最终接头组成。

堪比航空母舰体量的沉管管节，在深 45 米左右的海底要实现对接精度控制在 4 厘米以内，被建设者们喻为"在大风中穿针"！在数十米深漆黑一片且暗流汹涌的深海里，巨型沉管的"海底之吻"，工程复杂程度堪比"嫦娥"与"天宫"对接。

港珠澳大桥是国内首个外海海底沉管隧道工程，中国建设者一无经验，二无装备。"要实现更高的标准，更需要超级施工装备。"为此，中交集团总工程师、中交港珠澳大桥岛隧道工程项目经理部总经理林鸣带队去外国"取经"，外国专家笃定地说："你们没有能力做这件事情。"

"一定要将核心技术掌握在自己的手中。"在林鸣的带领下，在国家科研团队的支持下，建设者不仅打造出 120 年不裂的混凝土沉管，还自主研发了国内首台具备清淤功能的平台式深海抛石整平船"津平 1"号，将水下 40 多米的基床标高误差控制在正负 4 厘米，创造了合格率 100% 的世界奇迹。

自主研发的沉管浮运安装船"津安 2"号和"津安 3"号，作业过程中还可抵抗波浪和水流引发的受力并将隧道管节沉放至海底 46 米处，是迄今为止世界上海底隧道沉管最深的水下深埋。

2013 年 5 月 6 日凌晨 2 时 58 分，港珠澳大桥西人工岛与首节隧道沉管完美实现首次对接。在完成了首节沉管的"海底初吻"之后，每一次出征安装沉管前，林鸣总是告诫他的建设团队"沉管安装每一节都是第一次"，提醒大家不要骄傲，更不要疏忽大意。

2014 年 11 月 16 日，E15 沉管顺利到达安装海域，沉放工作准备就绪。就在此时，潜水队队长急匆匆奔进指挥舱，向正准备下达安装命令的林鸣报告了一个坏消息：海底基槽发现了回淤物，平均厚度达 4 厘米，潜水员用手都拔不开。怎么办？

"基础不牢，地动山摇！决不能拿隧道质量和沉管安全做赌注。"可是，要把已经出坞的沉管往回拖，一旦出现任何意外，不仅价值上亿的沉管报废，还将危及航道安全。

顶住巨大的压力，林鸣深思熟虑后果断下达指令："中止安装，沉管回航！"顶着寒潮大风巨浪，经过 24 小时的连续战斗，甚至有两名施工人员被巨浪打翻，最终，E15 沉管毫发无损地回到了沉管预制厂。那一刻，奋战数十个日夜的硬汉们纷纷流下热泪。

在此前 14 节沉管的安装中，基槽回淤都在设计精度容许范围内。但一夜之间覆盖整个 E15 基床的回淤，前所未有。那么，它究竟来自哪里？

在交通运输部的协调下，天津水运工程科学研究院、南京水利科学研究院、中山大学河口海岸研究所、中交四航院等院所的国内25位对珠江口泥沙、潮汐和气象方面有研究的专家，成立技术攻关"国家队"，集中到珠江口开展基槽回淤专题研究。

几个月时间里，专家组先后召开数十次专题会，8次集体"会诊"施工现场。在完成200组地质取样普查、30多次密度检测后，专家组得出了统一的结论：海底突然出现的回淤，主要来源于上游海域采砂船采砂洗砂产生的悬浮物。

后来，经中央相关部委、港澳办以及广东省政府协调，7家采砂企业近200艘船舶在不到两天的时间内全部撤离。同时，林鸣带领大家对海底基槽进行清淤、整平，顺利完成了安装前的各项准备。

2015年2月24日，正月初六，在解决了回淤问题并选择最佳气象窗口后，E15管节再次启程，第二次出征伶仃洋。然而，就在沉管即将到达转向区时，林鸣接到报告：基床面出现大面积异常堆积物，最厚处达到60厘米。

听到这个消息，工程指挥现场一片沉寂，感觉天塌地陷一样，很多人痛哭出声。而作为现场总指挥的林鸣依然冷静地下达了"沉管回航"的指令。

尽管再度受挫，建设者们心里不再像此前一样没底。这次，建设者们没有任何停留，在将沉管往回拖运的时候，对于受损沉管基槽的清理便争分夺秒展开。仅用时一个月，他们就完成了边坡基槽清淤、重新铺设基床等工作。

3月24日，E15沉管第三次踏浪出海，在40多米深的海底与已建隧道实现了精确对接，安装取得圆满成功。"有党和国家的支持，我们还有什么克服不了的困难！"经历了E15沉管一波三折的安装过程，林鸣和他的战友们更有信心了。

2015年全年，在遭遇一系列巨大挑战的情况下，港珠澳大桥创造一年安装10节沉管的"中国速度"；2016年E30沉管、2017年最终接头的对接精准度均实现了"毫米级"，再次刷新自己创造的世界纪录。

"正因为采用了更高的技术标准，港珠澳大桥才成了一项破世界纪录的工程，而且很多工法填补了行业领域的多个空白，是中国由桥梁大国向桥梁强国迈进的里程碑之作。"事后，在谈到港珠澳大桥沉管隧道工程的非凡特征时，曾参与世界多个沉管隧道工程的丹麦科威公司项目经理穆勒这样表示。

保护生态，每个环节的环保措施都做到无懈可击

中国式现代化是人与自然和谐共生的现代化。环保是一道高压线，也是港珠澳大桥必须坚守的一条规矩。

大桥的环保意识，始于大桥的设计阶段。

2004 年，在孟凡超带领设计团队日夜奋战之时，一个有关中华白海豚的环保问题被提了出来。

环保专家提出，中华白海豚是国家一级保护动物，被称为"水中大熊猫"。港珠澳大桥跨越的伶仃洋海域，正好经过中华白海豚的栖息地。专家们在向国家有关部门提交的报告中，建议大桥要么绕行，要么不要建。

"要避开中华白海豚保护区，大桥的走位要么北移，要么南移，不管是南移还是北移，在运营里程、建设规模上都将大大增加，增加的成本也将是个天文数字。而最重要的一点是，如果绕行的话，'粤港澳一小时经济生活圈'也将成为一句空话。"

"无法逃避，只有面对。"孟凡超带领团队仔细研究中华白海豚的生活习性，不断思考如何尽可能减少工程对白海豚的干扰和影响。

在累计 13100 多海里的航程中，研究人员第一次在自然水体中长序列记录到中华白海豚的哨叫声，这在世界中华白海豚研究中也是第一次。

研究人员 300 多次出海跟踪，拍了 30 万张照片，对当时保护区里存

在的约 1200 头白海豚的生活习性了如指掌并进行了标识，在国内首次给白海豚逐一建立了身份识别档案。

研究结果表明，白海豚是典型的"睁眼瞎"，它靠声音沟通和觅食，靠发出声呐到对面反射回来以后判断前面是否有障碍物，因此对声音非常敏感。在施工中有严重的震动，就会把它的声呐震坏，被震坏声呐的白海豚就会被高速往来的船舶等撞碰致死。如果施工中不加以"善待"，白海豚的存活概率就会下降。

此外，研究人员通过大量野外跟踪观测，探明了船舶航行和施工活动对中华白海豚发声、行为及集群的影响规律，开发出中华白海豚声学驱赶（保护）技术，在水下发出不同的声音，让白海豚能够听得到，尽量避免进入施工海域里。

针对研究结果，港珠澳大桥管理局创造性地提出了"大型化、工厂化、

2017 年 12 月 30 日，88 台大巴畅游港珠澳大桥主体工程，时任港珠澳大桥管理局局长朱永灵与中交集团总工程师林鸣在海底隧道握手相互致谢

标准化、装配化"的"四化"建设理念，其宗旨就是提高大桥建设的工业化水平，所有大型构件，全部在工厂完成，再运抵海上安装，最大限度减少海上作业的人员、时间和装备数量，从而把对白海豚生活的干扰降到最低。

时任港珠澳大桥管理局局长朱永灵在接受记者采访时曾说："港珠澳大桥项目对环境的管理和白海豚的保护是'全方位立体式'的，从设计建设到未来运营，每个环节的环保措施都做到无懈可击。但同时这种严格的环保要求，也有力倒逼促进了大桥设计方案的优化，最终让超级工程实现了工艺和环保的完美结合。"

记者在 2008 年底提交中央批复的港珠澳大桥工程可行性研究报告中发现，36 个课题中有 6 个课题涉及白海豚的保护，在制度设计、施工管理、工艺工法上规定了一系列"保护"措施。

不仅如此，在 9 年建设期间，港珠澳大桥环保措施的落实也是不走"寻常路"。港珠澳大桥管理局与交通运输部规划研究院合作，在港珠澳大桥工程中首次引入了国际先进的 HSE 管理体系，还引入了安全顾问、环保顾问服务机制。其中，白海豚的保护就纳入这个机制里，要求每一个工地都有持证上岗的"护豚员"。

为此，大桥管理局会同保护区管理局持续组织参建单位的施工人员和管理人员参加白海豚保护知识上岗教育培训和考核，成功举办中华白海豚保护知识培训 29 次，共 2544 人次参加。

大桥建设期间，在港珠澳大桥主体工程的每一条施工船上，无论是交通船、运石船还是定位船都安排有一名白海豚观察员，并且要经过培训后取得"观豚员证"才能上岗。

因为白海豚观察员的观察发现，使得施工船舶为白海豚"让道"的故事不胜枚举。

2011 年的一天，东人工岛正在做砂桩施工，观察员突然发现岛旁几百米处出现了两头中华白海豚，根据"500 米以内停工观察，500 米以外施工减速"的原则，项目部迅速通知砂桩作业停工。最后，两头调皮的中华白海豚在该海域一"玩"就是 4 个多小时，工人们也只好停止施工，等了足足 4 个多小时。

一座绿色的大桥，体现着对白海豚和环境生态的尊重和保护。据不完全统计，港珠澳大桥主体工程自建设以来，直接投入白海豚生态补偿费用8000 万元，用于施工中相关的监测费用 4137 万元，环保顾问费用 900万元，渔业资源生态损失补偿约 1.88 亿元，有关环保课题研究约 1000 万元，其他约 800 万元，上述共计约 3.4 亿元。

事实证明，这些对中华白海豚的保护措施是成功的。

施工之初，最让人揪心的白海豚仅有 1200 多头；2017 年 5 月，广东省海洋与渔业厅发布的《2016 年广东省海洋环境状况公报》显示，2016年珠江口中华白海豚国家级自然保护区管理局目击海豚共 258 群、1890头次，数据库新增识别在珠江口水域栖息的中华白海豚 73 头。

或许，人们会问：为保护中华白海豚付出这么多资金、这么大成本、这么多劳动，值得吗？

对此，有媒体认为，珠江口中华白海豚未因大桥项目而搬家，也未因大桥建设而减少，这是港珠澳大桥创下的另一个令人瞩目的纪录和标杆。

在大桥通车之日，时任港珠澳大桥管理局副局长余烈说："作为举世瞩目的超级工程，港珠澳大桥的意义，不仅仅是中国由桥梁大国迈向桥梁强国的里程碑，也是一座代表人类与海洋和谐相处的丰碑。"

如今的伶仃洋上，港珠澳大桥重要标志性建筑之一、江海直达船航道桥三座"海豚塔"轻盈出水，栩栩如生，不仅是对建设者们当初许下的"白海豚不搬家"承诺的最好纪念，也是人类与海洋和谐共处的见证。

喜迎澳门回归祖国 25 周年

XIYING AOMEN HUIGUI ZUGUO 25 ZHOUNIAN

《香山县志》中的澳门

赵艳珍

香山建县于南宋，绍兴二十二年（1152），割南海、番禺、东莞、新会四县濒海之地置香山县，范围包括今天珠海、中山及澳门的广大地区。澳门位于香山县一隅，古称"濠镜澳"，清光绪十三年（1887）葡萄牙人永居管理之前隶属香山县管辖。清代以来的《香山县志》对澳门一直都有详细记载，这些记载集中或散见于现存的清代六部县志之中，为研究澳门历史提供了丰富的资料。

一、《香山县志》对澳门的记载

《香山县志》对澳门的记载散见于现存的清代六部县志之中。这六部县志，均设专卷或专篇对澳门加以或详或略的记载；大部分县志还在"舆地""官署""营制""人物""艺文"等卷目中，按照时限，拾遗补阙，对涉及澳门地域的相关内容做了记录；一些县志还旁征博引，收录了自明代葡人入据澳门至清末有关澳门的奏疏和相关政令等，为后世留下了一大批难能可贵的原始文献资料。

始修于清康熙十二年（1673）的"申志"首次把"濠镜澳"纳入《香山县志》中加以记载。该志在"外志"卷中，专设"澳彝"专篇，对明代葡人入据澳门、明万历年间海道喻安性颁《海道禁约》、两广总督张鸣冈修订《约法五章》勒碑禁澳夷蓄倭加强管治等内容进行记述；首次录入"濠镜澳图"，对明朝政府设在濠镜澳连接香山大陆的狭长地带莲花茎上的关闸予以展示；该志还在"形胜""兵防""宦迹"等篇中对濠镜澳的地理环境，前山寨的设置，知县张大猷、蔡善继管治澳夷的宦迹等进行了简略记载；在"艺文志"中收录明嘉靖四十三年（1564）御史庞尚鹏所撰《区划濠镜保安海隅疏》，该疏记载了濠镜澳最早的情况，是最早记载澳门的政务性文件之一。

纂修于清乾隆十五年（1750）的"暴志"承袭"申志"，在卷八设"濠镜澳"专篇，对明清政府建关闸设前山寨、添设香山县丞和军民海防同知、设海关税口、核定夷船定额、禁封唐人庙、制定《管理澳夷章程》和《澳夷善后事宜条议》，从政治、军事、经济、司法等方面进一步加强对澳葡管治等内容作了补充记载；该志还在"公署""兵制""列传"等篇目中，拾遗补阙，对防卫澳门的文官武卫从官署、城池、兵制变迁、官员列传等进行了增补；增录了清焦祈年《巡视澳门记》，广东按察使潘思榘主张添设海防同知专理澳夷事务的奏折，张汝霖等就禁教封唐人庙并提出查禁措施的上书和政令，澳门同知印光任、张汝霖制定的加强对澳门管治的《管理澳夷章程》和《澳夷善后事宜条议》等原始文献；在"艺文志"中收录了文武官员、文人雅士对澳门的咏诗。总体上来说，"暴志"对澳门的记载较"申志"详细，但相比此后两部县志，仍算简略。

编修于清道光六年（1826）的"祝志"对澳门的记述更为详尽。在序言中该志明确指出："……东南濠镜浪白外蕃杂处，抚驭尤难，向来邑乘粗有编述，八十年间，唯印司马澳门记略四卷，专主海防，而志之简略如故"[1]，鉴于此，"祝志"在"海防"卷中特设"澳门"，对明代葡人入据澳门至清道光六年明清政府文韬武略加强对澳门的防卫进行了详细叙述，在叙述中除了继续插入"暴志"所用的原始文献资料

---

①祝淮、黄培芳：《香山县志》（道光），"凡例"。

外，还增录了明代王希文《重边防以苏民命疏》、沈德符《野获编》，清雍正两广总督孔毓珣《酌陈澳门等事疏略》、乾隆分巡广韶连道薛韫《澳门记》、嘉庆知县许乃来拒绝澳葡借助剿海盗提出越权要求的《澳夷檄略》等有价值的文献资料，录入"濠镜澳全图""东环图""西环图""海防毗连总图""澳外戎属与各属交界图"五张地图，对澳门及其周边地域予以详细展示；"祝志"更是开了修订、校点的先河，"严义例，明限断，缺者补之，讹者正之"，采引资料详细注明出处，录入诗文改用隶书夹注，同时以按的形式对前志所记存在疑问的地方加以详注；同样沿袭旧志，在"城池""炮台""营制""职官""宦迹"等篇中，对澳门地域的相关内容进行叙述。总体上说，"祝志"对澳门的记载侧重于海防，长于校正、考据和资料的引用，但对"暴志"后近80年有关澳门内容的补充却失之简略。

清同治十三年（1874）开始纂修，清光绪五年（1879）完成的同治《香山县志》始修时，正值中葡双方就澳门归属展开争执之时，以陈澧为首的编纂者制定凡例，明确规定："澳门王土，外国人赁居之，旧志附于海防，今不宜仍之，澧韪其说，乃以其地入山川门，其事入纪事门，而赁居者之风俗碎事入附记"②。该志除了对前志所载内容在勘误、校订的基础上继续记载外，在"纪事"篇中，增补和详述了明代朝野对葡人入据澳门的争议、清初海禁、道光年间以澳门为基地的鸦片走私贸易情况，以及林则徐巡视布防澳门、中英关闸之战等旧志未曾记载的或近年来才发生的有关澳门的重大事件；在"海防"篇中，增录了蓝鼎元《粤夷论》、知县张甄陶《澳门图说》《论澳门形势状》《上广督谕制驭澳夷状》、钦差大臣林则徐的《会奏巡阅澳门情形折》《会奏请将高廉道暂驻澳门查办夷务片》《密陈驾驭

---

②田明曜修、陈澧纂：《香山县志》（同治），"凡例"。

澳夷情形片》等专述澳门防务的原始文献资料；对"职官""宦迹"等的记载同此前县志相比，也更为全面，首次在"列传"中为清道光二十九年（1849）刺杀澳督亚马留的沈志亮立传。总体上说，该志有关澳门的记载所占篇幅之大，叙事之详尽，在香山诸本县志中居于首位。

《香山县志续编》始修于宣统己亥年（1900），1923年冬月刊成，该志言简意赅，不再对前志所述内容加以赘述，只是承接前志，在"海防"卷中收录了《张光裕代某都司查报前山地方情形禀》、《知县张璟槃查覆葡萄牙欠缴澳门地租原委禀》、清光绪八年（1882）李燕伯刺史以澳门葡萄牙情形的上书、《知县杨文骏查覆澳门新旧租界情形节略》、《两广总督张之洞奏请妥议缓定葡约疏》、《勘界维持总会联呈张督院高钦使意见书》、《勘界维持总会致高大臣书》等7篇原始文献，在"纪事"卷中以大事记的形式对葡人对周边地区的觊觎蚕食进程进行了详细的叙述，比较完整地反映出了《中葡和好通商条约》签订前后葡人对周边地区的觊觎蚕食、香山官员对此的抗争，以及中葡就澳门问题进行勘界谈判时勘界维持总会捍卫国家主权的斗争等相关内容。

香山县存留的最后一部县志《香山县乡土志》完稿于民国初年，所收录的史料，下限截至清宣统二年（1910）。该志调整了篇目结构，改原《香山县志》"纪事"卷为"兵事录"，按事件分别列出了10个细目加以记述，其中"澳门交涉"一目，综合清代历本县志，对原有的内容有所删节，有所补充，同时增加了先前没有的内容，对明代以来有关澳门的交涉作了简明扼要的叙述。《香山县乡土志》还在"英人入犯""列传""道路""航道"对鸦片战争前后英人入侵澳门、沈志亮刺杀澳督、澳门与邻近地区的道路交通等情况予以记载。该志层次分明，便于阅读。

二、《香山县志》对澳门记载的文献价值

《香山县志》对澳门的记载保存了澳门及附近地方自然环境、历史沿革、军事布防、行政管治、相关政令与历史事件等丰富的内容，对居澳葡人的宗教信仰、风俗习惯、与外蕃和内地的贸易往来等也有记述，为研究澳门政治、经济、文化，以及社会历史变迁提供了丰富翔实的文献资料，较之于同类记载澳门的史籍具有自己独特的优势和特点，时至今日仍然具有重要的参考价值。

1. 纵横交错，较为全面地反映了澳门 300 余年的社会历史变迁。

地方志是全面系统地记述本行政区域内自然、政治、经济、文化和社会历史和现状的资料性文献，要求横不缺项，纵不断线。《香山县志》对澳门的记载基本遵循地方志所要求的原则，纵横交错，较为全面地反映了澳门 300 余年来方方面面社会历史的变迁。

从横的方面讲，《香山县志》横不缺项，对澳门地域自然、政治、经济、文化和社会等方方面面的内容均有涉及。在自然环境方面，《香山县志》对澳门地理位置、地名的由来、山川河流、城池炮台、水陆交通等，均有较详细的记载，并附地图对其加以说明。在历史沿革方面，考证和记录了葡人入据澳门的时间、经过，葡人对居住地的扩张蚕食，澳门由葡人入据变为永居管理，中葡勘界等内容。在人物事迹方面，通过引录奏折上书政令文件、在"宦迹""列传"中立传等方式对包括钦差大臣林则徐，两广总督张之洞，澳门同知印光任、张汝霖等官员，志士沈志亮等人与澳门有关的事迹进行记载。《香山县志》对澳门政治、军事方面的记载尤其详尽，运用大量的篇幅记载了明清两代对澳门"建城设官"，发布政令，设立税口，核定船额，遏制澳葡扩张蚕食，在行政、税务、司法等方面加强管治的相关内容；强调澳门在海防中的重要性，"广州海防以香山为要，而香山海

防尤以澳门为最",对澳门海防从文臣武士出谋划策到采取措施设立城寨、炮台和增添兵力等都作了详细记述。《香山县志》还收录了许多官员和文人雅士留下的有关澳门的文章诗词,对印光任、张汝霖所撰《澳门纪略》等除了在"艺文志"中提及外,还在志书中大量予以引用,保留了有关澳门文化方面的重要史料;该志对居澳葡人人口发展、宗教信仰、风俗习惯,澳门与外蕃和内地的贸易往来等情况也作了叙述,所有这些资料,对研究澳门社会历史文化的变迁具有重要的参考价值。

从纵的方面讲,六本《香山县志》成书所处的时间,恰好与澳门发展的历史阶段相对吻合。明清300余年澳门的历史,以葡人入据澳门、天朝上国对澳葡的管治、鸦片风云、《中葡和好通商条约》的签订为节点,香山六部县志,前后承接,或偏重于其中的某一时间点作分散记载,或对这些阶段发生的史实作全面记述;比较完整地对明末清初葡萄牙人入据澳门,明清政府在行政、军事、税务、司法等方面对澳葡进行管治,鸦片战争前后澳门形势,以及林则徐禁烟巡视布防澳门,《中葡和好通商条约》签订前后澳葡对澳门地域的侵占和蚕食,澳门勘界,以及勘界维持总会等相关内容作了记录,较之其他同类记载澳门历史的书籍,贯穿时间更长,涉及内容更广,更为全面地反映出了明清时期澳门社会历史的变迁。

2. 旁征博引与实地调查相结合,为后世留下了一批极为珍贵的研究澳门历史的文献资料。

澳门乃偏居一隅的弹丸之地,由于葡人入据而成为中华境内一块特殊区域。明中叶以来,时人撰写了不少关于澳门的文献,但除了印光任、张汝霖《澳门纪略》、李遐龄《澳门述》等较为集中外,其他散见在各种书刊、档案以及碑刻之中,特别是鸦片战争后,列强瓜分中国愈演愈烈,华夷纠纷纷至沓来,有关澳门交涉的记载更是隐没于文山书海之中。《香山县志》对澳门的记载,旁征博引,将历时300余年有关澳门的政府文件和时人论述收录到诸本县志中,从"申志"最早录入庞尚鹏的《区划濠镜保安海隅疏》

到《香山县志续编》最后录入的《勘界维持总会联呈张督院高钦使意见书》《勘界维持总会致高大臣书》，集中保存了大量有关澳门的重要文献，为研究澳门历史留下了珍贵的资料。《香山县志》还在"舆地""海防"等卷目中引用了《明史·外国志》《大清一统志》《广东通志》《澳门纪略》《张府志》《阮通志》《广东新语》《海国见闻录》等对澳门的零星记载，为深入研究澳门史提供了有迹可循的宝贵线索。

除了旁征博引文献资料外，《香山县志》还注重实地调查，将大量通过实地调查获得的可靠资料录入志书，并且把这些资料与文献材料相互印证，以按的形式加以补充勘误说明。以"祝志"为例，"祝志"以"采访册"为出处的记载遍布有关澳门记载的每一个卷目之中，如对前山寨至濠镜澳距离的叙述，"祝志"在引用《阮通志》记载后，结合实地调查，从水道、陆道加以勘误；对前山寨城的传述，除了引用《澳门纪略》资料外，结合"采访册"，对前山寨三个城门的名称予以补充勘误；等等。《香山县志》还在谙熟地情的基础上，对相关记述加以评论，如对关闸的设立，"祝志"认为"关闸之设，前山寨所藉以为势者也，然闸在迳南，逼近望厦，莲峰俯瞰之，澳夷有变，彼扼望厦之隘，据莲峰之险，能用其长矣，而我守一线之迳，距山五六里，进无可凭，退无可倚，即后有策应亦不能并驰合进，故守於南不若守於北，尤不若既守於南再守於北也，红夷垂涎澳地，倘争市妄蠢动，我临以威而彼不受，则不能不用兵，故关闸之防宜熟筹也"[3]，对关闸的设立提出异议，等等；《香山县志》还存留了一些具有香山特色的地方文献，如对知县张大猷、蔡善继、许乃来和义士沈志亮所立的传记，对清道光年间中英关闸之战、清嘉庆香山知县力拒澳葡借助剿海盗提出非分要求等的记载，更为研究澳门史提供了独一无二的具有乡土情怀的文献资料。

---

③祝淮、黄培芳：《香山县志》（道光），卷四"海防""澳门"。

3. 把澳门放置于区域经济社会发展的大背景下记载，为拓展澳门研究的深度和广度提供了难能可贵的史料。

澳门本是香山县不可分割的一部分，《香山县志》对澳门的记载，不仅仅是把澳门作为一个孤立的主体来记载，而是把它放在香山大背景下，结合区域经济社会的发展加以记载，以此为线索，我们可以挖掘和整理出更多难能可贵的史料，拓展澳门研究的深度和广度。

《香山县志》对研究澳门与有关地区的关系史提供了参考。澳门与内地陆路相连、水路相通，一直与包括香山在内的珠江三角洲地区保持着地域的、交通的、经济的、政治的、文化的联系。《香山县志》把澳门放在香山大背景下，对澳门居留地范围的蚕食和扩张，往来澳门与香山县城和广州的水路、陆路交通，澳门与香山、十三行等地开展贸易的具体情况，明清政府在邻近地区建城设关加强对澳葡管治等加以记述，保留下了许多有价值的史料。更为重要的是，透过《香山县志》，我们还可以分析出澳门经济社会的发展与邻近地区、与广东乃至明清经济社会发展之间的相互作用和影响，如海令禁弛对澳门经济的影响，香山恭常都、黄梁都（今珠海）村落和人口的增长与澳门经济社会发展的关系，等等。所有这些，对我们更深入一步研究省港澳关系史、澳门与邻近地区关系史等，求得新的突破和进展，具有积极作用。

《香山县志》还为研究澳门经济史、宗教文化史，特别是以澳门为桥梁的中西文化交流史提供了史料。经济方面，澳门自 16 世纪中叶开埠到鸦片战争约 300 多年间，一直是中国对外贸易的开放港口和东西方国际贸易的中继港，在当时世界贸易发展中扮演了举足轻重的角色。鸦片战争之后，由于香港崛起，澳门逐渐成为鸦片走私和苦力贸易的基地，在国际贸易中的地位有所下降。散见《香山县志》中对澳门的记载，不仅对 300 多年来澳门经济发展情况有所反映，而且对明清政府对澳门关税的收缴、澳门中西贸易的方式、种类，澳门与内地水路、陆路贸易等具体情况也作了记载。《香山县志》还对大批天主教耶稣会士随商舶来澳门进而进入中国内地传教，西方国家天文学、历法、水利、地理等近代科学文化也随之传入澳门和中国内地等有所记载；还对天主教在广东特别是香山的传播情况，以及清康熙、雍正、乾隆三朝禁教，查封唐人庙等进行了详述。清同治《香山县志》甚至还详细录入了英人金约翰所辑、英人傅兰雅口译、怀远王德均笔述的澳门附近的海道情况，此为地方志书所罕见。所有这些，都为研究澳门经济史、文化史，特别是以澳门为桥梁的中西文化交流史提供了线索和资料。

当然，作为跨越 300 余年的旧志，《香山县志》在记载澳门时，有些过于琐碎和重复，有些又太过简略，错漏之处也不时见诸纸端。所有这些，都需要我们更进一步加以研究、梳理和甄别，更好地挖掘其精华和价值，更好地发挥其功用，为经济社会的发展提供历史借鉴。这也是我们今天梳理《香山县志》中的澳门的目的和意义所在。

秦牧致澳门作家佟立章信函考

顾春军

这是秦牧写给澳门作家佟立章的一封信。

立章先生座右：

承惠赠大作《北行杂咏》，拜读再三，深觉命意甚高，诗情浓郁，具见功力。想先生沉浸诗境已历多年矣。

关于担任澳门青年文学奖评判委员，明年一月赴澳参加颁奖典礼及往东亚大学中文系讲演事，既奉华翰，自当应邀。惟办理通行证，来函须将接待办法加以说明（即需否此间自备外汇），审批始可获得方便。此点已请毅刚先生转告，谅蒙亮查。

迟日拟将拙著一二种寄奉，请予指正，抵澳之时，当面聆教益也。

时绥　专复，并颂

秦牧　十二月八日

佟立章过世后，这封信就流播出来，但信封已经遗失，信函的写作年份已经不能明确，这就需要一番考证。

信函的写作时间是"十二月八日"，书信中特别提到："明年一月赴澳"，那么就可以确定，这封信写于赶赴澳门参加青年文学奖颁奖典礼前一年，查看秦牧[1]创作年谱，他先后两次赴澳门参加澳门青年文学奖颁奖

---

[1]秦牧：《秦牧全集》第12卷，广东教育出版社，2007年，第460页。

典礼：一次为"1986年12月，应邀赴澳门为当地第一次青年征文优胜者颁奖"，另一次是"1988年2月，应邀赴澳门为当地第二届青年征文优胜者颁奖"。也就是说，这封信的写作时间应该是1985年或者是1987年。

第一次赴澳门，秦牧有两件事：一是给澳门青年文学奖做评委，另一是给东亚大学中文系作演讲。张植祥在《秦牧关心〈呼和浩特晚报〉》一文中写道：

1986 年初，我给 50 多位知名作家寄去打印好的千篇一律的约稿函，同时，也给秦牧先生寄去一份。一个月后，秦牧先生寄来了一个厚厚的信封，里面是一封短信和一篇 4000 余字的稿件。信中说：这是我在今年 1 月到澳门参加当地青年文学奖的颁奖典礼时，应东亚大学中文学会之邀，给该校大学生和社会青年约千余人，作的一次关于学习语文问题的演讲。这是讲稿大纲。原稿我留在手里，复印了一份寄去，如果不适用，请退还给我，另外再写好寄去。这就是 1986 年 3 月底《呼和浩特晚报》上刊载的《知识广度和文笔水平》。（呼和浩特市民族民间文艺家协会编：《中外名人与呼和浩特》，远方出版社，1997 年，第 143 页）

由张植祥的回忆录可以得知：秦牧是于 1986 年 1 月奔赴澳门参加当地青年文学奖的颁奖典礼并给学生作演讲，而 1988 年那次奔赴澳门只参加评奖并没有演讲。所以可以确定，这封信的写作时间是 1985 年 12 月 8 日。再者，信函里面还谈道："惟办理通行证，来函须将接待办法加以说明。"这显示作者是第一次去澳门参加评奖，所以需要对方告知接待方式，而时隔两年之后再去澳门参加评奖，应该已经轻车熟路，当无此问题。

这样看来，秦牧创作年谱记载："1986 年 12 月，应邀赴澳门为当地第一次青年征文优胜者颁奖。"这个提法时间不准确，这个时间应该是 1986 年 1 月，而不是 12 月。秦牧创作年谱还提到"1988 年 2 月，应邀赴澳门为当地第二届青年征文优胜者颁奖"，上述说法也有问题。

作家陈残云[2]在《澳门的青春花朵》一文中写道："第二届澳门青年文学奖，于一九八八年十二月十八日，假赵斑斓文化艺术馆举行。主持颁奖的人员有：新华社澳门分社副社长王文彬、主教林家骏、文化学会代主席波治、香港中文大学文学系讲师黄坤尧博士、著名诗人韩牧、《澳门日报》总编辑李鹏翥、语文学会理事长陆觉鸣、街坊总会理事长刘光普、文学奖委员会主任佟立章、梁雪予代表、国内应邀赴澳门的秦牧、陈芦荻和我。"

鉴于陈残云是当事人，而且这篇文章写于 1989 年 1 月 12 日，与参会时间时隔一年，当事人记载当时事情，当无问题。那么，创作年谱所谓的 1988 年 2 月参加第二届澳门青年文学奖，当为 1988 年 12 月，也可见秦牧创作年谱编写之草率，当为后来者借鉴。

此外，澳门作家、《澳门日报》总编辑李鹏翥 1994 年著文《秦牧与澳门文学的因缘》回忆秦牧在澳门的活动说：

一九八五年，澳门举行青年文学奖活动，我被聘为散文组的评判，秦牧和陈残云被聘为总评判，秦牧老主要集中于散文，陈残云老主要集中于小说，一九八六年初，二老应邀来澳参加颁奖典礼，都作了热情洋溢的讲话，以后还分别执笔在广东省作家协会的刊物《作品》上，推介这两组的优秀作品，"身教重于言教"，有力地推动澳门文学事业的发展。秦牧一共来过澳门五次。第一次是一九四九年全国解放后，来接住在鲤鱼井（今墨山街）的紫风返广州。第二次是三十四年后的一九八三年，应《澳门日报》的邀请，与紫风在重游香港之际，抽暇于五月三十日来澳，小游两日于六月一日下午返港。第三次是一九八六年初来澳出席澳门青年文学奖颁奖典礼。第四次是一九八八年十二月偕紫风与陈残云、黄新娥伉俪，诗人陈芦

---

②陈残云：《陈残云文集》第 10 卷，百花文艺出版社，1994 年，第 265 页。

获来澳进行文学交流活动。第五次是一九九零年十二月来澳参加澳门潮州同乡会成立五周年会庆。除第一次来去匆匆之外，其他四次都跟澳门文学界朋友会晤，谈文论艺，欢谈无间。（1994 年 8 月 3 日《澳门日报》）

上述回忆材料，再次佐证笔者考证秦牧到澳门参加青年文学奖颁奖典礼的时间，更补充了秦牧去澳门的具体次数及时间，这为将来编写年谱提供了有力证据。

文章提到的佟立章，编撰于 1999 年的《澳门大辞典》记载：

佟立章（1922—）：新闻工作者。喜爱文学艺术。热心培养青年文学爱好者，主持《华侨报》"华青"版，多发表青年学生文艺作品。任"澳门青年文学奖"工作委员会主任委员。1991 年获文化功绩勋章。著有中长篇小说和诗词，代表作为《一片冰心》《晚晴楼诗》。现任《华侨报》副总编辑、《华侨报》赵斑斓文化艺术馆副馆长、澳门教育文化艺术协会理事长、澳门笔会副理事长、澳门中华诗词学会副会长。（黎小江，莫世祥主编：《澳门大辞典》，广州出版社，1999 年，第 662 页）此外，关于佟立章先生的卒年，应该是 2007 年。（陈继春著：《亮节高风—方人定小传》，岭南美术出版社，2015 年，第 120 页）

作为"澳门青年文学奖"工作委员会主任委员，由佟立章邀请秦牧做评委，自然是分内事情。至于秦牧说："承惠赠大作《北行杂咏》，拜读再三，深觉命意甚高，诗情浓郁，具见功力。"现在可以查询到佟立章以"北行杂咏"为题目的组诗多种，他给秦牧的究竟是哪一组？待考。

此外，秦牧的信函中还提到一个叫"毅刚"的人，"此点已请毅刚先生转告"。那么，毅刚是谁呢？查看资料，可以得知，毅刚就是广东作家李毅刚。

　　李毅刚（1939-），台山人。系广东作协、剧协会员，省民协理事。20世纪50年代末起，先后在广州市文化部门担任戏剧部部长、编创部长及《白云集锦报》总编辑。1986年春移居澳门，曾任澳门《华侨报》副刊编辑、专栏作家，澳门出版社社长、总编辑。已出版《艺林广记》《羊城掌故》《罗家宝艺海沉浮录》《陈笑风从艺录》《澳门旅游》《澳门四百年诗选》等著作。与梁山合作10集电视剧《辛亥潮》。上世纪80年代后发表作品达200多万字。编辑出版过陈残云《南大门风光》、欧初《五桂山房诗稿》、黄文宽《澳门史钩沉》、冼为铿《谈文学说古今》、黄施民《南窗情草》等20多本书。（廖红球主编：《广东当代作家辞典》，花城出版社，2006年，第240页）

　　可以推测：李毅刚和佟立章为同事，秦牧和李毅刚均为广东籍作家，彼此熟悉；所以，在李毅刚的牵线搭桥下，促成了秦牧两次澳门之行。

特区建设

珠海 1958 年至 1965 年农田水利建设

刘利亚

在"大跃进"期间，从中央到地方各级党委和政府都十分重视农田水利建设。1957 年 9 月 24 日，中共中央、国务院作出《关于今冬明春大规模地开展兴修农田水利和积肥运动的决定》，指出"积极广泛地兴修农田水利，是扩大农业生产，提高单位产量，防止旱涝灾害最有效的一项根本措施"。强调各地"必须切实贯彻执行小型为主，中型为辅，必要和可能的条件下兴修大型工程的水利建设方针"，大力开展农田水利建设。遵照中央的指示精神，从 1957 年冬开始，珠海与全国各地一样，迅速掀起了一场大规模兴修水利的群众运动。

出于兴修水利、大搞农田基本建设的需要，人民公社化运动最初由高级农业合作社的小社合并大社引起。在 1958 年 3 月召开的成都会议上，毛泽东同志提出把小型的农业生产合作社有计划地、适当地合并为大型的农业生产合作社的建议。这一建议得到中共中央的支持。4 月 8 日，中共中央发出《关于把小型的农业合作社适当地合并为大社的意见》，指出："我国农业正在迅速地实现农田水利化，并将在几年内逐步实现耕作机械化，在这种情况下，农业生产合作社如果规模过小，在生产的组织和发展方面势将发生许多不便。为了适应农业生产和文化革命的需要，在有条件的地方，把小型的农业合作社有计划地适当地合并为大型的合作社是必要的。"在全国公社化运动和毛主席"人民公社好"的号召下，1958 年，在珠海范围内积极开展公社化运动，斗门地区大办人民公社运动蓬勃兴起。1958 年 8 月，珠海县各乡镇开始兴办人民公社，其中唐家和下栅合办为前浪人民公社，前山乡办超美人民公社，小林办红旗人民公社，其他各乡办的公社以原乡名做公社的名称。1958年9月13日，珠海县人民委员会制订《珠海县发展生产的出路何在——珠海人民公社组织建设计划草案》，10月12日，将全县原有的各公社合并成为一个大公社，称"珠海人民公社"。同年9月，斗门以乡为单位撤乡改社，6个乡改为6个人民公社：乾务乡改称前进公社，荔山乡改称荔山公社，白蕉乡改称白蕉公社，六乡乡改称长征公社，赤坎乡改称赤坎公社，斗门乡改称幸福公社。这些公社的名称带有强烈的时代政治色彩。11月，斗门原6个公社与平沙公社农场和珠海县七区的南水、北水、大林、小林及三灶、万山等合并成立"斗门人民公社"（俗称大公社），实行公社、管理区、大队、生产队"四级管理""政社合一"，工、农、商、学、兵"五位一体"的新体制。1959年8月底，大公社规模缩小，变成一乡改一社。如乾务（含五山、西埔、黄金、草蒗）正式成立"乾务人民公社"，仍实行政社合一，人、财、物统一调动。

1958年10月，中共广东省委第一书记陶铸，曾亲自到斗门的斗门镇新乡村视察和了解情况，令斗门地区基层党员干部和农民群众受到了极大鼓舞，坚定了公社化的信心。后来，人民公社仿效人民解放军的组织形式，实行营、连、排建制，生产上搞大兵团作战，劳动没有定额，干活不记工分，公社范围内可任意平调各生产队的劳力、畜力、农具、粮食和资金。为了体现社会主义制度的"优越性"，各村、队不惜耗用大量财力物力大办"公共食堂"（统称"人民公社大饭堂"），实行"三顿干饭不要钱"的半供给制。在这种体制下，各家各户无须另立炉灶，只按每户人口多少统一到食堂领饭即可。

1959年4月，仅维持半年左右的斗门大公社建制被撤销，随后分成斗门、白蕉、乾务3个公社。1961年，中山县委按照中央《农村人民公社工作条例（草案）》规定，逐渐纠正一些不当做法，对人力物力的平调进行清算和赔退，全斗门地区的退赔折合人民币10.8万元，并再次调整了建制规模，将 3 个公社分解为 12 个小公社、83 个大队、581 个生产队，实行"三级所有，队为基础"的核算，从而使生产队有了生产自主权。这段时间实行"三自一包"（自留地、自由市场、自负盈亏和包产到户）的政策，农民生产积极性得以恢复，农业生产呈现了生机。

在农村人民公社化运动的"大跃进"时期，由于珠海尤其是斗门位于珠三角地区东南方、珠江流域最大的出海口，除黄杨山和散布的丘陵之外，62% 的平原面积原来都是浅海滩，因此，党和政府特别重视与民生息息相关的水利工程建设，几乎一刻也没有停止过。工程主要分为四大类。

（一）联围水利建设

由于斗门地区大多数属于大沙田地区，村与村、队与队、围与围之间水网交织、河涌交错，尤其是近海的村庄，围堤单薄，台风海潮首当其冲。因此，斗门地区的党委和政府把联围水利建设摆在重要的议事日程，区、社、队三级齐抓共管，层层抓落实。据《斗门县水利志》记载，1950 年至 1952 年的新中国成立初期，斗门地区在物质生活条件极其落后的情况下，党委和政府积极带领干部群众防洪复堤，在把百孔千疮的烂堤围修复巩固的基础上，集中力量兴修小型水闸水陂，抛石护堤，力求做到一般洪水不溃堤。1953 年冬，斗门地区陆地开始联围筑闸。最早的小水闸是 1953 年 12 月动工的上横谦益水闸。随后耕管、福安、广丰等小型条石结构水闸相继动工。最早兴建的联围工程是 1952 年动工、1959 年 8 月才完成的赤坎联围工程，其余相继动工的有三沙、上横、横山、大沙、粉洲、白蕉、竹银、乾务等联围工程。1957 年春，五山联围筑闸工程动工，1967 年建成。该工程建闸 10 座，堤长 19.62 千米，可护卫耕地 3.6 万亩；1959 年 8 月，白蕉天生河北闸动工，1960 年 5 月完成；1959 年 9 月，白蕉界河水闸动工，1960 年 4 月竣工；1963 年 9 月，白蕉天生河南闸动工，1964 年 4 月竣工；在大搞联围水利建设中，重点工程是白蕉联围工程。该工程于 1954 年筹建，分期施工，1962 年 5 月完成。

　　第一期工程始于 1956 年，主要培修东西线堤防 24 千米，堵塞西线的西南卡涌口及东线的米围、头围、三围、中心涌口等 5 处，相继兴建西南卡、东南卡、南澳、虾山、西北卡、东北卡、二围、四围等 8 座水闸。第二期工程动工于 1957 年，主要培修西线旧堤 1.7 千米，新筑堤围 3.8 千米，堵塞黄家围和西围涌口，新建壳塘涌、黄镜水门水闸 2 座，兴建了部分截洪渠工程及机械排灌站工程。至此，白蕉联围的前身五乡联围基本建成，缩短内河堤 136 千米。对农业生产与防水灾祸患，均获益良多，让民众感受到党和政府的温暖与恩泽。

　　1962 年进行第三、四期工程，主要堵塞东干堤的灯笼正涌上口及西干堤的禾益围、成裕围、赖家围、桅夹等涌口，兴建天生河、吉利围、灯笼正涌尾，界河等一批骨干水闸，同时疏挖了界河、灯笼正涌等排水河道，并使之与黄镜门、新环正涌等形成南北贯通的排水大动脉。至此，原来独立成围的桅夹、灯笼与五乡联围连成一整块，称为白蕉联围，有效保护耕地面积 8.43 万亩，受惠人口 3.81 万人。

（二）电力排灌建设

新中国成立初期电力设施相当落后，几乎是空白，导致洪涝灾情严重，只能通过潮起潮落自然排灌。为解决排涝，1951年，斗门北部地区在十三顷、长安、梁家庄、深水围、大成围等兴建5个机械排水站。1953年9月，上横三沙机排站动工。1955年，上横又修建11座机排站。1960年春，斗门地区建成第一座容量为5千瓦小水电站——平沙先锋岭水坝后电站。1964年3月，中央拨款140万多元兴建五山引淡防咸电灌工程，1967年5月竣工。提水总站设于斗门镇南门涌口，是当时广东省最大的提水电灌工程。

（三）山塘水库建设

斗门地区虽然近海，水资源丰富，但是，秋冬季节经常出现旱情。1954年秋，斗门地区首建斗门小濠涌南坑山塘。1955年春，斗门地区出现持续120天的大旱，党委和政府带领群众筑塘库、建陂头、开河沟，开展蓄水工程建设。同年9月，国营平沙机械农场先锋岭水库动工，1956年5月正式建成。此期共兴建了14宗小型山塘水库，1956年5月，平沙南新水库动工。

在斗门地区的山塘水库建设项目中，最大规模、最著名的就是1958年6月1日破土动工的乾务跃进水库，它是斗门地区唯一的中型水库，集雨面积达10.5平方千米。该水库位于原乾务公社境北面距乾务村2千米与原斗门公社的分界处。因破土动工时正值"大跃进"时期，故命名为"跃进水库"（1960年9月才改称乾务水库）。库内迁徙了古井坑、岩石两个自然村共51户215人，于1959年8月建成放水涵管。1965年，斗门地区与中山县分县后，基本完成三条坝的坝体工程和反滤体及溢洪道工程，1969年秋，库区竣工，前后历时11年。竣工后，总库容水量1135万立方米，正常库容780万立方米。主坝长265米，高15.8米；副坝长138米，高 15.8 米；后坝长 453 米，高 6 米。当时筑坝用工与用料较多，总工程费 123.87 万元。后来乾务水库按广东省 1981 年新发的水文要素等值线图资料，并按水电部（78）部颁标准进行洪水计算，可预防千年一遇之山洪和雨水。乾务水库兴建时，专门成立了工程指挥部，由当时中山县委副书记甘子源挂帅担任指挥，副县长邓永年、水电局局长谢江、乾务公社党委书记冯以和任副指挥。他们经常下工地视察并与农民工们一起流汗出力，起到了很好的带头作用。

乾务水库主坝设有电站一座，装设 125 千瓦电机一台，年发电量 18 万度左右。1977 年 10 月再扩建，1979 年竣工，完成土坝加高 2.1 米、溢洪道改建、堰顶提高 2.2 米；修筑库东侧的布坑（地名）蓄水工程；开凿穿山隧道一条引水入库。扩建后集雨面积增加了 1.15 平方千米，总体容量达 1579 万立方米，比原来增加了 444 万立方米，有效灌溉农田面积 2.4 万亩。

（四）围垦工程建设

1956 年，平沙九顷滩围垦工程动工，首期围垦面积 8014 亩，为平沙建场开垦的第一块土地。1958 年 4 月"白藤堵海"工程动工，1961 年 5 月完成。1962 年 8 月至 1964 年 8 月，中山县和驻军部队在斗门地区的白藤头至大林岛修筑一条长 5.8 千米的拦海大堤，命名为"八一大围"。1964 年 10 月，驻军部队从白藤至三板岛筑起一条 11 千米防洪副堤，命名为"军建大围"，围垦面积 3.04 万亩，随后又筑成灯笼沙东、西七围，面积 1800 亩。在筑堤围垦中，先后有 11 位解放军战士为国献身。

白藤堵海是斗门地区规模最大的工程。任务是堵塞泥湾门水道经白藤山两侧出海的东、西海峡。东海峡由白藤头至灯笼西六围界河口，宽 4050 米；西海峡由白藤尾至三板，宽 1675 米。海峡平均水深 5 米，其中 460 米宽的泥湾门深水槽深达 7.9 米。由中山、珠海两县联合成立中珠白藤堵海防咸工程指挥部，并由中共中山县委第一书记谭桂明任指挥兼政委，县委副书记魏来书任副指挥兼副政委,邓永年任副指挥,甘子源、黄敏元任副政委。斗门工委派出民工 3500 人,珠海派出民工 1500 人,中山其他地区支援民工 5000 人,合计民工 10000 名,调派大小船只 3894 艘,于 1958 年 9 月 12 日正式动工堵海。全部工程到 1961 年 5 月基本完成。土堤顶高程 2.8 米,防浪石墙高程 3.5 米,堤面宽 5.7 米。完成土方 170 万立方米,石方 19.3 万立方米,沙方 26.1 万立方米。投入劳动力 300 万工日。总工程费 281.86 万元,其中资金 149.63 万元,以工代款 132.23 万元。

白藤堵海竣工后,白藤大堤减轻了台风暴潮的影响,泥湾门的咸潮被堵截,淡水集中向鸡啼门排出,压咸潮下退,使乾务、平沙、大林、小林和白蕉等地的淡水期增长 2 至 4 个月。泥湾门水道的咸界下移,枯水季咸潮界从六乡竹洲头,下移至六乡西南闸,洪水期咸潮界从鬼仔角下移至黄金涌,13.63 万亩农田获益。

综上所述,斗门建县之前的水利建设大概分两个阶段。

第一阶段(1958—1960 年),为斗门水利建设大发展阶段。

在"鼓足干劲、力争上游、多快好省地建设社会主义"总路线的鼓舞下,斗门地区积极贯彻"蓄水、小型、社队自办"为主的水利方针。各级党委动员工农兵学商参加水利建设。兴建了影响重大的白藤堵海工程、中型乾务水库。首期电动排灌站工程上马,白蕉、赤坎联围续建,小型水利工程建设遍地开花,修建小型山塘水库 25 宗。3 年的水利建设,为解除"五害"威胁奠定了基础。

第二阶段(1961—1965 年),为斗门电力排灌工程大发展时期。

为彻底解决大沙田地区内涝渍害。大电网进入珠江三角洲后,斗门地区大力发展电排事业。先在上横、西安将机排改电排,经 5 年努力,先后完成 5 期电排工程建设。原有燃油机排站均改造为电排站,共建成 150 座 7789 千瓦的电动排灌站。1962 年 10 月至 1963 年 5 月,斗门旱期 243 天,受旱面积 30 多万亩。全民抗旱,原有山塘水库和电排站、机排站、水泵发挥了作用。粮食亩产 144 千克，出现"大旱之年粮食超历史"的奇迹。此次旱灾，平沙、乾务西部（今五山）1.8 万亩农田损失最大。为改变农业生产条件，解除旱咸威胁，经国家计委审批，"五山引淡防咸电灌工程"迅速动工，工程总投资 224.2 万元（含国家投资 190 万元）。1964 年 3 月动工，历经 3 年，建成了全省规模最大的电力提水灌溉工程。这一时期，除兴建新工程外，重点抓"大跃进"时期工程的扫尾工作，主要有：疏挖白蕉联围界河，续建乾务水库，继续联围筑闸工程。水利条件得到有效改善，1965 年的粮食亩产达 152 千克。

斗门地区新中国成立后至建县前，在探索社会主义革命和建设过程中，虽然不断受到政治运动影响，但关系到国计民生、与老百姓的生产生活息息相关的水利建设工程，一直没有放松过，年年都在搞，一些项目甚至一年内在几个不同地点同时动工建设。1959 年，朱德委员长曾由时任广东省省长陈郁陪同视察白藤堵海防咸工程，体现了党和国家领导人对民生的高度重视和对基层工作的积极支持，从而极大地鼓舞了奋战在堵海工地上的广大基层党员干部和民工。

斗门治水也有教训。尤其是白藤防咸堵海工程，全面规划和科学论证不足，草率决策兴建，造成了严重的不良水情变化"后遗症"。1958 年，白藤堵海工程在"大跃进"思潮中兴建，只考虑防咸抗风的一面，忽略了水文、水情变化及航运交通等方面的研究。投资 28.8 万元的堵海工程完工后，上游下泄的水量减少，宽阔的泥湾门出海口，延长 16 千米经鸡啼门入海的流程，致使上游地区的潮峰降低，潮谷抬高，影响农田自流排灌，加重和扩大斗门地区的白蕉、六乡、乾务等地和上游中山、江门、新会农田涝渍。

双龙山奇迹

——从无土栽培基地到农科奇观的蝶变

刘进定

双龙山，是两座山冈，卧伏在离珠海香洲市中心 8 公里的西北角，背靠着郁翠连绵的凤凰山脉和波光灵动的水库，宛如两条出水的小盘龙，龙头朝南，龙尾向北。不知从何年何月起，人们就称此地为"双龙山"。双龙山前方不远处的梅溪村，矗立着三座精美典雅的石牌坊，那是清光绪皇帝钦赐清廷驻夏威夷王国首任领事陈芳旌表其乐善好施、急公好义之石建筑物。而双龙山后方的东坑村，在抗日战争和解放战争时期，曾是珠江纵队白马中队、凤凰山武工队开展武装斗争的重要根据地，建有凤凰山区革命烈士陵园。位于两处风水宝地之间的双龙山，虽然名不见经传，但是由于改革开放大潮的奔涌，珠海市和珠海经济特区的建立，人民对美好生活的向往，激发起珠海市农业科学技术研究所（简称农科所，后升格为珠海市农业科学技术研究中心，简称农科中心）"农科人"的创业创新活力。

奇迹一：珠海第一座"中国式"无土栽培基地

"国以民为本，民以食为天""洪范八政，食为政首"。新中国成立后很长一段历史进程中，"大办农业 大办粮食"始终是以毛泽东同志为核心的中央领导集体一贯坚持的方针政策。昔日的珠海县，是一个以农业渔业为主的边陲小县。成立于 1963 年 1 月 11 日的珠海县农业科学技术研究所，凭着4名干部、1名职工，4万元经费，一部胶轮手推车，开启了传统农业科研道路的艰辛探索，从事以水稻为主的粮食作物的良种培育、提纯复壮、生产试验、病虫害防治、科技示范推广等一系列工作。勤劳质朴的老一辈农科人，筚路蓝缕，没有办公场地，就自力更生，割茅草、刷泥墙、搭建简易平房；住所不定，就借居在农村祠堂；缺少耕牛、农具、水田等，就紧靠公社生产队的大力援助……老一辈农科人"晨兴理荒秽，带月荷锄归"的足迹，"面朝黄土背朝天"的汗珠，印记和流淌在如今的翠香路、为农街、夏美、南坑、新村、黄三墩、888商业街、界涌等往时的城郊，乃至大半个香洲区土地。辛勤耕耘换来丰硕成果，当年育成的"珠海一号"和"珠海二号"稻种，比当时在广东全省推广的"珍珠矮"稻种每亩增产100～180斤；育成的"珠科选"稻种，早熟高产，米质提高一级，在佛山地区（当时珠海县归佛山地区管辖）推广种植40多万亩，为珠海乃至我国的粮食生产做出了积极的贡献。

　　1978年12月，党的十一届三中全会实现了历史性转折，以雷霆万钧之势开启中国改革开放的新纪元。1979年1月，珠海由县升格为市。随之，珠海县农科所也升格为珠海市农科所。1980年8月，珠海经济特区在一片锣鼓、鞭炮声中正式设立，昔日珠江口西岸边防渔农县，搭乘着改革开放的高速列车奔向崭新时代，一条条道路不断延伸，一排排厂房布局整齐，一幢幢高楼拔地而起。多年后，地处黄三墩的珠海市农科所科研基地，也为城区扩建腾出地盘而搬迁到双龙山。从此，双龙山一天

1994年4月6日，珠海市科技重奖农科所获奖者合影

早期农科所无土栽培基地大门

天蝶变成生长着希望和活力的热土。

山不在高，有仙则名。双龙山的"仙"，当然不是那些出没玄霄幻境中的侠圣秘怪，而是脚踏热土的一群农科人——实实在在的共产党员、干部和职工，在党的改革开放政策指引下，顺应时代前进的潮流，以开拓进取精神，求生存谋发展。如今获得"光荣在党50年"纪念章的郑锦恂，当年是农科所党支部书记、所长。虽然那时他已年过半百，脊背已有些驼，但是倔强的他仍不言歇，怀着干一番科技兴农事业的初心，勇做时代发展的弄潮儿，躬身笃行，带领着领导班子，以锐意进取精神，抓住大好时机进行各项改革工作，大胆挣脱旧体制的束缚，实行事业单位企业管理；大胆调整农业科研发展方向，瞄准关系到千家万户的"菜篮子工程"，从过去以水稻良种培育为主的传统农业科研，转变为以发展蔬菜瓜果产业为主的现代农业科研；大胆根据本所的实际和市场需求，转变职能、调整布局、自选科研项目、优化产业结构、参与市场竞争，闯出了"科研主导，多种经营，贸工相结合，产供销配套，促发展、促效益"的新路子。当年，农科人开脚还只能蹬自行车上下班，走在坎坷的路上，晴天泥尘伴行，雨天浊水溅身；当年，农科人作为双龙山的首批"拓荒者"，用政府补贴的 200 多万元搬迁费，挥动科学技术这根"神鞭"艰苦奋斗，硬是把双龙山这块 280 多亩的荒山坡地唤醒，把它开辟成奇特的田园，崛起了珠海第一座现代设施农业创新引领的无土栽培基地。

就在这片奇特的田园上，农科所建起了当年全国最大规模的温室大棚 64 栋，面积 1.96 公顷，其中无土栽培温室 42 栋，面积 1.3 公顷。全部温室自行设计，自行建造，采用的是国产材料，比引进同类进口设备节约成本 50% 以上。它受天气影响小，不分春夏秋冬，可全年生产；产出周期短，复种指数高；冬天保温，种植反季节蔬菜；减少了病虫害，蔬菜无污染；不占用良田耕地，节约用水和改善劳动条件；还有获得稳产高产和优质高值的效果。一个澳大利亚的农业代表团专程来到无土栽培基地参观后，高度评价说："生产棚里没见到什么高精尖设备，但你们的瓜菜种得如此好，真是中国式的。"

就在这片奇特的田园上，由所长郑锦恂主持的"绿芦笋温室栽培高产技术的研究与开发"项目获得成功，荣获珠海市 1993 年度科技进步二等奖。被誉为"蔬菜之王"的芦笋，实施这项栽培技术后，收获期由露地栽培每年只有 5 个月延长到 10 个月，产量由原来年亩产 250 千克提高到 1500 千克以上，生长寿命由原来不到 3 年延长至 10 年，且周年生长旺盛达到高质、高产、稳产，为珠海市及我国南方芦笋生产技术带来新突破。

就在这片奇特的田园上，由副所长阮华玉主持的"无土栽培系列设备研究与开发"项目大获成功。国家的重点科研项目"北果南移哈密瓜"，在这里温室无土栽培，根壮叶茂，结出累累果实，有着出色的外观、爽脆的口感，皮薄肉厚，甜度高达 13% 以上，单个重量达到 2 千克以上，年亩产量高达 1.05 万千克，年亩产值 11 万多元，是广东省最早攻克此项技术的单位之一，得到了省市专家组的鉴定："该项目综合系列化技术研究已达到生产及成套设备技术推广阶段，处于我国南方同类技术的领先水平"，1993 年获广东省人民政府菜篮子工程单项评比一等奖，并荣获珠海市科技进步一等奖，以及 1994 年度农业战线上唯一的珠海市科技重奖。

就在片块奇特的田园上，蔬菜生产进入了"工厂时代"，在 40 多栋国产温室大棚里，在水声潺潺的泡沫板上长出了空心菜、生菜、芥菜、菠菜、西芹、豆角、青瓜等几十个品种，其中通心菜年亩产量 1.5 万千克。这里生产的绿色蔬菜瓜果，经认证无公害、无污染，每天出口到澳门，一投放市场，瞬间成为市民钟情的抢手货。据不完全统计，当年无土栽培基地每年可生产蔬菜瓜果 500 吨，玫瑰切花 78 万枝，产品均以出口销往港澳地区为主，年创汇 500 多万港元。每年最少生产标准化城市园林绿化苗木 120 多万株，为珠海市城市绿化美化做出了应有的贡献。1995 年，在北京第二届中国农业博览会上，农科所以温室无土栽培技术、现场种植活体展示的哈密瓜等十多种蔬菜瓜果和花卉，为深秋的京城带去了盎然生机。党和国家领导人乔石、姜春云等参观后表示赞叹。慕名前来学习取经的全国各地参观者，更是把有关资料一抢而光。

就在这片奇特的田园上，农科所还办起了良种鸡场、鹌鹑场、白鸽场、鹧鸪场、竹丝鸡场，年产鸡苗 25 万只、肉鸡 10 万只、鹌鹑 70 万只、乳

双龙山无土栽培基地全貌

鸽 6 万只。其"提高肉用种鸽生产力的试验初报"项目获得珠海市首届科技进步三等奖。此外，还办起了食用菌场，出产平菇、草菇、金针菇、猴头菇等。家禽和食用菌产品大部分出口澳门，年创汇 300 多万港元。这些家禽的粪便和食用菌栽培基质的残料经过科学处理，成了基地绿化的有机肥料。

有谁会相信，有谁会想到：就在双龙山这块昔日荒凉的山坡上，农科所的共产党员带领着干部职工，创造出无土而兴农、无土而花繁、无土而果硕、无土而青翠、无土而丰产的神话。就是这么多个诱人的"神话"，休闲观光旅游农业彰显了雏形，为日后"珠海十景"之一、国家 AAAA 级旅游景区、首批全国农业旅游示范点——"农科奇观"的横空问世奠定了坚实基础。

奇迹二：多功能的"农科奇观"

"潮平两岸阔，风正一帆悬"。1995 年，经过 15 年改革开放洗礼的珠海，掀起在新一轮发展中增创新优势的热潮。在珠海市农渔委的大力支持下，珠海市农科所在新的开局中实现了领导班子平稳顺利的新老交替。新一代的农科人认真学习贯彻中共珠海市委三届四次全体（扩大）会议精神，继承老一辈农科人自力更生、艰苦奋斗的优良传统，发扬特区初创时期敢闯敢试敢冒险的开拓精神，深化改革、增创优势，在双龙山拓展多功能科技农业方面，再绘新辉煌的创业画卷。

当年，珠海农科所与特区农业生物工程开发研究所合并后，升格为农科中心，党支部升格为党委，时任农科中心党委书记、主任的杨尧，虽然不惑之年将至，但是乍一看便是个实打实的帅哥。他体格壮实，身材修长，俊秀的脸庞总散发着聪慧之气和乐观开朗的喜悦；他思想活跃，能言善辩，说话头头是道且风趣幽默；他为人诚实坦率，谦逊随和，做事脚踏实地，率先垂范，敢作敢为敢担当。杨尧接过郑所长的接力棒成为农科中心的"掌门人"后，以自己良好的人格魅力，赢得了上级各部门对农科中心工作的大力支持，赢得了广大干部、工人的信任和拥护。他紧跟形势，把握大局，开门问策，集思广益，本着"靠实事求是吃饭"的原则，针对本单位在首轮创业中存在的老问题和出现的新问题，召开了各种会议，使党员和干部认清形势，统一思想，厘清思路，坚定信念，带领新一代农科人勇毅笃行开新局，同心聚力谋新篇，在与时俱进中领跑，在探索创新中求变，靠着干事不停步，履职敢担当的精气神，迅速进入"实干模式"，时不我待推行和实施"三个进一步"：进一步明确发展方向，进一步深化改革，进一步引进人才。铁定走以地处"一国两制"交汇点和"旅游城"的多元市场为导向，以现代都市农业高新技术研究、应用、开发为龙头，以双龙山无土栽培基地为依托，充分发挥科技农业多功能作用，变单一性的无土栽培基地为综合性的农业旅游景区的发展道路，大胆实施一系列务实改革的新举措，深化科研管理体制、企业经营体制和分配体制的改革，建立和健全各职能部门和科室，把办公场地从市区翠香路搬到了双龙山无土栽培基地一线，实施了以《促进科技、经济发展奖励条例》为主的各项规章制度，抓大放小，扶优裁劣，摒弃"等、靠、要"等因循守旧、故步自封等旧思想、旧观念，关、停、并、转扭亏无望的企业，全面落实岗位责任制和全员定额责任风险承包经营责任制，使单位上下心往一处想，劲往一处使，激活并调动干部和职工的积极性。与此同时，引进了台湾地区皇达蝴蝶兰栽培、心灵茶园等项目，增加了无土栽培基地的产业。特别引进了留美归来的程萍博士、中国美术家协会会员李吉庆艺术总监、美术讲师任忠祥雕塑师等高素质人才，充实了农业科研创新、项目规划设计等力量，他们在无土栽培基地的蝶变中发挥了举足轻重的作用。当年科技农业怎样与旅游产业等融合，国内没有先例可循，杨尧就带领大家"摸着石头过河"，苦心探索研究，精心规划设计；当年财力匮乏，杨尧就将一分钱掰成两半花，把有限资金用在刀刃上。为了尽快绿化美化基地环境，他以身作则，带领所有办公室干部和工作人员，每周除留一天时间处理业务外，其余时间都沉入基地，挥锄舞铲，种草植树。那时大家真不知道自己几斤几两，总之就是听从杨尧一声令下，撸起袖子就干，"栽绿日当午，汗滴树下土"，不亦乐乎，没有一个人发牢骚，没有一个人计较得失，没有一个人喊苦叫累。那紧张忙碌、热火朝天的劳动场景，仿佛把自力更生、艰苦创业、同心同德、团结奋斗的"南泥湾精神"呼唤回来了。当时有位市领导被感动，鼓励之余，好言直劝杨尧"要柔着点"，别把大家累坏了。

在杨尧、程萍等历届农科中心主任的正确领导下，通过贯彻实施"三个进一步"，经过新一代农科人的不懈努力，双龙山又一次振兴而精彩蝶变。

精彩蝶变一：昔日的无土栽培基地面积从14公顷扩展至130多公顷，建起高科技实验室、组织培养室、生物工厂及65座钢架玻璃温室等，引进、繁育世界各地名优特新瓜果、蔬菜、花卉等500多个品种。并与高校合作，建起博士后流动工作站。近100名具有高级、中级和初级职称的科技人员活跃其间，承担了国家科技部、国家农发办、国家外专局、广东省科技厅、广东省农业厅及市科技部门的30多项重大科研课题，获得50多项科研成果，经专家鉴定处于国内领先水平。由此，双龙山无土栽培基地蝶变成广东省、珠海市"三高"农业生产示范基地、广东省区域性农业试验中心、广东省农业科技园（主体核心区）、广东省高新技术企业、国家现代农业高新技术示范基地。

在这片热土上，研发农业高新科技，硕果累累花开满园。珍珠岩上不断生产的玫瑰切花色彩鲜艳，热销澳门；从欧洲引种的观赏南瓜千姿百态，其中凸肚刺瓜、大头瓜、小型南瓜等在昆明世博会、第四届中国国际园林花卉博览会上分别获得金、银、铜奖；反季节莲花绚丽芬芳，精彩亮相在澳门回归祖国当天的庆典上；"超级大南瓜"在第六届中国长春国际农业·食品博览会上一展惊人，荣获"神农杯"植物大赛金奖；新奇的

"珍奇瓜果园"，获得珠海市科技进步一等奖、广东省农业技术推广二等奖；"珠海现代农业科技园区发展模式与配套技术研究"获得省科技进步二等奖……"无中生有"的大南瓜和珍奇瓜果、玻璃瓶里培育的组培苗、每株挂果2万多颗的番茄树、水中培育空中结果的神奇番薯、各种姿色艳丽的名贵兰花——在这里问世，展示自身。

精彩蝶变二： 昔日的无土栽培温室大棚，经过斥资，进行了大刀阔斧的科学改造，艺术化的"包装"，一改过去单体小、空间矮、设施少的室内外环境景观，与时俱进，使高新农业科技与美学艺境相融相辉，展奇特的田园景观，展未来多功能农业的新使命，展浓厚的华夏农耕文化元素，蝶变成"农科奇观"休闲观光旅游度假区、珠海市生态休闲旅游示范点、广东省文明风景旅游区示范点、国家AAAA级旅游景区、全国农业旅游示范点，开创了科技农业与休闲观光旅游业融合的先河。

在这片热土上，别样风采、美不胜收的奇特田园，成为热闹喧嚣都市的世外桃源，成为珠海一日游新热点。珍奇瓜果园、珍奇花卉园、无土蔬菜园、水培甜瓜园、阴生植物园、树状瓜果园、巨型南瓜园、空中番薯园、反季节荷花园、香熏植物园、蝴蝶兰栽培工厂、蝴蝶兰展示区等高新农业科技景园丰富多彩，空间处理有无相生，意境内涵情景交融；八卦田园、心灵茶园、龙山茶田、沙漠植物园、盆景园、根雕苑、传统农具展示厅、风物谚谣展馆、农科之窗等农艺景园和景观琳琅满目，以优秀的传统农业文化和科普知识融合赋能；插花艺术馆、休闲果园、垂钓走廊、嬉鱼溪、水车阵、野炊烧烤场、小动物园、戏鹿场等景点动心娱目，以休闲观赏与乡愁游戏融乐动举；农科餐厅、土特产品展示厅等场景，以农科特色美食香味飘溢，土特产品俱全，满足消费者的味蕾和选购需求。而举办的南瓜节、蔬菜文化节、千色花之节、七彩辣椒节、番茄嘉年华、薰衣草节、五月兰花节、现代农业设施展等，展示熊猫"盼盼"、苗族斗马、警犬表演、彩蝶飞舞、狮虎献技、航模比赛等，则以节为媒展示科技魅力，喜迎八方游客瑞气盈门。据不完全统计，当年"农科奇观"的门票也从无土栽培基地时的每人2元、5元提升至后来的每人30元，每逢周日或节假日，游人如鲫，每年接待游客30多万人次，仅门票收入就达1000多万元。由此，农科中心被评为珠海市突出贡献旅游企业、全国旅游系统先进集体，获得广东旅游产品创新奖等殊荣。

精彩蝶变三：为了开展学生学农和军训等活动，对基地里原建有的畜禽养殖场经过进一步改造，使之蜕变成为拥有550多个床位的学生营区。基地内农科中心会议室经过设备配套，使之成为可容纳400多人的多媒体教室。与此同时，增设可容纳600多人就餐的餐厅，加建高标准的灯光运动场、风雨棚、图书室、医务卫生室、配备了独立供水供电系统及多处投币、磁卡公用电话……完善培训功能设施，配合已建立的各个园区和各种实验室，昔日的无土栽培基地蝶变成了珠海市学生农业科学教育实践基地及军训基地、广东农业科普教育基地、全国青少年科技教育基地、全国科普教育基地。

在这片热土上，学子农耕乐无穷，少年军训敢比拼。从1997年3月始，农科中心与珠海市教育局合作，分设科普教育基地，设有基地办主任1名，副主任2名，专职工作人员18名，兼职人员17名。以明确的工作指引，以喜闻乐见、寓教于乐的形式对青少年学生开展为期1～7天不等的农业实践、农业知识的普及教育活动及军训活动，实现了科普教育有效融于观赏游览之中，融于劳动实践之中，增强了其互动性和参与性，潜移默化助力青少年提高热爱劳动、保护环境的意识，取得良好效果。其影响范围扩展到珠海地域以外，受到珠三角乃至港澳地区教育部门的肯定和推崇。据不完全统计，基地每年接待学生约3万人次，受到社会各界的好评。由此，农科中心被评为珠海市和广东省科普工作先进集体、全国农村科普工作先进单位，树起了农业高新科技向大众开放、展示、宣传和普及的标杆。

奇迹三：蝶变效应不断发酵伸延

农科中心新一代的农科人顶着一切压力，排除一切障碍，千方百计使科技、人才、地缘、生态等优势得到有效挖掘和发挥，硬是走出了一条当年全国科研单位从未走过的、不断强化和彰显现代科技农业多种功能的新路子，成为广东乃至全国最早的改革试验田。据不完全统计，当年农科中心拥有资产总值1.5亿元，净值6500多万元（不含土地），科研生产基地核心区面积2000多亩，年均生产总值近6000万元。在170多名干部职工中涌现了阮华玉、容标、杨尧等3名全国及广东省劳动模范，可敬可贵。珠海市农科中心令人刮目相看的成功，为全国农业科研单位的改革、农业科技园区的发展提供了鲜活的经验。由此，农科中心获得广东省先进

农科奇观入门景观

农科奇观珍奇瓜果园入门景观

农科奇观巨型南瓜园

农科奇观2002蔬菜文化节开幕

集体、广东省农业科技创新先进单位、广东省职工职业道德建设先进集体、广东省技术市场管理与经营工作先进集体等殊荣；双龙山从荒山野岭蝶变成无土栽培基地、从无土栽培基地又蝶变成农科奇观的效应不断发酵，不断伸延，不仅在珠三角和广东省遐迩闻名，在全国都有一定名气。农科中心应邀在全国各地策划、规划、设计、施工的类似项目共计有60多个。

奇迹四：迎来四海首脑，讲传珠海故事

双龙山乘珠海改革开放东风，蝶变成无土栽培基地和农科奇观而绽放异彩，成为珠海发展现代科技农业和生态旅游的一张闪亮的名片。从1990年5月始，120多位党和国家领导人、党和国家机构领导人、省市各级领导人，40多位国外政要和友人亲临农科奇观视察、考察、调研，给予了高度重视关怀和勉励。

早在1990年，就有多批联合国科技咨询委员会嘉宾莅临珠海市农科所双龙山无土栽培基地参观。

结束语

斗转星移，时光荏苒，历史的洪流总是在时序更替中奔腾向前。随着珠海这座"青春之城""活力之都"的成长和发展，珠海双龙山农科中心农科奇观的土地已被收储，又一次在酝酿蝶变中。一代代农科人历经几次易地，几度春秋，几经风雨，始终坚定信念，切实肩负和履行以农为本、科技兴农的神圣使命和职责，凭着秉承艰苦奋斗、自强不息的优良传统，凭着"摸着石头过河""杀出一条血路"的勇气和决心，凭着践行特区精神、奋发有为的毅力，创造了令世人赞叹的奇迹，书写了一部珠海农科人勠力同心、砥砺前行的奋斗史，擘画出一部珠海农科人在改革开放中勇立潮头

的蓝图，发挥了"试验田"和"示范田"的作用，为走中国特色农业现代化道路提供了鲜活经验，做出了应有贡献。

在新时代新征程上，让我们牢记习近平总书记的话："农业强国是社会主义现代化强国的根基。农业是基础，基础不牢大厦不稳。""建设农业强国，利器在科技，关键靠改革。"不忘初心，笃行致远，高举中国特色社会主义伟大旗帜，为全面建设社会主义现代化强国，为高质量建设现代化国际化珠海特区，不断奉献我们农科人的力量。让我们农科人在深耕科技创新的浪潮中，把新的希冀像饱满的种子般，播撒在充满热力的特区沃土，植种下一个崭新的春天，浇灌出农科人和农业科技更加璀璨的花！

本文图片源于珠海市现代农业发展中心

（作者退休前历任珠海经济特区农业生物工程开发研究所副所长、珠海市农科所副所长、珠海市农科中心副主任，是"农科奇观"首倡者）

诗心一脉传星火

——珠海市诗词楹联学会四十春秋回顾

孙天放　黄洪波　张安利　黄明玉

四十年来，珠海市诗词楹联学会（前身是珠海诗社）立足珠海，着眼粤港澳大湾区，依托岭南文化圈，紧密联系各地文化社团，以传承中华优秀传统文化为宗旨，积极开展诗词创作、学术交流，努力履行社会责任，为珠海文化建设发挥了自己应有的作用，贡献了自己一份力量。

一、学会发展沿革

1984 年 10 月 29 日，珠海诗社成立，是改革开放之后，广东省乃至全国较早出现的文艺社团之一。1988 年 12 月，珠海市民政局准予社团成立登记，诗社从此有了"正式户口"。2002 年 6 月，诗社在市民政局重新登记备案，转为法人社团。2003 年 11 月，珠海诗社更名为珠海诗词学会。2007 年 6 月，珠海诗词学会更名为珠海市诗词楹联学会。

诗社成立之初，会员多为文化战线的老同志。这些同志普遍具有较为深厚的国学功底和诗词基础，大家志同道合，渴望在改革大潮中为继承和发扬中华优秀传统文化尽一份力。从历史档案资料中，不难窥见创社元老们的初心——诗社宗旨："团结和组织我市诗词作者，繁荣我市诗词创作，促进我市文化事业发展，为珠海特区的两个文明建设做出贡献；"诗社主要任务："坚持四项基本原则，坚持文艺为人民服务、为社会主义服务的方向，坚持双百方针，开展诗歌创作活动。团结我市诗词作者，进行作品交流、研讨活动。"——正是这种情怀和发心，支撑诗社克服重重困难，砥砺前行，一步步走到今天。

第一届学会创社社长陈满翌（陈阵）同志，时任珠海市文联副主席，为争取社会各界尤其是市文联的支持发挥了很大作用。市文联不但为诗社提供活动经费，还在市文联大厦一楼专门腾出一个房间作为诗社的办公地点。虽然学会的业务主管单位后来由珠海市文联改为珠海市社科联，但对于市文联曾经给予的大力支持和帮助，学会始终铭记在心。学会第二届会长徐国华，第三届会长李林，第四届会长叶昌，第五届会长林伯君，第六届、第七届会长黄洪波，第八届会长张安利，都坚持学会宗旨，努力促进学会发展壮大。尤其是第四届会长叶昌，他长期主持学会（诗社）工作，为学会（诗社）的发展建设倾注了大量心血，深受广大会员的敬重爱戴。从诗社到学会，叶昌是重要的亲历者和见证者。

同声相应，同气相求，以陈满翌（陈阵）、叶昌、王荻、王永、骆国京、黄河、陈健雄、林伯君等老同志为旗帜，学会周围逐渐聚集了一大批传统诗词爱好者，其中不乏在省内外文化领域颇具影响力的知名人士，如董锦标、黄强、李材尧、刘君续、朱力力、沙庭梅、黄洪波、容义寿、尤明富、黄立溢、孙忠凯、康庄、林启鸿、曾喜欢、郭道荣、梁健夫等。他们或在诗词书画领域取得骄人成绩，或在其他学术领域颇有建树，成为学会（诗社）的优秀代表。

二、组织诗词创作

好的诗词作品是学会安身立命之本，而坚持正确的创作理念、把握正确的创作方向是产生好作品的前提基础。近百年来，尤其是改革开放以来，人们围绕格律诗（包括传统词曲歌赋）一直争论不休，褒贬不一。学会用

珠海市诗词楹联学会第八届换届大会合影

大量创作实践鲜明表达了自己的态度："不薄今人爱古人""转益多师是吾师"。真正的文化自信既不应该食古不化、抱残守缺，更不能数典忘祖、割断历史，必须坚持守正创新，处理好继承与发展的关系。以格律诗用韵为例，学会鼓励和帮助广大会员学习掌握平水韵基本常识，对使用新韵创作的诗词也持开放欢迎态度。这种理念，与中华诗词学会"倡今知古，双轨并行；今不妨古，宽不碍严"的十六字诗词创作原则不谋而合，在广大会员中产生了积极影响。学会在带领广大会员开展创作的过程中，始终坚持以"诗言志，歌永言，声依永，律和声"为基本要求，既注重诗词的形式规范，更注重诗词的内容意蕴，坚决反对华而不实的无病呻吟，确保作品始终与时代和社会发展同频共振，努力成为时代的记录员、讴歌者和敲钟人。

从1985年至2013年，学会每年将会员的年度优秀作品汇编成《珠海诗集》（个别年度未完成编撰），印制成册，共26卷，以供全体会员和广大诗词爱好者交流赏鉴，进一步激发大家的创作热情。特别是2004年，学会成立二十周年之际，编纂出版了《珠海诗词精选（1984—2004）》；2010年，为庆祝珠海经济特区建立三十周年，推出《珠海诗集》

2009年珠海市诗词楹联学会迎春茶会会员合影留念 2009.3.9

特别版（第24卷），囊括近150位诗友的优秀作品，全方位展示珠海改革开放以来的发展变化和风土人情，为珠海经济特区三十年光辉历程留下弥足珍贵的文字见证。从2023年8月起，在《珠海特区报》文艺副刊《湾韵》推出第一辑《古诗新韵》，至2024年8月，已推出六辑，近百位会员作品刊发在《珠海特区报》上。

三、致力服务社会

学会始终牢记自己的社会责任，坚持"文艺为人民服务、为社会主义服务"的根本方针，扎根珠海这片热土，努力为文化繁荣贡献力量。为更好地传承和弘扬传统诗词文化，学会提出"三进"战略，即进校园、进企业、进社区。2006年10月，以"校园古诗词与新诗、歌曲的关系与地位"为题，与北京师范大学珠海分校学生座谈交流；2008年，开设"珠海诗韵"网站，为广大诗友提供了一个学术交流、作品讨论、理论研究的现代化平台，让更多人从中获益。

2013年清明节，学会参加珠海电视台举办的清明诗词节目，向广大群众推广诗词。从 2014 年起，学会连续 6 年承担珠海市老年大学诗词写作授课任务，积极走入暨南大学、古元美术馆，以及北山、南联、格力香樟和兰埔等社区和相关企业，举办诗词公益讲座。2014 年至 2024 年，每到春节期间，学会都组织会员入社区、进乡村，现场挥毫，书写春联，为广大市民送上新春祝福和精神食粮，满足群众需要。特别是 2014 年，在珠海市委宣传部的大力支持下，学会到斗门镇南门村和南澳村开展送春联活动，反响非常好。2015 年 12 月，学会会员陈阵（陈满翌）、刘亚谏、黄洪波、郭道荣获得珠海报业集团"左右杯"文学奖，扩大了学会影响。2016 年 1 月，学会邀请广东楹联学会为斗门金台寺撰写山门楹联，为珠海佛教圣地增添一道亮丽风景。2016 年，学会承担《讲话千字文》和《党章三字经》创作项目，为创新基层党建宣传工作做出努力。2016 年学会参与中华诗词学会编辑的 2017 年《诗词日历》项目，一批珠海诗友作品入选，扩大了学会在全国范围内的影响力。2017 年初，学会以"中国梦—特区情—南屏美—翰墨香"为主题，策划举办全国征联活动，并制成春联赠送群众。2018 年开始，学会与中山诗词学会合作，编写《香山古今摩崖碑刻集录》。2019 年初，参与组织广东诗词楹联界 50 名书画家，到珠

海普陀寺开展创作活动，将现场创作的 200 幅作品赠送普陀寺。这些作品成为中日韩三国佛教文化交流大会的展品和赠礼，为珠海对外文化活动贡献力量。2020 年初，学会在湾仔举办诗词入校园、入社区活动，为诗词入基层率先示范。2021 年，学会应邀承担"珠澳界碑——张府风水石研究"，并撰写一篇 2 万字研究论文，得到珠海市政府、海关和文化界的高度肯定。2024 年 1 月，为响应落实助力"百千万工程"，学会与兰埔社区党委联合，分别在格力香樟小区和兰埔小区开展"浓浓墨香迎新春　款款春联送祝福"送温暖、送春联活动；学会在三灶屋边村宁山书院与三灶中心村党委、中心村民委员会、宁山书院共同举办"趣集六福、喜迎龙年"新春游园活动，均取得圆满成功，树立了良好的学会形象。此外，学会应相关部门邀请，撰写《亦兰亭记》《金星怀古》《中山公园重修记》《南屏记略》等，并刻石存世，为赓续香山文脉做出贡献。

四、广泛交流共建

长期以来，学会坚持"走出去，请进来"，与省内外兄弟社团广泛开

珠海市诗词楹联学会党支部、书画院开展到香樟社区送温暖送福进万家活动

展交流合作，互通有无，互促互进。1988年，珠海诗词学会与澳门诗词学会结成姊妹诗社。2004年11月，来自海内外和兄弟省市的100多位诗友，共聚珠海望海楼，庆祝学会成立二十周年。珠海市委宣传部充分肯定学会二十年来的成绩，《珠海特区报》用整版篇幅刊登了会员的优秀诗词作品，在珠海文艺界反响热烈。2009年，学会积极响应市社科联倡导的"珠海市社会科学普及周"活动，组织召开"诗词的社会意义及作用"学术研讨会，发掘诗词楹联的社会价值。

2010年和2011年，学会组队参加深圳第十届、第十一届对联书法展演大会及第一届、第二届迎春联墨大赛，均取得良好成绩，引起媒体热切关注。2011年12月，学会成立南屏"一趣园创作基地"，服务会员创作交流。2013年初，学会应邀到北京参加中国首届辞赋大会，成为中国辞赋家协会常务理事单位，扩大了学会在全国范围内的影响。黄洪波创作的《珠海赋》发表于《光明日报》，获辞赋大会好评。2012年至2018年，学会应邀组队参加深圳海内外对联迎春汇展大会5次，与兄弟城市诗词楹联学会互相学习交流。2014年1月，学会与珠海城职院文学院联合共建港珠澳诗词楹联研究中心和基地，推动港珠澳诗词交流发展。2014年3月，学会组团参与广东楹联学会阳春大垌寺上巳雅集，会员荣获征联二等奖。同月，学会承办广东楹联学会理事会专题会议，并在容闳书院举办"海说名联"讲座，容闳书院成为广东联教基地，推动楹联入校园。2014年7月，花都楹联学会代表组团来珠海市访问，其间进行诗词创作、书法交流。2014年10月，阳春市诗词楹联学会组团来珠海，与学会在珠海市文化馆进行学术座谈，相互赠送作品集。2015年初，学会举办成立三十周年庆典，邀请香港诗词学会、澳门诗词学会代表出席，促进珠港澳诗词楹联界的联系工作，得到上级部门肯定。2016年，学会受广东楹联学会委托，承办以"上巳诗联，港澳传情"为主题的上巳雅集，为其他地区诗联学会提供办会范例。2019年，聘请澳门诗词学会副会长冯倾城、澳门楹联学会会长张卓

夫为顾问，进一步加强两地诗词楹联界交流，增强中华传统文化共识。同年，组织会员参与首届粤港澳大湾区对联书法大赛，会员黄立溢荣获冠军、尤明富荣获亚军，在粤港澳大湾区中树立珠海诗词楹联学会的良好形象。2020年，学会再度参与第二届粤港澳大湾区对联书法大赛，荣获亚军。2020年9月，学会承办广东楹联学会珠海工作会议，为推动全省楹联工作做出贡献。

2023年5月，在珠海市九洲大道钰海环球金融中心，协办"岭南风"大湾区书画展；7月，与合作伙伴共同举办"儒风鲁韵"三省四地六学会（诗社）联赛，与茂名市唐宋诗词研究会结成友好学会；9月，在珠海古玩城举办"迎国庆·贺中秋——月光下的诗会暨唐诗宋词吟诵社科普及会演"晚会，并特邀第七届鲁迅文学奖评委、中华楹联学会顾问熊东遨进行学术授课。为多角度宣传珠海，弘扬珠海人文精神，提升珠海影响力，学会旗下微刊从2023年6月起，每月推出"珠海诗人吟珠海"系列专辑，至今已刊出 12 期。2024 年 4 月，学会举办"谷雨诗会"，广东楹联学会、东莞市诗词学会、深圳长青诗社及词韵诗社的同人齐聚珠海，共襄盛会。

长期以来，珠海市诗词楹联学会与中华诗词学会、中国楹联学会、广东楹联学会、岭南诗社、广东中华诗词学会保持紧密联系，并与深圳市诗词学会、茂名市诗词学会、阳江市诗词学会、阳春市诗词学会、东莞市诗词学会、惠州市诗词学会、花都诗词学会等团体交流唱酬，共追诗词情怀。自 2012 年以来，广东楹联学会、岭南诗社、广东中华诗词学会举办各年会，学会都派团队参加。2015 年，学会派员到东莞观音山参加中国楹联学会第六届换届大会；2019 年，学会派员到惠州参加中华诗词学会惠州会议；2020 年，学会派员到河南三门峡参加中国楹联学会第七届换届大会；2023 年 10 月，拜访广东楹联学会；2024 年 1 月参加第二届粤港澳大湾区（惠州）中华诗词文化论坛，3 月派员参加广东岭南诗社第十届五次社员代表大会，张安利被增补为广东楹联学会会长助理及常务理事、广东岭南诗社理事、广东岭南诗社珠海分社社长，4 月学会派员参加惠阳甲辰上巳雅集。

五、加强自身建设

事非经过不知难，成如容易却艰辛。学会发展到今天，有阳光彩虹，也有风雨雷电。2007—2008 年，由于个别理事的原因，学会工作一度陷入瘫痪状态。在珠海市社科联的有力支持下，学会于 2008 年 11 月 23 日举行理事会议，依照有关法规和章程，完成了第五届法人代表、会长的更换，重新走上正轨。2020 年前后，受年审问题和新冠肺炎疫情影响，学会建设出现停顿状态。在珠海市社科联和珠海市民政局帮助下，学会于 2023 年 5 月 6 日圆满完成换届工作，选举产生了第八届理事会和学会领导班子。

新一届理事会成立后，在珠海市社科联、珠海市民政局和社会各界的

大力支持下，理事会全体成员攻坚克难，迅速按要求变更了"社会团体法人登记证书"，高质量完成了年审，切实完善了学会登记证书、印章、文件、财务管理等一系列规章制度。郑锦祥副会长为学会免费提供办公场所，进一步促进学会规范发展。在此基础上，学会通过组织系列诗词创作、交流和公益诗教等活动，接连打了几个漂亮翻身仗。2023年10月，成立珠海市诗词楹联学会书画院，学会迈向多元化发展的新阶段。2023年11月，在市社科联党委的支持和指导下，学会成立了党支部，以党建作为引领，学会的各项建设有了更为坚实的政治保证。

在加强自身建设的同时，学会党支部先后与前山街道兰埔社区党委、博士联谊会党支部、香湾街道香凤社区党委、斗门区莲洲镇三冲村党支部达成党建共建协议，并响应国家乡村振兴战略，配合珠海高质量发展，充分发挥专业优势，联动国家、省、市相关资源，将诗联文化赋能"百千万工程"，以斗门区莲洲镇三冲村作为助力对象，努力把三冲村建设成省、市楹联文化示范村，形成"党建引领乡村振兴　文旅商共促共融"新品牌。

星光不负赶路人。新一届学会经过一年努力，会员从 50 多人发展到近 120 人，并荣获"2023 年度大湾区最具活力诗词组织"奖，张安利会长荣获"2023 年度大湾区中华诗词文化先进工作者"称号。一些重大活动被"学习强国""南方+""观海融媒"争相报道。下一步，学会将继续主动作为，团结全体会员和广大诗词爱好者，不忘初心、牢记使命，积极开展创作活动，弘扬诗教传统，充分发挥诗词传承文明、服务社会、凝聚力量的作用，争取做出新的更大贡献。

红色追忆

HONGSE ZHUIYI

珠海南门村革命老区小史

赵承华　赵力坚

新民主主义革命时期，马克思主义在斗门地区广为传播，南门村不少青年投身革命洪流，数十年艰苦奋斗，不怕流血牺牲，为抗击日本侵略、为建立新中国做出贡献。1993年，南门村被珠海市人民政府评为革命老区。

一、为民族独立而奋斗

1936年，中山县八区（今珠海市斗门区）小濠涌的邝任生秘密成立青年社，吸收周边各乡（村）进步青年加入，共同研读马列著作和进步书籍，探索救国真理。南门的罗建才受邝任生的影响，在塘祖组织青年读书会，传播马列主义，宣传中国共产党的抗日主张，有赵荣、赵岳雄、罗仲能、赵东、赵明等青年参加。

1938年10月，罗建才经邝任生介绍，在斗门墟（今斗门镇）加入中国共产党，成为南门第一个中共党员。1939年4月，赵荣、赵岳雄、罗仲能等参加中共中山县八区区委在新围（今接霞庄）崇基堂举办的游击训练班时，加入中国共产党。5月，中共南门乡支部在南门塘祖成立。赵荣任支部书记，赵岳雄任组织委员，罗仲能任宣传委员。当年10月，赵东入党。次年5月，赵明入党。党支部设在塘祖意塘赵公祠。

1939年冬至1940年春，国民党反动派掀起反共高潮，抗日救亡运动从公开转入地下，南门乡党支部在意塘赵公祠开办前进小学，在竹园、四圣宫、新墟等地设立分校，有近50人参加读书会，后来成立农会。

二、开展敌后抗日斗争

1937 年 5 月，在中共中山县八区党组织的领导下，斗门成立八区民众抗日御侮救亡会，罗建才任南门工作团团长。1939 年 9 月，广东青年抗日先锋队（简称抗先队）建立，罗建才被任命为中山县八区队委，赵荣任南门分队大队长。抗先队为日后建立农会和民兵组织打下基础。

1941 年 2 月，斗门一带沦陷，中山县八区日伪政权在斗门墟成立，赵毓佳当选南门乡长，中共党员赵根培为南门乡委，兼管地方武装更夫队和护沙队。1943 年，旱情十分严重，粮食严重失收，八区伪政府不断催收军粮。赵毓佳任职期间（1943.8—1944.3），南门乡没有向八区伪政府缴过一粒军粮。

1944 年初，某天早上，八区日伪警察所命令南门乡府派出 20 名民工，于上午 9 点前在斗门墟报到。当赵毓佳得知派出的民工将为伪军运送武器袭击六乡月坑游击队时，一方面借故拖延，一方面要赵根培到月坑通知游击队，让部队立即转移，免受袭击。12 月底，充当日军密探的赵屏卿与几名随从到南门乡勒收军粮，被乡党组织控制的更夫队和护沙队俘获，将其痛打一顿，之后再不敢来南门。

三、参加人民武装

1948 年夏，南门乡党小组根据中共中山县八区区委要扩大农会组织的指示，先后在竹园、塘祖、四圣官等地组织有近 100 人参加的农会。秋季，协助武工队征收解放军军粮，共完成征收 500 港元（折当时稻谷 5000 斤）任务，支援解放军。

1947 年至 1948 年，乡党组织派赵东、赵元乐担任更夫队正副队长，掌握部分地方武装。1948年6月，赵元乐把自己掌握的一支冲锋枪带走，参加游击队。赵东加入斗门墟国民党赵恩才的别动队（便衣警察），有14名队员，掌握9支步枪和1支手枪。别动队名义上是地方自卫组织，实为乡党组织控制的武装队伍。

1949年3月，赵荣芳在和风中学秘密开展工作，成立青年团，吸收20多名学生加入。他们学习《新民主主义论》《论联合政府》等文章，提高思想觉悟，积极配合党组织创办《斗门侨讯》《黎明报》并从事编辑、印刷及发行工作。

1949年10月15日，乡党小组动员农会、自卫武装数百人，配合中共北海队、泰山队，包围斗门墟。中山县八区警察所所长吴辉及随从9人，逃窜到南门耕野赵公祠。乡党小组组织党员、团员、农会会员及民兵10多人，协同游击队把他们抓获，缴获电台1部、步枪8支、手枪2支。斗门墟第一次解放。

次日，斗门墟解放日（10月16日），青年团高举五星红旗，在斗门墟、南门乡游行庆祝，散发传单，宣传解放军的入城政策，动员商店开业，并开展募捐活动，向解放军捐赠清洁衣服200多件。

四、南门村革命遗址

南门建村于明永乐元年（1403），人杰地灵，村民诗书传家，崇文尚武，留下大量古祠堂、私塾、古屋等建筑物，为建立党支部，成立学校、读书会、农会等提供有利条件，部分古建筑成为革命遗址。

塘祖意塘赵公祠，是南门党支部旧址，始建于清中叶，为二进二座、有天井、青砖与夯土混合抬梁结构建筑。1939年5月，南门党支部在此建立，是斗门地区成立的第六个党支部。1940年开办前进小学，开展抗日宣传教育活动。党支部建立后，领导和组织开展一系列抗日救亡工作，培育一批优秀共产党员和革命干部，新中国成立后部分同志成为厅处级干部。

四圣宫三巷 52 号，是《黎明报》编辑部旧址，是一座 15 桁单间，有天井、天台的两层灰瓦楼房，房屋外墙青砖，有木雕花装饰，门口有木栅栏，原为赵荣芳家宅。1945 年，赵荣芳从香港读书毕业返回斗门，依靠南门乡党组织支持，在斗门墟创办《斗门侨讯》报，后来又在自家居屋二楼创办《黎明报》。《黎明报》由赵荣芳任主编，赵宁光负责刻写蜡纸，赵思简和黄丽珍负责印刷和发行。

接霞庄崇基堂，中共游击队训练班旧址，又称崇基堂遗址，是抗战时期中共中山县八区游击队的训练基地。原为接霞庄赵氏家塾（祠堂），面积 1000 平方米。1939 年 2 月至 5 月，中共中山县八区委员会组织各乡选派的中共党员和优秀青年 60 多人，在此举办多期游击队训练班。以延安抗大校风为班风，着重学习毛泽东同志《中国共产党在抗日战争时期的任务》《论持久战》等著作和其他革命理论，宣传抗日救国主张，教授军事基本知识，训练军事基本技能，培养了一批素质较好的游击队员和革命干部，为部队输送了一批合格的革命军人，并分赴各乡担任领导骨干，在培训班上有十多人加入了中国共产党。

五、南门村党史人物

南门乡（村）党支部从 1939 年 5 月成立，至 1949 年 11 月初全国解放，其间有罗建才、赵荣、赵岳雄、罗仲能、赵东、赵明、赵约文、赵强、赵匡等 36 人参加中国共产党领导的武装部队。他们抛头颅、洒热血，禁受血与火的严峻考验和革命斗争的洗礼，有些成为新中国的领导干部；罗建才、赵诚、赵成康、赵大、赵尧仔 5 人为革命壮烈牺牲，献出宝贵的生命。

罗建才（1913—1940），原名罗育生，生于南门塘祖。自小聪明好学，受进步教师赵梦虞的影响，很有爱国热忱，追求革命真理。1938 年 9 月，在斗门墟加入中国共产党。曾主办《黄杨山》月刊，宣传抗日主张；南门乡党支部成立时，任书记。1940年7月，受党组织委派转运进步报刊到粤中各游击区，乘小艇到澳门运送报刊时，被日军拘捕。他英勇不屈，被推入大海淹死，牺牲时年仅27岁。

赵诚（1918—1943），原名赵天爵，生于南门塘祖。父亲赵梦虞是归国华侨，爱国主义者，从事教育工作数十年，曾创办《斗门公报》《新报》，宣传新文化运动和抗日救国主张。在父亲的影响和栽培下，赵诚自小有强烈的正义感和爱国主义思想。1941年秋，参加中山八区抗日游击大队，次年加入中国共产党。随部队护送运粮船到马骝洲（今珠海横琴）海面时，遭日伪军袭击，不幸中弹身亡，年仅25岁。噩耗传来，赵梦虞悲痛欲绝。在给友人的信中说："说到父子私情长，此生离死别，未免望风怀想；若论国家兴亡，我儿虽死犹生。"

赵荣（1920—2009），原名赵欣承，生于南门中心里。1939年4月，加入中国共产党。先后任龙坛、东澳、网山、月坑等乡支部书记。1942年2月，参加敌后武装斗争，担任政训室副主任。1944年，随泰山队挺进新会、台山从事武装斗争。1948年，任广东人民抗日解放军广阳支队团长兼政委、中国人民解放军粤中纵队第二支队团长兼政委。新中国成立后，先后担任组织部长、县长、县委书记、市委书记等职，1981年任广东省教育厅副厅长。退休后，为中国老年书画研究会会员、广东省老年书画家协会会员。

赵岳雄（1919—1979），原名赵关强，生于南门北边里。1939年4月，在中共中山县八区抗日游击队训练班加入中国共产党，南门乡支部成立时，任组织委员，并在南门前进小学任教。历任南门乡党支部书记、党小组长及八区委委员，长期在地下党组织工作，发展党员，组织群众对敌斗争。新中国成立后，在中山县委组织部工作，后调往广东省委组织部任科长，广东省职业病防治医院党总支书记，离休时是处级干部。

罗仲能（1918—1984），原名罗培佐，生于南门塘祖。1939年4月，在中共中山县八区抗日游击队训练班加入中国共产党，南门乡支部成立时，任宣传委员。1949年5月，任南门乡党支部书记，10月任八区地方武装部队指导员。新中国成立后，任中山八区军管分会总务股长、中山县水产部和农林部部长，珠海县第三区区长、珠海县副县长，广东省水产厅珠海养殖场场长。

赵东（1922—2009），原名赵番贤，生于南门塘祖。1939年10月，在南门加入中国共产党，曾在前进小学任教。在解放战争至新中国成立初期，先后担任游击队班长、连长，南海舰队情报处参谋、珠江谍报参谋等职，参加解放万山群岛的战斗。新中国成立后，任安徽省324地质队党委委员、人保组长、办公室主任，斗门县政协办公室副主任。离休时享受处级政治待遇。

赵明（1919—1995），原名赵朝，生于南门中心里。1940年5月，在南门前进小学任教时加入中国共产党。1941年，参加广州市郊游击二支队，并在第一期军政干部班受训，任小队长、中队副。新中国成立后，任中山县委常委兼七、八区分委书记，十二区区委书记；中山县公安局副局长；中共南海县委书记兼公安局局长；博罗县委书记兼公安局局长；广东省委政法委员会办公室副主任，广东省人大办公厅秘书处副处长；广东省展览馆副馆长。离休时享受厅级干部待遇。

赵荣芳（1929—1996），生于南门四圣宫。1945年，在中国新闻学院（香港）就读。1947年，返回斗门，创办《斗门侨讯》报。次年在南门乡党组织的支持下，创办《黎明报》，编辑、印刷、出版地点在其家宅二楼。解放战争时期，《黎明报》被称为斗门地区的《挺进报》。新中国成立后，长期从事政法公安工作，后转到斗门县政协机关工作。

赵约文（1911—2005），又名博伦、纪德，生于南门村。1937年，同邝任生等人共同创办《八区青年》报刊，参与组建抗先队等工作。次年，加入中国共产党，开展地下工作，先后在英德县、中山县伪政府任科长。中山县解放前夕，伪政府真空期间，将政府大印紧握手中，与其他地下党人一起指挥调度，保障中山县和平解放。解放初期，任中山县工商科科长、小榄镇镇长。离休时享受斗门县正处级待遇。

赵强（1915—2003），原名远宾，生于南门塘祖。1937年，参加抗先队。1942年起，加入中山八区抗日游击大队，次年加入中国共产党。1946年，先后参加鲁南战役、济南战役、淮海战役、广东战役等，荣获共和国三级独立自由勋章、八一奖章、解放奖章和多枚战役纪念章。新中国成立后，在电信、兵役、文娱、曲艺、粤剧、林业及治安保卫等不同岗位工作至离休。

南门村革命老区座谈会留念 1993.6.28.

追忆罗建才烈士

罗胜能 口述　蔡欢欢　吴章豪　莫柳娟 整理

一、以生命赴使命，用热血铸忠诚

我的父亲罗建才，曾用名罗育生，字汉贤，是中山县第八区（今珠海市斗门区斗门镇）南门村人[①]，1913年出生于贫苦的农民家庭，祖父母都是没有文化的农民[②]。父亲年少时勤奋好学，喜爱写作，他在当地进步教师赵梦虞开办的育才小学读书，经常阅读康有为、梁启超的新思想文章和诗词，对旧社会的腐败与封建势力十分憎恨，在他幼小的心灵中有一股爱国热忱。

父亲青年时期失学，离家到翠微务工[③]，白天勤恳干活，晚上利用空余时间阅读进步书刊，提高思想觉悟和知识文化水平。"九一八"事变后，

[①]罗建才，1913年生，1938年加入中国共产党。1939年5月，南门乡党支部成立，时任书记。1940年7月牺牲，年仅27岁，新中国成立后被追认为革命烈士。

[②]罗建才家中弟妹7人，家庭经济收入除靠自耕的几亩田外，其母还利用农闲时当挑夫帮补家计，加上祖父在澳大利亚悉尼有汇款回家，一家生活过得较充裕。祖父名罗嘉瑞，在旧社会因生活困难，卖身去澳大利亚悉尼为洋人打工，去了几十年只回过家一次，与本文口述者没有见过面，死时80岁，年老力弱，一无遗物，存下木箱2个，不值分文。

[③]罗建才青年时，祖父在外谋生景况不佳，侨汇逐步减少，家境有些困难，他失学后离家到中山五区翠微村亲戚的米店当帮工。当年因交通不便，从斗门到翠微要走一段很远的路程，而且还要走一段水路，要从南门冲口搭船到石岐才可转去。那次是他第一次远离家乡，步入社会体会人生艰苦生活的开始。

父亲返回家乡，在家中他仍然坚持自学，经常抄写一些好友及名人的文稿、诗词，并把它们装订成册。在家乡他结交有抱负、志同道合的朋友，还向他们讲述外面世界的见闻，开阔人们的视野。他们也常常在一起议论国家大事，探索人生的未来，希望将来能为国家作出应有的贡献。

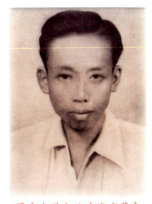

罗建才烈士（珠海市革命史料陈列馆供图）

1936年，他考入"中山县乡村建设人员养成所"学习，黄乐天等同志④就是当时的同学，毕业后他在八区八甲乡王保山村教书⑤，结识了村中思想进步的李成才、李枫⑥等同志，受他们的影响，父亲积极投身到革命队伍中。

1937年，父亲在八区地下党负责人邝任生、邝叔明等同志介绍下加入八区青年社⑦，他又在南门乡意塘祖祠内办夜校，动员男女青年参加，名为扫盲，实为宣传中国共产党抗日救国主张，还接办了赵梦虞创办的《斗门公报》，公开积极宣传抗日。"卢沟桥事变"发生后，在地下党的领导下，

---

④南门赵铭寿、五山黄乐天等人当时也在养成所读书。

⑤那时王保山学校是一所偏僻的乡村小学，学校条件差，不正规，学生人数少，所以给学生讲课等教学活动及其他生活上的事情都需要老师亲力亲为，算盘、黑板（现藏珠海博物馆）等都是教学必备的工具，连同放在讲台前面的课桌及住宿用的床铺、床板、长凳等物品，都是老师自备的，不是学校的资产，教学结束后，老师离开学校时就自己带回去。

⑥李成乐（李枫），中共党员。罗建才到八甲乡王保山村教书时跟李枫建立了很好的关系，李枫知道罗建才在南门是小姓人家，在村中无权无势，深感同情。李枫对罗建才的思想影响很大。

⑦是地下党领导的一个青年组织。

他积极参加抗日救亡运动，下乡做宣传工作。同年9月，"八区民众抗日御侮救亡会"成立，父亲任南门乡工作团团长，他晚上深入各村庄演街头剧，如东北《流亡三部曲》《放下你的鞭子》等，动员群众起来抵抗日本侵略者，点燃抗日的烈火。

1938年，父亲发动和组织南门乡进步青年成立"青年读书会"及"抗日青年先锋队"。当时全乡有50多名青年加入组织，集体住宿，夜晚放哨，并分散下乡动员组织群众开展抗日救亡运动。他在村里以青年读书会及抗先队的合法名义进行公开活动。他不仅动员村里的青年参加革命活动，也让比他小五岁的胞弟（二叔罗仲能⑧）一起参加。他借读书会的名义，宣传马列主义思想，把《联共（布）党史》、《左派幼稚病》和艾思奇《哲学讲话》⑨等进步书刊发给大家阅读和组织讨论。5月，国民党八区区公所逮捕了八区民众御侮救亡会副主任邝任生，父亲积极参加营救工作，与邝耀云同志一起到中山县政府请愿，迫使县政府下令释放邝任生，取得了胜利。10月，由邝任生介绍，父亲加入中国共产党，受党组织指派到八甲、东澳等地开展工作。11月，他参加区委在小濠涌举办的第一期党员训练班。

1939年是南门村革命活动重要的一年，对父亲来说也是重要的一年。这年1月，广东青年抗日先锋队八区区队成立，他被任命为区队委，负责

---

⑧罗仲能：罗建才二弟。曾任中共南门乡支部书记；中山县第八区地方武装部队指导员和第七区办事处主任、副区长、区长；中共珠海县委委员；珠海县农林科科长和珠海县副县长；珠海大林青年农场和珠海北紫甘蔗场场长；中山县水产部和农林部副部长、部长；广东省水产厅养殖公司珠海第二养殖场副场长、场长。1959年，参加造福斗门人民的白藤堵海筑堤工程，任指挥。

⑨艾思奇，云南人，1934年任职上海《申报》，1935年10月加入中国共产党，《哲学讲话》是其入党前的出版物，至今也有新版。1934年至1935年，在《申报》之《读书杂志》半月刊连载的《哲学讲话》24篇，1936年1月出版初版《哲学讲话》单行本，1936年1月至5月共出三版。1936年6月，第四版改名《大众哲学》。2024年6月，本文口述者将1936年出版的《哲学讲话》其中一版捐赠给珠海博物馆。

指导斗门墟、八甲、南门等乡的工作。同时，父亲鼓励弟弟罗仲能和年纪还小一些的赵荣、赵岳雄加入八区区委在南门新围崇基堂开办的游击队训练班学习。

训练班结束后，他就组织了十多人下乡到斗门六乡一带开展抗日宣传活动，后来有部分抗先队队员参加了游击队，抗战时期南门乡有5位青年为革命献出了宝贵的生命⑩。

1939年5月，南门乡第一个党支部正式成立，父亲任支部书记⑪，赵岳雄、赵柳华（赵荣）、罗培佐（罗仲能）同志等三人分管组织、宣传和武装工作。与此同时，为了宣传抗日救国的道理和传播马列主义思想，揭露封建社会的腐败和黑暗，他编辑主办出版了《黄杨山》月刊⑫，因而被南门乡的国民党党员赵文洲以搞"地下秘密活动"的罪名扣押并密谋杀害，后地下党获悉此情，才将他营救出来。

1940年春，国民党反动派掀起反共高潮，抗日救亡运动从公开转入地下活动。我父亲与地下党员赵荣、赵岳雄、罗仲能、赵东、赵明等人在南门乡意塘祖祠创办"前进小学"，并在竹园、四圣宫、新墟等村设立分校。教师主要来自本乡的地下党员、进步青年和党组织派来的党员孙坚（女）同志⑬等，利用"前进小学"的合法地位，发展党的组织，宣传马列主义，

---

⑩抗战时期，南门乡有5位青年为革命献出了宝贵的生命，分别是罗建才、赵弟（南门村的资料是赵大）、赵成康、赵诚、赵尧仔，在斗门烈士纪念碑上（1994年4月5日立）和香洲烈士陵园内的英烈表上都镌刻着他们的英名。

⑪"1939年5月，罗建才、赵柳华（赵荣）、罗仲能、赵岳雄4人成立中国共产党南门支部，监誓人是邝叔明同志，地点是罗建才家中。宣誓完毕，监誓人提出罗建才为党支部书记，赵荣为宣传委员，罗仲能为组织委员，赵岳雄为组长。"参见罗仲能《1983年9月13日给中共斗门县委党史办的复函》，载2012年中共斗门区委党史研究室编《中国共产党斗门历史》第12页。

⑫参见1980年出版《斗门县志》"斗门大事记"第352页："1941年，地下党创办了《黄杨山》月刊。"

以学校为阵地，以教学为掩护，用革命道理教育青少年，播下了革命种子。

那时父亲工作都是义务性质的，没有工资的，相反还要在家拿钱去支持革命工作。同年2月，他受八区区委指派到乾务东澳村，号召人民起来打击日本侵略者，开辟新的抗日据点，不久由组织介绍参加中山五桂山抗日游击队[14]。

1940年春，中山陷落后，敌人封锁新闻消息，中山县地下党派员每天用小艇[15]冲破敌人海上封锁线，秘密运入香港地下党办的《华商报》及进步报纸，再转运粤中及珠江游击区。7月初，书报从澳门运回斗门途经三塘口时，报艇遭到日伪军拦截劫持，发现其中有《新华日报》、"新华社电讯稿"等。

那次同去澳门的有4个人，返程时同去的阮洪川没有搭乘同一艘小船回来，船上只有李牛（黄步方）、黄家俭和到澳门买课本的父亲[16]。

本来这次出去不是父亲的事，因为那年初，组织上已将他和二叔调离南门乡，他们已离开了前进小学的教学工作岗位。但他仍然非常关心学校的事情。7月那次回家，他得知学校要购买下学期的教科书及朋友需要的一些书籍，见自己有时间，便主动承担了出去的任务，而这一次出去就再也没有回来了……

父亲被日军拘捕，押到马骝洲施以各种酷刑，但他宁死不屈，严守党

---

⑬参见1980年出版《斗门县志》"斗门大事记"第351-352页："1939年冬，上级派郑少康来斗门，在南门前进小学以教师身份开展革命活动。郑少康负责斗门区党委武装。孙坚（女），又名孙霞芳，上级党组织派来任教。"

⑭参见"文革"期间罗仲能手稿："我哥哥建才在1940年2、3月间由党组织调去五桂山游击队工作"；2011年出版《珠海英烈传》第138页："不久由组织介绍到中山五桂山参加抗日游击队。"

⑮小艇也称报艇，是指我方秘密运送书报的小船。

⑯参见中共斗门区委党史研究室编《中国共产党斗门历史》第25页。

的秘密，痛斥日军侵华罪行。日军恼羞成怒，用铁线穿掌，捆绑全身，后于银坑石坝，父亲被日军剖肚抛入海中[17]，临刑时他高呼"中国共产党万岁"，壮烈牺牲[18]。"报艇事件"[19]后，运送书报工作才停止了。

据母亲回忆，父亲牺牲那年，我才2岁多，那天，母亲还背着7个月大的弟弟，在竹园村的果树园里躲着日本人的飞机，全然不知道事情的发生。那时我还太小，总以为父亲出去后是会回来的，等渐渐长大了，才明白，父亲永远地离开了我们。

年仅27岁的父亲为革命无私地献出了自己年轻的生命，为了革命事业与人民利益在敌人面前视死如归。他将短暂的一生致力中国人民解放事业，献出了自己壮丽的青春。他给我们心中留下的是永久的怀念……

二、红色文物鲜活教材，烈士精神烛照未来

2002年，珠海博物馆征集小组工作人员打听到我家是烈士家属，辗转取得联系，经家里人同意后，捐赠4件父亲的遗物，交由他们带回珠海博物馆永久收藏[20]。父亲穿过的棉大衣和使用过的藤匣现在珠海博物馆新馆基本陈列"珠海历史·岛屿烽火"中展出，宣传了革命烈士可歌可泣的英勇事迹，让更多人汲取到红色文化精神力量，让红色资源历久弥新，红

---

[17]本文口述者小时候听说过，前些年其也曾听村里人这么说过。

[18]参见"文革"期间罗仲能手稿："在罗建才牺牲后第二年，我到香港美尔顿无线电学院学习无线电。为了纪念哥哥，我在入学时，愤然将自己罗仲能的名字改为罗马洲，铭刻在心，决心报仇雪恨。那些日伪军是白蕉人，新中国成立后都被人民政府镇压了。"

[19]"报艇事件"一词，参见中共斗门区委党史研究室编《中国共产党斗门历史》第26页。此次事件，2名船工也遭日军杀害。

[20]捐赠的4件文物分别是罗建才烈士使用过的棉大衣、黑板、算盘、藤匣。2024年2月6日，广东省文物鉴定站将罗建才烈士使用过的黑板评定为国家三级文物。

色基因代代相传。

关于这件棉大衣，我还想多谈几句。它是父亲生前穿过的，对我家有特殊的意义。它是蓝色的列宁装，像军大衣，有两个袋子[21]。我曾以为是父亲在五桂山游击队时使用的，后来问过母亲，说是在"中山县乡村建设人员养成所"时使用的。父亲在养成所毕业后到八甲乡王保山村教书，结识了该村的进步青年李成才、李成乐，在他们进步思想的影响下，开始走上革命的道路。

1938年父亲入党后，组织上指派他到八甲、东澳等地开展工作。1939年，广东青年抗日先锋队八区区队成立，他被选为区队委，负责指导八甲、斗门墟、南门等乡的工作。所以，他经常要到黄沙坑去活动，这个村山后是一片茂密的树林，村前面有个大水塘，水塘两边是村民的出入口，并安装有一道木栅门，晚上还有专人负责开门和关门。村的左边靠近门口处，有一座碉楼，父亲到村上活动时常住在那里。1947年，我二叔罗仲能到黄沙坑去教学，我在他任教的光明小学读书，感受到老区人民的友好相待。第二年，赵岳雄叔叔来到黄沙坑教学，开展革命工作，我二叔回到了南门。

为了革命，为了宣传抗日活动，父亲经常穿行在斗门的乡间小路上，那时交通落后，到各个乡村去都要靠步行，为了方便和安全，天凉出行时他穿上大衣出门，也是很正常的。我想更多的还是从安全方面考虑多一些，因为那时的革命工作，也触及了一些敌对势力的利益和一些人的不满，因此他外出时，不得不防范一下啊！

---

[21]本文口述者记忆中左边里面好像还有一个暗袋。

后来有一次，我见到一位当年黄沙坑的同学，他在新中国成立之初就参加工作了，一直在珠海，他提到了父亲的事情。他说，记得我父亲到黄沙坑时常常穿着一件棉大衣，大衣袋里面还藏着一颗手榴弹。我才终于知道为什么父亲总穿着这件军大衣，原来他是做好了随时和敌人同归于尽的准备。正因为我在家里见过有一颗手榴弹，它一直放在家里"下间"㉒猪栏里的内墙上，我想他说的可能就是父亲常带在身上的那一颗吧。新中国成立后土改时就已交给农会销毁了。听家里人说，家里本来还有一颗的，不过在斗门沦陷前就已捐出了，我想这是抗战时期父辈们用过的。

而家里这件棉大衣，在斗门沦陷期间，家里人将它包好，塞入厨房中的禾草秆堆内存放好，避免让敌伪人员看到后追问主人的去向，招惹麻烦。因而父亲的这件遗物得以很好地保存下来。那时，离我家不远的祠堂"菉猗堂"驻有日军，他们会不时从祠堂后面门口窜出来，闯入民宅，胡作非为。

后来我跟母亲讲了，对于捐出去这件事，她非常舍不得，因为这是全家人对父亲的怀念。这么多年了，它能保存下来，也是不容易的，我们小时候冬天被子不够用，就用它当被子盖，天气冷了，也把它当衣服穿。

父亲牺牲的第二年，八区沦陷了，日本鬼子占领了斗门。就在我家前面不远的大祠堂里面，驻扎着日本兵，巷口的祠堂里也有日本兵。他们这伙强盗在乡里横行，奸淫掳掠，无恶不作。为了躲避日本鬼子㉓，村里人大都逃难去了，我家也逃难到南山东和村去，走时都将屋里的大门锁好的，等到形势安定一些后，回家一看，我家大门口的巷门和天井内大厅的大门都已门户洞开，两对大门上的门闩都被撞断了，家里的东西被洗劫一空。

㉒指包括厨房在内的院子。
㉓用当时的话讲，就是"走日本""走飞机"。

罗建才烈士次子罗胜能在深圳盐田区家中写
作（罗婷兰摄）

罗建才烈士遗物在珠海博物馆展出（蔡欢欢
摄）

由于这件大衣已先藏起来，才幸免一失。在日本鬼子占领期间，这件大衣一直不敢外露，那时，就连父亲和几个叔叔在一起照的相片也不敢留着。因为如果被日本人发现并追问就不得了，所以我们一直珍藏着这件棉大衣，但有点可惜的是，我的堂弟小时候不懂事，将大衣的纽扣弄破，取走了里面的铜钱，弄得大衣破旧了。

我还记得一件事，在抗战胜利日本鬼子走了之后，有一天，我看到二叔在厨房的大灶边小心地清理和烤干一堆堆的书籍和刊物，有些书的边角上已发黄或霉烂了，有些书坏了。原来斗门沦陷后，二叔就把家里的进步书刊放到大米缸、灶埕内，用盖封好，秘密地深深埋在家里果园的果树下面，然后用泥土盖在上面，再摆放着屎缸、尿缸等，当时果园里种着多种果木，有阳桃、黄皮、李树、橘树、柏树等，一般人是看不出来的。他冒着生命危险，就这样机智地保存了一些进步书刊。正是由于我家地方比较宽敞，又有一个很大的、相连的后院，所以家里亦曾经成为当时地下党组织的一个活动地点，直到斗门解放前夕都是这样。这是后话。

展柜里静默的棉大衣诉说着无言的故事。天地英雄气，千秋尚凛然。

每一次深情凝望，都是对英魂的深深缅怀。让我对父亲致以最深切的敬意，他以生命赴使命，用热血铸忠诚，舍小我为大我，舍小家为大家，让红色基因砥砺前进，红色记忆引领中国梦，照亮前行的道路。

口述者简介：罗胜能，革命烈士罗建才次子，中共党员。1938 年 3 月出生。珠海市斗门区斗门镇南门村人。1947 年，跟随二叔罗仲能到斗门八甲乡黄沙坑村读书一年。回乡后停学半年，考入南门小学读书，随后考入斗门中学读初中，在中山纪念中学度过三年高中，20 世纪 50 年代上大学，毕业后参加工作，1984 年应聘到深圳工作至退休。

整理者简介：蔡欢欢，珠海博物馆馆员，中共党员；吴章豪、莫柳娟，珠海博物馆工作人员。

口述历史

KOUSHU LISHI

我参与的早期珠海工业建设

唐玉根 口述　吴流芳　蔡文豪 整理

【编者按】唐玉根，珠海市唐家湾镇唐家村人，1953 年生，1969 年参加工作。格力集团前身珠海经济特区工业发展总公司首任党支部书记，2014 年从格力集团领导岗位上退休。亲历了 20 世纪 70 年代至 80 年代珠海"五小工业"的珠海煤矿、珠海水泥厂发展建设，以及格力集团的创建和改组。由于口述内容珍贵丰富，鲜为人知，限于篇幅，现将口述内容分为三个部分刊出。第一部分为珠海早期工业发展概况，以及珠海煤矿工业；第二部分为珠海水泥厂的建设和发展；第三部分为格力集团的创建与改组。本文主要根据唐玉根关于参与珠海煤矿建设经历的口述整理。

我 1960 年在唐家小学读书，1966 年在唐家中学读书。1969 年中学毕业后，就参加了生产队的工作。1970 年，我在位于高鹤的珠海煤矿参加工作。1976 年，调任珠海水泥厂任副厂长。1984 年，我作为珠海经济特区工业发展总公司（下称"特工总"）指挥部办公室主任着手北岭工业区开发。此后 30 年经历了"特工总"与格力集团的建设。应该说，珠海的早期工业建设我是参与程度比较深的。

一、珠海早期工业发展概况

据我所知，以前珠海没有什么工业。珠海以前属于中山县，但是中山的工业基本上集中在石岐附近，比如糖厂、修配厂、船厂全部都在中山。

1953年分出珠海县时，珠海几乎没有工业。珠海是在成立珠海县后，才开始有工业的。

20世纪50年代工厂的数量并不多，1957年之前珠海的国营企业一个是湾仔船厂，一个是前山的酒厂，它们属于地方国营。1958年，湾仔船厂和南水、唐家那些小的船厂或者修船的作坊合并组成了一个香洲船厂。珠海成立县时的定位是以渔农业为主的边防县。当时为了配合珠海县的渔业发展，就开办了船厂、网厂以及制冰厂。1959年，珠海被并入中山县；1961年，复置后，珠海县政府从唐家迁到香洲。当时为建设需要，在香洲的湾仔沙开办了一个构件厂，专门做建筑构件，比如水泥做门框、窗框、横梁和电灯柱等。

真正发展工业，是到1970年之后。1969年中国共产党第九次全国代表大会之后，全国成立了革委会，停止武斗、停止批斗走资派，转入中央提出的"抓革命，促生产"。珠海响应佛山地委的号召搞"五小工业"。所谓"五小"就是小水泥、小氮肥、小钢铁、小煤矿和小水电。这五个项目都是当时各个县的建设所需要的。首先说水泥，以前我们知道的就只有南海水泥厂出产的南海水泥，广州水泥厂出产的五羊牌水泥。水泥是很稀缺的，因此要求各地自行成立水泥厂以解决建设的需要。珠海水泥厂就在前山造贝的尖山。氮肥厂是开设最晚的，应该是1973年筹备，1974年正式动工，具体位置在造贝大队福石生产队的东侧。钢铁厂则在湾仔，后来搬回了造贝的南沙湾。至于煤矿，珠海是没有煤的，怎样成立煤矿呢？当时就在高鹤划了个地盘出来，由各县自己开采煤矿。在高鹤开煤矿的县有珠海、顺德、江门，当时江门市是县级市。中山和其他县就划到了南海去采煤。最后小水电就在1970年开始，各个公社甚至各个大队有资源的都搞，应该是搞得最多的一个。我所知的唐家、前山、南屏、香洲都有水电站。水电站解决不了工业用电，但是它能解决农业灌溉。各个生产队的抽水抗旱、照明这些还是可以保证的，还解决了各个大队的碾米机用电需求。当时整个国家缺电，我们用电要靠大电网从江门拉过来，所以各个农村很多都没有用上电的。

二、我经历的煤矿基建

在"五小工业"中我参加了煤矿的工作。当时参与煤矿建设的人员来自三个方面：一是银坑蚝场的部分知青；二是部分农村的知青；三是各个公社分配的名额。每个公社有十个名额，唐家、前山、香洲、南屏、下栅等，分别有十个人。像南三小、万担桂，这些海岛和偏远的地方就没有名额。我是属于唐家的名额。

这个煤矿的建设就是为了满足珠海工业发展的需求，比如说酒厂、船厂，还有各地公社负责生产锄头、铲子、泥耙、镰刀的打铁社，都是要用到煤的。随着珠海社会经济的发展，煤的需求量越来越大，光靠计划经济下的分配指标和北煤南运也不够用。为了解决这个问题，佛山地委提出要各地自己搞煤矿。当时，煤矿的选址是上级事先规划好的，各县按照要求再进行规划，自己发挥利用好分配的当地煤矿资源即可。

1970 年 12 月，我们出发去了煤矿所在地高鹤。到埠后，首先，在佛山专区划定的位置上搭棚解决住宿问题。初时，生产和生活条件相当艰苦，是用做葵扇的葵叶搭屋顶，墙身是用竹笪围起来的。葵叶防雨效果是很好的，但是，它不散热，有阳光的时候就很热。如果用杉皮、禾秆搭棚住就肯定是阴凉的，但是当地缺乏这些东西。当初没有建厨房，就学部队野营那样，在地面挖坑把锅放上去，大家就蹲在锅边炒菜。做饭的柴火要去山里，找当地的生产队买柴，但要自己派人挑回来的。挑柴火要排班，负责挑柴的人要走远路去挑柴，一趟就算完成一天的工作任务。最早的时候，粮食也是这样解决的，当时，去明城有好几公里的路程，粮食也要靠人力挑回来。另外，刚开始的时候，洗澡也没有地方。那怎么办呢？旁边有一个东方红农场，它有一个水库。我们都是十几二十岁的年轻人，什么都不怕，跳进水库洗下就上来。我们第一批去的人有两个女的，一个是南屏的，一个是下栅公社的，她们洗澡更麻烦，只能烧热水在宿舍里关着门洗澡。一段时间后，在外面的地上露天（没盖顶）用竹笪围起来，又在地上放一块薄的钢板当作临时浴室。因为泥地洗澡是不行的，穿拖鞋会粘住，脱了鞋又滑，所以就放一块钢板。过了一段时间，终于修了浴室。还有吃水的问题要自己解决，动员大家参加义务劳动去挖井。大家下班之后分任务来挖，一个班一天挖一米深，大家下班之后就不能先休息，要挖完一米才能去洗澡。井挖好了，浴室也建好了之后就建厨房，厨房是瓦房的。

三、我经历的煤矿生产

在煤矿生产方面，产量最多一年是200多吨。当时，煤的品质方面，发热量最低的是290大卡，最高是4000大卡左右，但是，高热量的煤很少。当时的煤，我们叫作"贫煤"。初时，生产几乎是没有机械辅助的，全部人工开采。我们的那个煤矿，是在1958年已经挖过的，但没有开采就下马了。当时有二三十米深的挖掘过的坑道，还没到煤层。我们先将坑道里的水抽干，重新搭好支架，这样才开始挖掘。最早的时候卷扬机都没有的，用人工摇。电也没有通，后来要让供电公司派工人从其他线路接驳，才把电接到我们的煤矿。就算这样还经常是没有电的，为了解决经常停电的问题，我们就用发电机发电。当时要各地支援煤矿建设，叫作大会战。看管发电机的电工是珠海印刷厂抽调过来的师傅；如果要打钢凿，就要从前山农具厂派师傅来；没有台凳，珠海农具厂就派木工来做办公台、办公凳和乒乓球台；就是这样依靠各兄弟单位的支持。珠海供电公司是专门安排了一个干部到煤矿跟当地协调的，医生也是从珠海调来的。当时的会战就是这样。当时的技术员有一个叫胡开森，他原来是前山供销社的主任。他来当煤矿技术员，实际他都不是做这行的。为什么叫他来当技术员呢？他说，他以前是佛山地区勘探队的，后来就叫他来搞煤矿。他自己说，自己也不懂。后来，矿领导向佛山地区求援派煤矿技术员来。当时，开平的金鸡煤矿派了一个技术员。那个技术员，我记得是河南人，正式大学生，他来指导怎样开，我们就怎样开。当时也没有风钻，我们用手工打炮眼，放炸药。但是，运输就有铁轨，也有矿车，后来就有了卷扬机。

我们当时去煤矿都是很简单的，送你去煤矿，然后跟班学习，基本上没有理论课。第一次培训，我们被送到当地的煤矿，叫作松柏煤矿。它离我们20多公里，是佛山地区的煤矿。他们是竖井，我们坐吊笼下矿井去，他们培训我们怎样打炮，怎样装药，怎样做支架。过一段时间之后，又送我们去肇庆地区的煤矿，叫作马安煤矿。马安煤矿很出名，是当时的一个先进单位。煤矿在肇庆的高要，靠着肇庆一条河，我们到那里培训。至于有没有煤、煤层多少、打到哪里，就靠技术员了。他看钻探的数据，我们当工人只知道怎样挖掘，有煤就要取煤。取煤很危险，要把煤挖通，煤是一层一层的，将支架拆开把煤送出来。煤采完之后进行封口，就算是这里取完了。所以煤矿下面是四通八达的，像地道战的情形一样。坑道里面还建了安全井，万一遭遇塌方，就有个井可以逃生。矿井是很窄的，每个井都有一个逃生的井。但有时候逃生中途塌了就去不到逃生井，只能够爬着出去了。我自己也经历过两次煤矿塌方，所幸都逃了出来。我当时是班长，逃出来之后要点人数，但数来数去还差一个人，原来是忘记数自己了！当时逃出来很惊慌。只能说，当时，虽然条件落后，但我们都是勇敢去做。

煤矿的工作制是八小时，每周休息一天，一个月四天。以前，煤矿不能停产，三个月才休息一次，每次累计有12天。你可以选择回珠海休假，但有些人不回去，就去广州探亲戚，或者去肇庆看风景。干部也是这样的，矿长、副矿长、技术员、出纳、会计那些都是一样的。当时的矿长叫郑日开，副矿长是陈佰弼、李芳、吴天生。如果要休假回珠海，当时的路线是从明城到沙坪，从沙坪再到江门，最后到珠海。如果顺利的话，一天就能回到珠海。但基本上都不行，到江门后常常买不到车票，如果买不到车票，就要在江门住一晚，第二天早上再去石岐。从石岐再换乘回香洲，这样下来就要两天。每次下车就赶去买下一程的车票，像逃难一样匆忙。

四、我经历的煤矿生活

煤矿工资待遇应该说还是挺好的。我当时的工资是38元4毛，我是煤矿里最低一级，叫作一级。下井每天有5毛钱补贴，一个月累计就有15元。除非你那个月安排休假去了12天，一个月基本都会有15元的下井补助，全部加起来有53元左右。福利有几斤糖，半斤油，还有一瓶药酒。药酒不能带回家，不能给朋友，一定要自己喝。因为长期下井工作不见太阳，下面有水就怕得风湿。所以，有药酒给你。现代煤矿不一样，煤矿工下井上来有间房让你照太阳灯，保证不怕风湿。以前没有办法，所以只能够给你喝药酒。这半斤油，就是让你业余的时候，给自己加菜。还有一个，我们煤矿当时很多人怕辛苦，半夜逃跑。你都见不到他们，起床就不见了两个。后来领导去寻访，发现他们返回珠海之后，问他们为什么要逃跑。他们说煤矿一是辛苦、二是危险。台风、淹水，还有爆炸，很危险的。但也有说不是怕危险，是煤矿预计要开采12年，很多人就说12年像当和尚。没有女的，只有两个女的。那我们去煤矿就不用结婚了吗？像当和尚，那就逃了。以后就规定了，去煤矿的十个名额要有两个女的，这叫作八加二。八个男的两个女的，男女配搭。当时在煤矿女的也下井。后来不行，女的生理上出现问题，"大姨妈"（月经）都没有。见不到太阳阴阴森森，下到地下只有一盏灯。所以最后女的全部不下井转做后勤，管仓库、煮饭、种菜、做卫生员。以前还有三八采煤班，最后全撤了。

吃的方面，一部分就去市场采购。当时，高鹤的农业跟珠海是没得比的。

珠海前山、唐家到处都有农作物供应到市场，在高鹤就很少。因此，除了市场采购之外，又安排人种菜。煤矿里年纪大一点的，还有年纪比我们还小的，就去种菜、种番薯和养猪，差不多都是自给自足。当时，吃通心菜是最多的，第二个就是麦菜。咸鱼是从珠海运过来的。吃肉要按珠海的标准，在当地采购。佛山地区将食品指标划去当地，按人头去采购。油、米、猪肉、糖，都是去采购的。我们下井工人，每个月有三斤糖，靠喝糖水润肺。

业余最大的娱乐就是看电影。我们看电影要去明城看，要上中班和上日班才能够去看电影。那时候经常买不到电影票，那怎么办呢？当时，看电影有很多趣事。以前放电影，都是放两场的。别人出来，我们就进去，进去之后就躲在洗手间。洗手间没有人去清场，电影开始了，我们就出去看。按照现在的说法，这是看霸王戏。但是买不到票也没办法，回去就白来了。看电影是走路去，走路回的，来回要走一个多近两个小时。我记得最感动的一次是看《卖花姑娘》，我们在那电影刚上映时去看。我在厕所出来之后没座位了，就蹲在人行道上看。电影院工作人员经常用手电筒来查票，当时查到我，他叫"跟我来"。当时，我很不好意思，低头不敢看人。一般这种情况是叫你走的，但那次没有，叫我跟着他去放映机旁边坐下。我心想这次糟糕了，肯定等下要公告抓到一个看霸王戏的人，但那个查票的工作人员并没有处罚我。后来我想起，原来我帮过他。有一次，他骑着单车拉东西翻倒了，我就帮他扶正了单车，还帮他捡回掉在地上的东西。就这样，他记得我。但他叫什么名字，我不记得了。

除了看电影还有打篮球，篮球场是自己平整的。除了这个，就是煮糖水。指标分配有三斤糖是一定要吃的。我们做的糖水很简单，什么配料都没有。买一斤面粉，把水烧开，用匙羹将和好的面粉挠到锅里煮，最后放糖就成事了，我们管这叫作"水鬼跳凼"，做好大家分着吃。今晚是你做，明晚由我来做，就在山边自己砌个炉，没有厨房提供给你做的。当时，煤矿的生活基本上是这样，晚上没地方去就看星星。我们在山边搭棚，就在棚子下聊天。看着天上有月亮有星星，聊到差不多时间就睡觉。所以，我们当时的生活就很枯燥，但又感觉很快活，因为大家都是年轻人。

煤矿开采两年后，就没有煤了。当时有两个方案，一是搬迁，搬到叫富湾的地方，离我们原来的位置有20多公里；二就是关闭。最后的决定就是，关了。因为亏本，搬迁又要重新搞，又要搭棚，又要修厨房、浴室、发电房，很多东西要修。最后决定都是关闭。就算去新区，到底有多少煤也不清楚。虽然有钻探，但储藏量是多少你不知道。1975年，珠海煤矿就关闭了，所有人员回珠海重新分配到各地工作。大部分人去食品站，比如去湾仔食品站、下栅食品站、唐家食品站；要么就去供销社，或者去各个公社的五金百货。当时，我就去了工业局，后来又去了韶关钢铁厂，最后，又去了珠海农机厂。参加煤矿的经历对我来说，虽然很辛苦，但确实锻炼了我，知道要做工作不能够怕艰苦。那种意志叫作"一不怕苦，二不怕死"。（所以在煤矿那两年，对我是一个很大的锻炼。）所以，一个人面对艰苦，要一分为二看待。这也是一个锻炼人的机遇，对我后面几十年的工作确实帮助很大。

从珠海博物馆参观人数变化见证历史变迁

杨长征 口述　周运清 整理

1988年10月15日上午，位于珠海市香洲区吉大九洲大道东段1115号S楼三楼的珠海市博物馆隆重开馆。大门口左侧摆放着唯一一个花篮——右绶带红底黄字写着：珠海市博物馆開館誌慶；左绶带红底黄字写着：珠海市圖書館賀。大门口右侧悬挂着很长很长的一大挂万响红鞭炮，时任珠海市博物馆副馆长（主管全面工作）唐振雄一声令下，助理馆员陈振忠马上点燃了鞭炮。在震耳欲聋的鞭炮声中，珠海历史上第一个博物馆宣告诞生。首展"北京故宫清代皇帝皇后生活珍宝展""珠海历史文物展""澳门画家陈家逊作品展"在S楼第一号至第三号展厅同当时尚不知"博物馆"为何物的市民、游客见面，当天逾300人次参观。

为迎接澳门回归祖国，当时珠海市人民政府决定将地理位置偏远的珠海市博物馆，从吉大S楼迁至景山路上的九洲城。经过三个月的改造，一座园林式博物馆定于1999年12月10日——澳门回归前夕开馆。当天，在九洲城广场举行了隆重的开馆仪式，广东省文化厅及珠江三角洲各文博单位的领导和嘉宾300余人出席揭牌仪式。此次在九洲城主楼改造的第一至第四号展厅同时推出"中国古代玉器精品展""扬州八怪书画精品展""国际珍贵礼品展""澳门艺术家现代作品展"，引发轰动，不少市民猜测国家领导人出席完澳门交接仪式后会莅临九洲城参观，港澳媒体重点关注，当月参观人次数以千计。

2019年10月8日，位于珠海市香洲区海虹路88号的珠海博物馆新馆建设吹响冲刺号角。经一年多奋战，2020年10月26日上午，珠海博物馆新馆启用，推出"珠海历史""传统艺文·民俗文化""共同的记忆"等基本陈列，因受疫情影响，当日仅三四百人次参观。

2020年至2023年初，陆续推出"重彩华章——广彩瓷器300年精华展览""西市遗珍——丝路贸易中的唐代市井生活""滇韵——云南民族文化展""凝珠耀海——馆藏鲍俊、鲍少游书画作品展""'记忆——消失的行业'风俗绘画艺术展""馆藏陶瓷精品展"等各类文物和艺术展览，观众时多时少，单日观众量数以百计为多，过千很少。

2023年五一假期全国经济回暖，来珠海博物馆参观的人次明显增长，短短5天观众量逾1.5万人次。从这个数据也可以看出"博物馆热"在全国范围走红。2023年暑假，珠海博物馆单日观众量首次突破八千大关，达到8294人次，引起《珠江晚报》关注，并做了报道，这也是珠海传媒第一次报道珠海博物馆参观人次。

2024年初，珠海博物馆连续策划多个特展，尤其是"盛世回归——圆明园兽首暨海外回流文物特展"，引发了仅次于北京故宫、秦始皇陵博物院、三星堆博物馆的参观热潮，当时还执行预约制度，但挡不住观众的"汹涌冲击"：2024年3月8日，单日参观人次首次突破八千五大关，达到8538人次；3月31日，单日参观人次冲击九千大关，达到8920人次；到了4月4日，单日参观人次冲击一万大关，达到9969人次；4月5日也高达9525人次。6月初，兽首展结束时统计，近20万人次进馆参观，其中五一假期，观众就逾2万人次，比2023年同期增加5000多人次，《珠海特区报》以"累计接待观众超两万人次"予以报道。

由此可见，从2023年五一到2024年五一，走进珠海博物馆的观众越来越多。7月初，《国家文物局办公室关于做好2024年暑期博物馆开放服务工作的通知》发布提出，重点场馆、热门场馆可根据实际情况，通过适当延长开放时间、策划云展览、云直播、云教育以及流动展览等方式，更大限度满足公众参观需求。珠海博物馆积极响应，推出三大便民措施：一是个人免预约入馆，二是延长开放时间，三是暑假期间周一也不闭馆。2024 年 7 月 13 日，珠海博物馆推行个人免预约入馆的第一天，单日参观量竟高达 10452 人次；7 月 14 日，仅保持了 22 个小时的新纪录就在当日下午 3 点 41 分被打破。

珠海博物馆之所以如此火爆，有几个利好消息叠加：一是中小学放暑假的第一天第二天；二是推行个人免预约入馆的措施；三是天气炎热，珠海博物馆、珠海规划展览馆是消暑纳凉的好场所，市民游客不仅能"充电"学习新知识，太阳下山了还能上山下海，非常理想；四是珠海博物馆举办的新特展"'进击'的恐龙——延续亿年的生存之道""伊通河畔冰河巨兽的乐园——长春博物馆古生物化石展"对孩子们也有相当的吸引力；五是深中通道开通，也方便外地游客来打卡。截至 7 月 30 日，深中通道迎来开通满月。相关数据显示，一个月以来，深中通道日均车流量约 10 万车次，累计车流量预计突破 300 万车次。一桥拉近东西。深中通道通车后，从深圳出发一脚油门，一路向西，在不到 1 小时内就可直达珠江西岸腹地。这不仅提高了通勤效率，也为东西两岸的文旅产业发展注入了新活力。珠海博物馆人流旺由此也折射出粤港澳文旅融合的新动向。不仅珠海博物馆火爆，一个月时间里，中山也是满城粤 B，日出打卡点、乳鸽美食店、景点旅游路线几乎处处爆满。此外，大批来自香港的游客也通过这条便捷的交通要道前往中山、江门、珠海等地游玩。

已在珠海博物馆工作 38 年的老员工杨长征接受《羊城晚报》记者采访时表示，从来没见过这么多人走进珠海博物馆，7 月 14 日一天的进馆人数就高达 12677 人次，连在博物馆大堂打个电话都听不清楚了，人头涌涌，这一天的观众量相当于 1989 年 S 楼全年的观众量。

回眸往事，珠海博物馆经历三个阶段。S 楼阶段位置很偏，交通不便，当时观众很少，刚开馆的第二年全年观众才 1 万多人次；九洲城阶段，九洲城位于吉大的中心区域，观众量明显增加，每年二三十万人次；2020 年，新馆建成开放，头三年观众也不算多，从 2023 年五一开始，观众量持续增长，这也和全国博物馆热度持续高涨的大背景有关。（2024 年中秋、国庆双节将至，珠海博物馆又策划了一个"永远的长安"的文物大展，再次迎来新的观展高潮。）

人物春秋

RENWU CHUNQIU

情系中华的美籍华裔报人黄运基

区达权

一、苦难童年

黄运基，名忠民，字运基，以字行。黄运基的祖先为珠海市斗门区大濠涌人，19世纪末，祖父黄缵坤移民美国。父亲黄植鸿排行老二，1907年生于大濠涌村，上有一兄黄鸿国。1924年，黄缵坤回国探亲，以卓姓冒籍移民，带植鸿到旧金山。1931年，黄植鸿像许多"金山客"一样回故乡成亲，娶了邻村小濠涌的邝乔仲为妻。次年妻子生下忠民。一年后，黄植鸿便为生活所迫，不得不与娇妻爱子惜别，背井离乡，返回旧金山重操厨子旧业。临别时，妻子身怀七月身孕，幼子忠民刚满周岁。

黄植鸿走后三个月，妻子在家生下一个女儿，取名黄月华。黄运基从此有了一个可爱的妹妹。黄运基5岁那年，母亲得了一种怪病，全身浮肿，没多久便与世长辞，年仅26岁。

在这种艰难的情境下，黄运基的伯父黄鸿国毫不犹豫地收养了这对兄妹。黄运基10岁被送至南门村外祖母家。有一次染上霍乱病，情况危殆，外祖母将他背至斗门墟求医，方转危为安，后送回大濠涌家中。太平洋战争发生后，父亲寄钱不达，黄运基生

美籍华裔报人、作家黄运基（1932—2012）

活更加困难。黄运基性格倔强，要自食其力。一次，与妹妹在村中捡猪屎，竟饿晕在半路上。年稍长，就当挑夫帮人担货翻山越岭到乾务去卖，挣点人工钱。回程又贩运西洋菜，由乾务返斗门墟，有时卖得的钱被贼匪抢光。在伯父和亲戚的支持下，黄运基先后在大濠涌乡学和斗门和风中学共读了4年书。患难中的真情，黄运基少年时代体会得最深，他多次对人说："要是没有伯父伯母，我和妹妹早就饿死了！"

二、美国寻梦

1948年，黄植鸿向人借了几千美元回大濠涌寻找黄运基兄妹，在老家住了几个月后，就把黄运基带走了。

到美国后，黄植鸿日夜忙于打工，很少有时间与黄运基在一起。黄运基不懂英文，人生地不熟，十分苦闷。幸好在旧金山唐人街有一间绿原书店。这是一间华侨开的进步书店，黄运基常常在那里看书，一看就是几个钟头，饭也忘记吃。时间长了，他认识了书店老板梁小麦和另一位叫朱汝聪的中年人。他们介绍黄运基阅读鲁迅、艾思奇等人的著作。黄运基一边博览群书，一边自学英文，生活充实多了。经梁、朱等人介绍，黄运基参加了当地的一个进步团体——华侨民主青年团。在民青，他结识了许多进步朋友，对中华文化历史，和新中国有了认识。黄运基在这个华侨青年组织里任组织、宣传干事，工作得很开心。1959年，黄运基与斗门姑娘梁坚在美国结婚。

黄运基16岁去美国途经香港时，买了一本巴金的小说《灭亡》，爱不释手，后来他不仅成了作家，而且当选为美国华文文艺界协会荣誉会长。1991年1月15日，由上海市作家协会和巴金女儿李小林安排，有幸拜见了巴金老人，亲自向巴金诉说当年读小说《灭亡》时的感受、所受到的影响，以及对巴老的仰慕之情，巴金送给他一本亲笔签名的《随想录》。

三、独力创办《时代报》

黄运基 16 岁离开中国，童年时代的苦难给他留下不可磨灭的印象，他认为旧中国无可留恋，面对新中国抱有无限希望。

1972 年，黄运基以自己一个人、两百美元和一台打字机起家，创办了中英文周报《时代报》。创刊号出版时，适逢周末华文报刊休刊，他独家首发消息：尼克松总统访问中国！在全市华文报纸中，成了独家新闻！《时代报》在黄运基的苦心经营下，从无到有，从小到大，在为争取美国华人应得权益，促进中美关系正常化和中美人民友好，推动中国和平统一大业等方面，都做出了积极的贡献。《时代报》的一些舆论，在华人社区、美国社会乃至中国都曾受到重视，产生过较大的影响。中美建交后，该报大量报道中国改革开放和经济、文化建设情况，报道侨乡乡情和人民生活，介绍中国历史、文化，对于海外华侨、华人认识和了解中国，增进他们对祖国和故乡的感情发挥了应有的作用。

四、三次重要采访

黄运基以《时代报》记者的身份多次回国采访，写下了一系列报道和评论。1974 年 4 月，在纽约举行了联合国大会特别会议，邓小平作为中华人民共和国代表团团长，率领由外交部副部长乔冠华、中国常驻联合国代表黄华为副团长的代表团，出席了这次会议。邓小平代表中华人民共和国政府，在 4 月 10 日的联大特别会议上作了发言。黄运基写了《邓小平在联大特别会议的发言》的报道，文中详细记载了邓小平讲话的要点。

1974 年，黄运基应中国外交部的邀请，率领一个美籍华人访华团参加中华人民共和国成立 25 周年国庆活动，获得周恩来总理亲切接见。之后，邓小平会见并安排访华团到中国各地参观一个多月。黄运基说："我们的团员之中有新闻从业人员，除本人外，还有《东西报》英文版的编辑杨碧芳女士（祖籍斗门），其他团员有的是在美国土生土长的青年男女，有的则是阔别祖国数十载的老年人和中年人。我们的兴趣不一样，政治见解亦因人而异。但我们也有一些共同点，那就是：我们都是中国血统的美籍华人，心系中国的发展、中国的前途。"

1984 年 4 月 24 日里根总统访问中国时，黄运基也随美国记者团采访，再次采访了邓小平。这次为期 6 天的访问，使里根和随行人员加深了对中国的了解。中国实行改革开放所取得的成就和进步，更是令黄运基感到欢欣鼓舞。

五、中美友好活动

1971 年春节过后，在旧金山日落区黄运基住宅二楼的客厅里，美中人民友好协会宣告成立，黄运基是主要发起人之一。成立大会上，黄运基发表讲话，公开主张美中建立外交关系。该协会通过放电影、举办讲座等形式介绍中国情况，让美国人民认识、了解中国。从 1972 年尼克松访华，到 1979 年美中两国建交，"美中人民友好协会"都发挥了民间沟通与促进作用。1972 年 4 月中国乒乓球队访问美国，4 月 26 日抵达旧金山。"美中人民友好协会"和《时代报》联络了上百个社会团体并担负了接待工作。事后黄运基撰文《友谊之花开四方》，真实地记载了当时的盛况。

为了迎接美中正式建交，旧金山成立了"庆祝美中关系正常化委员会"，当选为主席的黄运基，积极筹备一系列庆祝活动。在庆祝美中建交大会上，黄运基以"庆祝美中关系正常化"的主题，作了精彩的演讲。他豪情满怀地说："在差不多 30 年来我们日盼夜望、努力争取的日子终于到来了。

任何言语都不能表达我们内心的欢欣之情。"

六、中国作家之家

从 1985 年开始,由黄运基担任总裁的美国时代有限公司承印《人民日报》(海外版),负责美国西部地区的印刷、发行工作,使美国读者能及时看到中国的消息。从 1987 年起,黄运基开始有计划地邀请大陆文艺界和新闻界人士到美国访问。黄运基以"美中人民友好协会"的名义,先后邀请中国大陆的知名作家如萧乾、宗福先、丁玲、王蒙、蒋子龙、张抗抗、白杨、茹志鹃、王安忆、吴祖光、李瑛、张洁、程乃珊、铁凝、叶蔚林、沙叶新,以及当时香港的巴桐、王一桃等到访美国,很多人还在他家里住过,有的一住就是一年半载。

1991 年 5 月,笔者在黄运基家做客,看到在他家书橱里面,巴金赠送的《随想录》、丁玲的《太阳照在桑干河上》、王蒙的《青春万岁》、张洁的《沉重的翅膀》、张抗抗的《情爱画廊》、王安忆的《流水三十章》、铁凝的《铁凝文集》等诸多国内名家的作品赫然在列。黄运基在旧金山的家被誉为"中国作家之家",而黄运基则被誉为"美中人民友好使者"。

七、乡情亲情友情

1974 年,黄运基应邀回国参加 25 周年国庆活动后,专程返故里省亲。这是他 1948 年 16 岁赴美后第一次回中国,也是第一次回斗门。1980 年,他第二次返回故乡探亲观光,回美后写了多篇访问中国的随感录,在《时代报》上刊登。1984 年,他率领一个旅行团回中国,住在广州东方宾馆,笔者作为《斗门乡音》编辑记者到广州采访，第一次拜见了黄运基先生。

1988年，黄运基再次率团返祖国观光访问。在北京，他会见了中宣部负责人邓力群，坦率地提出了他对中国当时存在问题的看法。这一次黄运基回中国逗留时间比较长。他回到家乡斗门，住在白藤湖怡苑宾馆一个多月，安静下来创作小说《异乡曲》。其间，他专门抽出两天时间接受笔者采访，之后由本人撰写的《从童工、囚徒到老总、作家——黄运基事略》，发表在《斗门文史》第8期。1991年5月，我作为《斗门乡音》编辑记者，随斗门县赴美访问团经香港到美国，黄运基先生在香港启德机场会见了访问团。抵达旧金山后，访问团应邀到位于日落区27街的黄运基家里做客。

1994年，《人民日报》为庆祝新中国成立45周年，举办"祖国与我"征文活动，黄运基饱含深情撰写的《四十五年的甘苦》一文在1994年10月14日的《人民日报》发表，并荣获优秀奖。

郑观应与容闳的交往述略

宾睦新[①]

郑观应作为晚清启蒙思想家，虽然没有专门撰写留学主题的文章，但是在其涉及西学的文章中，又无处不见其对于留学的态度。郑观应对于留学的态度如何，提出何种观点，造成怎样影响，从他与容闳的交往中可以管窥一二，也可以探讨"中国留学生之父"容闳对郑观应的留学观念是否有影响，影响有多少。

一、两人在宝顺洋行同事

容闳是留美幼童的倡议者和组织者，郑观应与其之交往情况，可以直接反映出郑观应的留学观念的产生和发展。容闳于 1828 年出生于广东香山县南屏村，郑观应于 1842 年出生于广东香山县雍陌村，两人相差 14 岁，两村相距大约 20 公里，有同乡之谊。两人的出生地都距离澳门及南海之滨不远，南屏村仅数公里，雍陌村 10 余公里，风俗相同，皆经过数百年海外文化之浸染，较为开放包容。这也是容闳被父母送到澳门求学和郑观应到上海洋行做学徒的一个重要因由。

郑观应与容闳的交往，最早要追溯到两人同在宝顺洋行任职之时。容闳 1857 年加入宝顺洋行，郑观应于 1859 年入职宝顺洋行，两人都是经过香山同乡曾寄圃和徐润的引荐。

---

①宾睦新，孙中山故居纪念馆职员，历史学讲师，国际关系博士。

容闳入职宝顺时已经 29 岁，有了成熟的留学思想观念和方案。容闳于 1835 年到澳门，入普鲁士籍传教士郭士立（Karl Friedrich August Gützlaff，1803-1851）的英国籍夫人玛丽（Mary Wanstall Gützlaff，？—1849）所办学塾，较早接受西学启蒙；1840 年又入马礼逊教育协会（Morrison Education Society）所办学校，师从美国耶鲁毕业的鲍留云（Samuel Robbins Brown，1810—1880），接受更为正规的西式学校教育；1847 年与黄胜、黄宽跟随鲍留云赴美留学，先入麻省孟松学校（Monson，Mass.）；1850 年考入康涅狄格州纽黑文（New Haven，Conn.）的耶鲁学院（Yale College），接受了完整的西式教育。容闳留美期间，萌发了倡议和组织更多中国青年留学美国的想法，"予意以为予之一身，既受此文明之教育，则当使后予之人，亦享此同等之利益。以西方之学术，灌输于中国，使中国日趋于文明富强之境。予后来之事业，盖皆以此为标准，专心致志以为之。溯自一八五四年予毕业之时，以至一八七二年中国有第一批留学生之派遣，则此志愿之成熟时也。"[②]1854 年，容闳从耶鲁毕业，成为首个毕业于美国高等学校的中国人；并于次年回国，虽先后在美国驻华公使馆、香港律师行、江海关和宝顺洋行等处工作，但始终以留学为事业目标，直到 1872 年促成和组织第一批留美幼童赴美。

比较而言，郑观应入职宝顺时年仅 17 岁，初出茅庐。郑观应早年在家乡接受传统教育，习读孔孟经书和八股文，至 1858 年应香山县童生试失败，遂奉父亲之命到上海学习商贾，"官应年十七小试不售，即奉严命赴沪学贾"[③]；先跟随叔父郑廷江（号秀山），在新德洋行做学徒及学英语，次年经姻亲曾寄圃和徐润引荐，入宝顺洋行做学徒，又到英国传

---

②容闳原著，徐凤石、恽铁樵原译，张叔方补译，杨坚、钟叔河校点：《西学东渐记》，湖南人民出版社，1981 年，第 23 页。

③郑观应：《复考察商务大臣张弼士侍郎》。

教士傅兰雅所办英语夜校学习，接触西学比较晚。容闳在宝顺洋行的时间并不长久，1861 年就离职前往九江开设茶行。郑观应则在宝顺洋行升至买办，直至 1868 年宝顺洋行停业，遂与同乡卓国卿（号子和）开设茶栈。因此，郑观应早年关于留学的知识和观点，很可能来源于容闳，或受到容闳的影响。

二、两人合作创办《汇报》

郑观应与容闳的首次合作，乃是携手办报。1873 年，上海发生了被称作清代四大奇案的"杨月楼案"，京剧伶人杨月楼来沪演出，香山籍韦姓买办之妻及女阿宝因观剧而心生仰慕，阿宝暗许芳心，委托其乳母和母亲促成良缘，然当时韦姓买办身在广东，杨月楼与阿宝未婚而暗合，准备婚娶之事，韦氏叔父获知此事，告到官府，将杨月楼和韦氏母女抓获，在杨月楼处起获大量韦家"嫁妆"，并找稳婆查验阿宝已非处子。当时上海知县为叶廷眷，以伶人不能娶良家女子，未经父母之命拐婚苟合等理由严厉处置杨月楼，打了杨氏两百大板，并判流放。

杨月楼的遭遇，引发上海西人的关注，大多认为杨韦二人是自由恋爱，有婚姻自由，叶廷眷袒护香山同乡，对杨月楼太严苛，《申报》甚至对香山人的报道也多有冷嘲热讽之意。旅沪的香山官绅亦在《申报》发表言论，但是难获公允之待遇。叶廷眷和容闳等香山同乡遂组织起来创办了一份报纸《汇报》④，以与英人主办的《申报》相抗衡。"闻上海将另开新闻馆一所，系广东寄居上海诸人集赀而成者也。并闻上海叶邑侯亦首先从众倡捐多金，以助成此义举。经理其事、创设一切者，乃前岁督带华童赴美国肄业之纯

---

④《述汇报馆开张事》，《申报》1874 年 6 月 3 日第 2 页。据载，"闻叶邑尊所倡举《汇报》不数日可开局出报，叶邑尊拟价取每张五文云"。

甫容君也。容君洞悉英字，通达两学，曾在美国应试中选者，原籍广东之香山县，后改籍美国版内，今属美国辖下人，故能深知日报馆诸条例也夫。"⑤

数日后，《申报》的报道，谈及唐廷枢等人参与创办《汇报》，并提及容闳倡立馆规。"现闻粤人拟在上海另开新闻馆一所。首先倡捐者，上海令叶邑侯也，倡议开馆者，唐君景星诸人也。倡立馆规者，容君纯甫也。主笔诸君，皆延请粤中名宿也。机器铅字，皆容君所承办也。馆则设立于招商局侧。并闻另延西人，代为出名。"⑥郑观应撰写的《上海汇报章程并序》⑦很可能就是在容闳创议的"馆规"基础上完善而来。

《汇报》创办后，与《申报》针锋相对，掀起了上海的第一场舆论战。1874年6月16日，《汇报》正式创刊。⑧《申报》与《汇报》言论交锋，你来我往，争辩不已，特别是针对"杨月楼案"的报道。经统计，《申报》1873—1876年所刊杨月楼案的报道、评论、读者来稿、诗歌等就多达70篇。长达两年的持续报道和辩论，开启了近代上海的首场舆论战。

然而，《汇报》却是以失败告终。发行仅两个月，就因报道牵涉官事过多而被谕令停办。邝其照（原主持《汇报》报务）此后转入留美幼童事业，1874年9月20日携第三批幼童赴美，1875年10月14日携第四批

---

⑤《上海添设新闻报》，《申报》1874年3月3日第2页。据载，"闻上海将另开新闻馆一所，系广东寄居上海诸人集赀而成者也。并闻上海叶邑侯亦首先从众倡捐多金以助成此义举。经理其事、创设一切者，乃前岁督带华童赴美国肄业之纯甫容君也。容君洞悉英字，通达两学，曾在美国应试中选者。原籍广东之香山县，后改籍美国版内，今属美国辖下人，故能深知日报馆诸条例也夫。新报之广兴，实兴国计也。维系与读书相表里者，本馆于上海将有同行之业殆至。圣所谓德不孤，必有邻，亦属大幸之事也。"

⑥《论新闻日报馆事》，《申报》1874年3月12日第1页。

⑦郑观应：《上海汇报章程并序》，《郑观应集》（下册），第1173—1174页。

⑧《上海添设汇报》，《申报》1874年6月17日第2页。据载，"昨日上海始出《汇报》之元章，本馆披阅之余不胜嘉贺，盖以上海一埠而仅得一日报，本未免孤陋寡闻，今得雅附同舟、各抒所见，俾阅者得赏心悦目、恢扩见闻，将何乐如之"。

幼童赴美。由美国人葛理出面复刊，将《汇报》改名《彙报》。⑨然而，《申报》对《彙报》的攻击并未停歇。⑩1875年7月16日，《彙报》又改名《益报》，然而大势已去，遂于1875年12月4日停办。

郑观应与容闳合作办报，以失败告终，究其原因，容闳身在美国，叶廷眷身为朝廷官员不宜过多参与，而唐廷枢和郑观应忙于商务。这些香山人皆不熟悉报业，以致新生的《汇报》遭遇夭折。

这一次办报经历，对于郑观应借助报刊舆论发表言论、宣传主张，却有了很大启发。郑观应的早期著作《救时揭要》，就是集录《申报》所刊其论稿而成。但是不得不说，经过《汇报》与《申报》相争之事，郑观应就很少在《申报》上发表言论，特别是犀利的评论。

《申报》同治十一年（1872）刊登的郑观应文章

序号	署名	《申报》篇名	发表时间	期号	页码	《救时揭要》篇名
1	中商鹤巢氏	问报关必用西字来书	五月十五日（6月20日）	44	1-2	
2	岭南指迷道人郑香山	澳门猪仔论	六月二十九日（8月3日）	82	1	澳门猪仔论

⑨《书〈汇报〉为西人承受告白后》，《申报》1874年9月1日第2页。据载，"阅二十日《汇报告白》，知倡设《汇报》之众华人已辞其事，所有报馆内诸务，概先延请西士名葛理等者承受。闻葛君鸿才硕学迈越等伦，则《汇报》之日盛月新当可操券而卜之，兼以见华人之合旧图新，妙若转圜，不禁为之叹服"。

⑩《报馆更名》，《申报》1874年9月9日第2页。据载，"本馆昨谓《彙报》为官宪所设，或有驳曰非也。《汇报》为官所开，而《彙报》则不然也，盖已授诸西人也。吾曰：《彙报》即《汇报》也，不过改其名而已。盖股份人仍然也，不过名谓授诸西人，即初延请翻译西报之西人代为出名总笔而已，其出入各银仍为旧股份人担任。以《汇报》在西字报内所登印告白而有凭可据也。或又曰：《彙报》不过官宪招华商开设者。吾曰：上海上下各官皆有股份，而华商少敢与预者，故实不可算民报也"。

3	濠镜醒世道人	续澳门猪仔论	七月初三日（8月6日）	84	1	续澳门猪仔论
4	假鸣友	论医生药铺夜间不肯赴诊开门事	七月初五日（8月8日）	96	1-2	
5	铁城岐峰悯世散人	岭南赌风猪仔宜禁论	七月十六日（8月19日）	95	1	
6	岭南苍生	求救猪仔论	七月二十五日（8月28日）	103	1	求救猪仔论
7	粤东假鸣子	痛亡者无归论	七月二十六日（8月29日）	104	1	拟遍考医家以救生命论（未收入）
8		论皮鲁国贩人为奴事	八月初八日（9月10日）	114	1-2	记猪仔逃回诉苦略
9		论直隶水灾	八月十七日（9月19日）	122	1	论救水灾
10	罗浪山樵	议遍考医家以救生命论	八月二十三日（9月25日）	127	1	拟遍考医家以救生命论
11	星峰待鹤居士	拟请设华官于外国以保卫商民论	九月初十日（10月11日）	131	1	拟请设华官于外国保卫商民论
12		论禁止贩人为奴事	九月十七日（10月18日）	137	1-2	论禁止贩人为奴
13	星峰荥阳居士	拟禁鸦片烟论	九月二十八日（10月29日）	146	1	拟自禁鸦片烟论
14	雍陌荥阳氏	赈饥十二善说	十月初五日（11月5日）	162	1-2	
15	醒世道人荥阳氏	澳门窝匪论	十月十二日（11月12日）	178	1-2	
16		拟收恤穷民以戢盗贼论	十月二十九日（11月29日）	183	1-2	拟设义院收无赖丐人使自食其力论
17	待鹤居士	论救荒要务	十一月初三日（12月3日）	185	1	

三、容闳为机器织布局寻觅洋匠

《汇报》创办未几，容闳即再赴美国忙于留美幼童事业，又于光绪元年（1875）获任出使美日秘三国钦差大臣（驻美副公使），常驻美国华盛顿，其与郑观应天各一方，交集较少。1880年，郑观应奉李鸿章之命经办上海机器织布局，委托在美国担任副使的容闳物色专家，两人的交往再次增多。据郑观应回忆，"余创办机器织布局时，先请驻美公使容纯甫观察选聘熟悉机器织布洋匠丹科来华，时与考究，得悉我中土棉花丝短，只能织粗布。于是嘱洋匠偕翻译梁子硕携中土之棉花到美国铁厂改造布机，以就花性，期臻妥协，并访问美国种花之法及购美国花种在沪试种。"[11]郑观应为此还专门致函容闳："查外国人口洋布价值每岁约共三千万两，漏厄日大，窃抱杞忧。弟等现集股银四十万两，在沪创办上海机器织布局，公司预算各款，已详载招股章程。所虑者，中国棉花不及外国棉花丝长而性软，所雇洋匠不及外国洋匠工巧而艺精。素悉执事在美有年，留心实学，祈代选聘一在美织布厂有历练、有名望之洋匠到沪商办，拟先寄华棉试织如何，倘织出之布不合销，或所商意见不合，其往来舟资及按月照给薪水、伙食外，另给薪水两月，作为罢论。如有卓见，乞勿吝教。"[12]容闳帮忙觅得美国人谭科，称其"督理织造多年，精明阅历尤胜于先，所访致之人而薪工转廉，盖意在来华创始藉成名业"[13]。1881年10月，谭科抵达上海。[14]

---

⑪郑观应：《美国种植棉花法序》，《郑观应集》（下册），第505页。
⑫郑观应：《致容纯甫星使书》，《郑观应集》（下册），第536页。
⑬夏东元编著：《盛宣怀年谱长编》（上册），2004年，第138页。
⑭《织局近闻》，《申报》1881年10月6日第2页。据载，"本埠机器织布公司为中国创举，凡有志大局者无不以先睹为快，顷悉该公司所聘洋匠已于前月二十九日抵沪，匠名谭科，美国人，向在禧利丹科织厂公司为伙，又在罗连公司为机器工匠六年之久，又在喊美利顿公司及美国炮子局总理各事"。

郑观应经过考察，认可了谭科的能力。他在给盛宣怀的信中称："洋匠谭科业经至沪，人尚诚实，技艺亦高，差堪告慰。"[15]在向李鸿章汇报织布局情形时褒扬谭科"熟察其人，虽工艺高下无由验悉，而勤慎有余，甚顾体面，又绝无嗜好，当非诡谲夸诞之流。"[16]郑观应试用了谭科两月之后，委派谭科赴美采购机器，"谭科到沪两月，试验花布、勘选基地，诸务商有端倪，当经订立合同，令其仍带华花前赴英美各厂，躬自试织，酌定机器。"[17]但是谭科赴美采购机器，并未如郑观应所愿，"谭科亦有错处，盖渠在美年余，所定之机器，所雇之洋匠，均未遵照局规，先与弟等商酌，竟擅自订定。"[18]当1883年9月谭科第一批机器到上海时，已经错失商机，机器织布局之事宣告暂停。虽然机器织布局宣告失败，但是容闳觅得谭科来华，支持郑观应的事业，两人关系再次升温。

四、郑观应对留美幼童事业的观察和总结

在机器织布局夭折的同时，容闳的留学事业也同样遭遇了失败。1881年，清政府宣布提前撤回留美幼童。110多名留美幼童几乎全部被撤回，仅数人借故留在了美国继续学业。

---

⑮《郑观应、龚寿图致盛宣怀函》（光绪七年八月十七日），上海图书馆藏盛宣怀档案。

⑯郑观应：《禀北洋通商大臣李傅相为电报、织布两局现在办理情形》，《郑观应集》（下册），第1022页。

⑰郑观应：《禀北洋通商大臣李傅相为电报、织布两局现在办理情形》，《郑观应集》（下册），第1022页。

⑱郑观应：《致盛宣怀函》（光绪十一年二月初五），上海图书馆藏盛宣怀档案。

郑观应对容闳留学事业在洋务事业中的重要作用，已经有着非常清晰的认识，加上与容闳的密切联系、同乡之情，更是同情不已，却又无可奈何，转而安慰容闳等人以及被撤回的留美幼童。郑观应在《赠驻美国副使容纯甫观察》中，写道："采采芙蓉涉远江，中西学贯始无双。应嗟匡济稀同志，却羡科名隶美邦。鹏运八纮风在下，龙文百斛鼎能扛。诸生海外将成曲，底事吴儿换别腔。（肄业美国学生已获进步，为吴子登奏请撤回，因噎废食，功败垂成，殊可惜也）"又在《赠美国肄业诸生并容沉浦、邝容阶两教习》一诗写道："文章机杼自专家，译象千言点不加。爱国无殊林友植（东瀛维新大儒译书著述甚多），上书共比贾长沙。诸生游学将成业，公使何因促返槎。翻羡东瀛佳子弟，日新月盛愧吾华。（日本肄业欧美子弟日新月盛，望之感愧）"郑观应通过对比中日两国在留学欧美问题上的不同遭遇，不仅反映了他对中日两国留学事业的关注，更是表达了他对留美幼童提前被撤回的遗憾和疑问，在其后续的文章中陆续都有体现。

郑观应还通过比较中日留学情况，借以对比两国在政治"变法"上的异同。他在《中日变法志感》中写道："东瀛患贫弱，发愤欲维新。选招佳子弟，负笈到西邻。学优归故国，升迁作元臣。变政知先后，利弊烛如神。吾华惟泥古，八股为儒珍。肄业美国者，废为闲散人。所学非所用，强弱此中分。"[19]

由于容闳设计的留学计划长达 15 年之久，以致留美幼童出洋时候年岁太小，在海外求学时间过长，出现一些文化冲突和适应上的问题，幼童成年后"美化"（Americanization）问题也确实存在。对此，郑观应也有着清醒的认识。他在《论考试》中写道："鄙见宜仿司马光十科之法，添设一科，颁天下省会。除小学堂外，各设书院，敦请精通泰西之天球、

---

⑲郑观应：《中日变法志感》，《郑观应集》（下册），第 1274 页。

地舆、格致、农政、船政、化学、理学、医学及各国言语、政事、文字、律例者数人，或以出洋之官学生，业已精通返国者为之教习。所选学生，自十余岁至二十岁为限。须先通中西文字，就其性之所近，肄业四年，升至京都大书院，力学四五年。如果期满，造诣有成，考取上等者，即奖以职衔，派赴总理衙门海疆督抚；或船政制造等局当差；或充出使各国随员，如举博学鸿词之例。凡入院诸生，每年纳束脩百元，如书院膏火不敷，由该地方官筹款补足，以冀渐开风气，实力研求。倘有别出心裁，造成一器，于国计民生有益者，视其利之轻重，准其独造数年，并给顶戴，以资鼓励。如此，则闻风兴起，人才众多。又何须朝廷遴选幼童，肄业泰西，致糜巨款乎？夫幼童万里从师，学业自卜其精进，惟少染外洋习气，情性或因而变迁，亦似非养正之道也。诚能变通旧制，教育英才，为国家宣劳，为海疆保障，大用大效，小用小效，又岂特文章华国，咸夸凤翔之才，武艺超群，即列鹰扬之选也哉。"[20]

留学时间过长，则学生容易被当地文化同化，这是留学事业中一个无法回避的问题。郑观应继续在《考试上》中拓展和深化了如何化解留学太久学生被异化的观点："至于肄业之高才生，有愿出洋者则给以经费，赴外国之大书院、武备院分门学习，拔置前列，回国后即授以官，优给薪资，以昭激劝。昔曾文正奏派幼童出洋学习，意美法良，特稚齿鬐年，血气未定，沾染习气，乖僻性成，甚至有从教忘亲不愿回国者，则就学诸生于中学毫无所得故也。全数遣回，甚为可惜。既已肄业八九年，算学文理俱佳，当时应择其品学兼优者，分别入大学堂，各习一艺，不过加四年工夫，必

---

⑳郑观应：《论考试》，《郑观应集》（上册），第 106 页。

有可观，何至浅尝辄止，贻讥中外。日本肄业英、美、德、俄之学生，至今尚络绎不绝。欲救其弊，宜选肄业生之通古今识大体者，始遣出洋。或由各省学政所录文、武各生，择其留心时务年在二十左右者，过稚则气质易染，过长则口音难调。厚给资装，出洋学习。如此分途资遣庶事理通达，而各有成材出洋学习。如此分途资遣，庶事理通达，而各有成材，身列胶庠，而咸知自爱，功崇业广，体立用行。曾文正作育之苦心，不致因噎而废食，诸生之数奇不第者，亦得别出一途以自效。归后愿就职者听，愿就科举者亦听。他日奇才硕彦，应运而生，天地无弃材，国家即永无外患，斯万变之权舆，及今为之，未为晚也。"㉑郑观应此时首次提出了准予留学生参加"科举"的观点。

郑观应还创造性地提出在科举考试文武正科之外特设"西学"专科，给予留学生举人、进士、翰林身份。他"准其一体乡试会试。其有独出心裁，能造各种汽机物件，及有著作者，准其随场呈验，并许先指明所长何艺，以凭命题考试。此于文、武正科外，特设专科以考西学，可与科目并行不悖，而又不以洋学变科目之名，仍无碍于祖宗成法也。且我朝有翻译生员举人、进士、翰林异试异榜，与正科诸士同赐出身，援例立科，必无扞格，又何不可于正科之外添一艺科乎？"㉒1905 年，清政府虽然取消了科举考试，但是为了吸引和选拔西学人才，专门增加了针对留学生的考试，然后根据成绩赏赐进士、举人、拔贡等出身，入工科进士、文科进士、格致科举人、牙科举人等。为此，学部主持举办了首次回国留学生考试，并按考试成绩

㉑郑观应：《考试上》，《郑观应集》（上册），第 296 页。
㉒郑观应：《考试上》，《郑观应集》（上册），第 295-296 页。

赏赐进士、举人等出身，分配了翰林院检讨、内阁中书、知县等官职。清政府的这个新政，与郑观应的留学人才培养和考试方案有不谋而合之处。清政府的这个政策，也许受到郑观应的启发。

总的来看，郑观应对容闳的幼童留美事业是支持的，也同情幼童被提前撤回的遭遇，对于幼童留学时间过长而引发的问题，也有着较为深刻的思考，甚至提出了让留学生回国参加科举的新举措。这些都说明了郑观应与容闳的关系虽然非常紧密，但也并非完全附和容闳。正是因为郑观应的客观和理性，所以与容闳的交往虽然密切，但是两人不是交往很深的好友。

容闳与他的母亲

井振武

容闳是一位恪尽孝顺的孩子，有关他与母亲的故事广为流传，脍炙人口。1846 年香港马礼逊纪念学校校长美国人勃朗先生，因"家属的身体羸弱，拟暂时离华"回国调养一段时间。临行前，他召集同学们讲话，语重心长地说："我对这所学校很有感情，此次回国愿意携带两三名学生，到新大陆接受'完全之教育'。哪位学生愿意去，请起立！"听了校长的肺腑之言，同学们若有所失，都鸦雀无声。突然间，容闳应声而立，黄胜、黄宽也跟着站了起来，他们决心随校长去美国求学。

对于儿子的决定，母亲知道后总是闷闷不乐。于是容闳反复劝说母亲、再三再四地请求随校长游学。母亲一脸无奈，只是"嗯"一声，泪水便从眼中滚落下来。见此情景，容闳心中五味杂陈，连忙劝慰说："儿子去美国求学，家中还有兄弟与姊三个人陪伴您。大哥就要娶嫂嫂了，将来兄嫂承欢膝下，您会高兴，也不致寂寞。请老母亲多多珍重，我学习两年就回，请勿挂念呀。"听了这番话，母亲知道儿子决心已定，就是有九头牛也拉不回来。故而忍痛割爱地叮嘱说："你去，你去吧。将来希望能出息个大器！"

很快，游学经费由校董落实了，连家中母亲也得到了至少两年的赡养之资。1847 年 1 月，容闳随勃朗校长搭乘同孚洋行的"亨特利思"号商船，从黄埔港出发，抵达美国纽约后，转纽黑文，住进勃朗母亲的家中，经介绍入孟松学校读预科。其间，容闳常随同勃朗夫人的父亲巴牧师进入教堂，随众祈祷。久而久之，结识了开印刷厂的卫三畏。由于卫三畏有曾在中国广东工作的经历，异域遇知音，两人谈吐间互诉衷肠，遂成朋友。后来，容闳得到卫三畏的许多帮助。

卫三畏（1812—1884），出身于纽约的一个富豪家庭。少年时曾学习印刷技术。在时任印刷厂厂长的父亲推荐下，1832 年被美部会任命为中国差会的印刷工。第二年 10 月抵广州，开设印刷所，服务于牧师裨治文创办的《中国丛报》，还担任发行事务等，是最早来华的美国新教传教士之一。后印刷所迁澳门，他出版《广州方言简明教程》，编写《中国地志》等书，又成为一位典型的中国通、美国早期汉学研究的先驱者。1844 年返回美国后，获得"法学博士"学位，还结了婚。于 1848 年 6 月又回到广州，他的活动十分广泛，作为中国通，曾在北京紫光阁参加同治皇帝接见美国公使艾忭敏的外交活动，出任翻译。还出任美国远征日本舰队的翻译，乘舰队去过琉球、日本，与一些日本人多有交往。还出版了一本《中国总论》的学术著作。

学而知不足，转眼离家快三年了。当年应允母亲两年返回，可求知欲越来越盛的容闳，决心要继续深造，但心中的乡愁无时无刻不萦绕在脑海间，家中近况又当如何呀？ 1849 年 4 月 15 日，同学黄胜回国，容闳托他带信函一封给卫三畏。信中请求卫三畏施与援手，帮助帮助家中的老母亲。他在信中说："我有一件特别重要的事情要在此信中与您交流。我万分希望您能帮忙，玉成此与我未来生活密切相关之事，即恳请您为我兄长容阿林（Yung Alum）觅一工作；此外，还烦请您向我叔父容名彰（Yung Ming Cheong）说明我欲在美国多留数年。……当然，您知道我实不愿离开母亲和兄弟姐妹，我在离开中国时曾答应他们两三年后即返回。……若我留美，还请您尽力就我在美国再留学六年的目标说服我叔父，告诉他教育会带来的成果；用简短的故事，说明知识如何增加幸福；我以后的生活又将会如何。您同他说过后，他就能找机会向我母亲进言。若我兄长能受雇，则我留在这里之事当可无忧。同时，这样安排也可在我留下后仍能让我小弟入学读书。"从信中我们可以感受到：三年经济赞助与赡养之资均已到期，容闳深虑母亲在养家糊口过程中一定担子沉重，便调动朋友的力量帮助家中减负减压，千方百计妥善地处理好家庭事务，以便自己能安心读书。拳拳之心，溢于言表。卫三畏接信后，亲赴容闳家中看望老母亲，并回信告之家中近况。还通过布拉德利先生回美国给容闳带了所需要的一些图书等。

容闳所走的求学之路非常艰难，几乎超乎想象。一方面黄宽、黄胜相继离开，一个狭小的汉语交流圈不复存在了。生活在陌生的英语世界中，他的汉语交流与中文写作能力快速丧失。为了保持不被同化，容闳坚持穿长袍、仍留着辫子；为重拾已忘记的中国日期，他购买美国人波乃耶所编《华番和合通书》中英对照年历，借以恢复；还购买中英字典，阅读中文书籍，坚守母语这个华夏的根。另一方面虽然以优异成绩考取耶鲁大学，但孟松学校愿意资助的前提，是做终身牧师，容闳一口婉拒。资助没了着落，继续深造成了问题，人生面临重大抉择。一时间"屋漏偏遇连夜雨"，一个坏消息传来了。母亲托人写信，那个写信人知道老母思儿心切，便在信中编了一个故事。告知容闳"长兄去世的消息"，以及母亲无人照料的凄楚，期盼容闳迅速返粤。那封信使容闳有两周的心神不安，精神备受打击，"几乎完全放弃了上大学的机会"，心情糟糕透了。

然而，山重水复疑无路，柳暗花明又一村。在1852年圣诞节，容闳再次提笔给卫三畏写了一封长信，表示自己已度过最艰难阶段，找回了信心。这时，资助方已经落实，容闳顺利进入耶鲁学院读书，但其牵挂母亲和家人的心日益急切。他在信中说："我很高兴母亲和您见面了，而且她的身体也很好。然而上封信给我带来一些坏消息。""您能否告诉我那消息是否属实？即使现在，如果您能够让我知道整个事情，就能让我从焦虑中解脱。有时候我觉得自己就要放弃已经开始的事业，带着已经学到的知识回国，去改善我的母亲和那些在血缘上与我密切相连的亲人的境况。我可以用灵魂之眼看到他们的处境。"容闳接着写道，"我的思亲之情甚于一切。若非认为有比恪尽孝道更重要的理由，我早已回乡。"一位游子对家人的牵挂、对家人的思念，不尽的乡愁跃然纸上。

在大学期间，容闳刻苦学习"读书恒至夜半"，英文论说颇优，第二、第三学期连获首奖。为了更好地融入大学生活，他做出一个重要决定：剪去辫子、脱掉长袍。他关注社会问题，曾在当地报上发表有关中国问题的文章。优异的成绩与经国之才赢得全班以及知识界人士的尊敬。为了解决经济困难，他为"共屋而居"的20个三年级学生"司饮膳"；又为兄弟会管理图书，还被兄弟会举为司书人，每年给酬金30美元。容闳省吃俭用，将勤工俭学一年积攒下的30美元设法送回国内，以补家用。1952年12月30日，托纽约城米文先生去广州的机会将美元带给卫三畏，还附信说："如果我的母亲尚在，请您将其中25元给她；若她已去世——因为我已经有一整年没有收到她的信了，请您将这笔钱分给我的兄弟姐妹。我非常担心失去母亲。如果她能够等到我回国，我将认为是上帝给我的最好赐福。"并告诉卫三畏："我将在1854年夏拿到学士学位（BA），其后将考虑回乡，再学习专门的职业。至于何种职业，我还没有完全确定。但可以肯定的是我将学习农业化学，也许学习内科学和外科学，有那么多的东西可以学，对一个想报效祖国的学子来说，任何一样都很有价值，而尝试了解自己的选择是非常令人兴奋的。"正是这种恪尽孝道的拳拳之心支撑着容闳历经千辛万苦、克服重重困难，坚持认真读书。在大学里树立了明确的理想与奋斗目标，他曾雄心勃勃地说："我心里已经计划好将来所要做的事情。我定使中国的下一辈子人享受与我同样的教育。如此，通过西方教育，中国将得以复兴，变成一个开朗、富强的国家。"他期盼着学成归来报效祖国的那一天！

"慈母倚间悬念，必至望眼欲穿"的八年忽忽而去。1853年7月，容闳怀着感激的心情给卫三畏写信表示："如果我们都活着，希望一年后能见到您。我一毕业就启程归国，因为我渴望归去。我在这里待得够久了。"

1854 年 11 月，游子容闳终于乘上"欧里加"号帆船，波涛万里，航行了 154 天后终于踏上祖国的土地。抵达香港后，容闳归心似箭，着一身西装直奔家中。他冲入家门，见到母亲身体无恙，八年的百般祝福、八年的萦绕牵挂，一时语塞，站在母亲面前，不觉热泪夺眶而出。母亲先是一愣，回过神来后，喜出望外地用慈祥的双手抚摸着儿子，从上到下地看不够，喃喃地道："儿呀！八年来日日思念，终于见到你啦！"

容闳倚坐在母亲膝下，诉说着在美国久居异乡的求学经历，以及考入耶鲁学院求学四年的情况，并告之母亲自己获得文学学士学位。还比喻说："美国之学士，盖与中国之秀才相仿。"说着说着拿出羊皮纸文凭递给母亲细看。母亲接过文凭，幽默地问："文凭和学位，可以值多少银子哪？我还不太清楚它们究竟有什么作用。"他告诉母亲：这是一种品格高尚人才的标志，比金钱作用大得多。还说"大学所授之教育，实较金钱尤为宝贵"。文凭和学位，"乃稀贵之荣誉，为常人所难得"。为了让母亲高兴，容闳说："儿今即以第一中国留学生毕业于耶鲁大学，今后吾母即为数万万人中第一中国留学生毕业于美国第一等大学者之母。"母亲听到这些话，脸上充溢着自豪与幸福的笑容。

母亲端详着儿子，见其还蓄了须，便说：有你哥哥在上，都不曾蓄须。赶快把你的蓄须刮掉，这样才适宜！""胸中爱母之忱，恨未能剖心相示"，容闳温顺地谨遵母命，请来剃头师傅，立马坐下让师傅刮去蓄须。在一旁的母亲，细心地观察着儿子的一举一动，认为虽出游八载、身着洋装、接受国外教育，但尽孝于亲的品格没有丝毫改变，不觉心花怒放，笑得合不拢嘴！

容闳看着母亲高兴的样子，遂暗下决心今后尽力能及，奉侍家母，颐养天年。在为祖国效力上，他首倡派幼童赴美攻读，被誉为"中国留学生之父"，践行了母亲对他的期许。

参考文献：

1.容闳著：《西学东渐记》，见钟叔河主编《走向世界丛书》，岳麓书社，1985 年 7 月版，第 49 页、58 页、61 页、67 页。

2.《卫三畏传》，见雷雨田主编《近代来粤传教士评传》，百家出版社，2004 年 5 月版，第 238 页至 240 页。

3.吴义雄、恽文捷编译：《美国所藏容闳文献初编》，社会科学文献出版社，2015 年 1 月版，第 14 页至 19 页。

4.吐依曲尔氏之讲演，见钟叔河主编《走向世界丛书》，岳麓书社，1985 年 7 月版，第 164 页。

5.井振武：《幼童留学与容闳天津之行》，见《天津政协》杂志 2010 年第四期，第 53 页至 55 页。

唐绍仪力助袁世凯收回天津

唐　越

　　庚子事变后，八国联军占据天津，在原直隶总督府设立都统衙门。都统衙门全称为"暂行管理津郡城厢内外地方事务都统衙门"，或称"天津临时政府"，自天津全县，至宁河县境之塘沽、北塘沿海各处，均归其管辖。都统衙门内分八个部门，即总文案、汉文、巡捕、发审、库务、工程局和卫生局；外分四段，即城北段、城南段、军粮城段和塘沽段。这个所谓临时政府还组建了一支由1000名联军组成的治安部队，并招募华人做巡捕队，对天津及其周边地区实施军事统治。天津的管治权由此落入列强手中。

　　1901年11月12日，袁世凯奉旨由署理山东巡抚调任署理北洋大臣、直隶总督。义和团运动涉及许多教案，须与洋人交涉。袁氏便连番上奏，将之前在山东办理洋务交涉屡立奇功之唐绍仪调至身边。唐绍仪（1862—1938）为广东省香山县唐家（今珠海市唐家）人，幼年以官费留美，回国后出使朝鲜，结识袁世凯。在朝十几年，唐绍仪一直辅助袁氏处理洋务交涉事宜，深得袁氏赏识。1899年12月7日，袁世凯奉上谕署理山东巡抚。袁氏乃奏调唐绍仪赴山东，委其为山东省洋务、商务总办，着力处理纷繁复杂、棘手万分之各国教案。唐绍仪不负所托，"依次磋磨，逐渐清理"，与德、英、法等国洋人轮番交涉，将教案问题处理得头头是道。如法国主教陶万里狮子大开口，索赔100多万金后减至84万金。但唐绍仪据理力争，再四驳斥，最后竟以17.9万金了结全案。袁世凯为唐绍仪请奖时对其赞口不绝，称其"才识卓越，血气忠诚，谙练外交，能持大体，洵为洋务中杰出之员，环顾时流，实罕其匹"。

1901 年 12 月 6 日，袁世凯奏准唐绍仪署理天津海关道台。津海关道向为处理北洋交涉之官员，责任重大。袁氏称唐绍仪"谙练交涉，胆识兼优"，委其以重任，旨在收复天津。先是，袁世凯莅任后不久即率同唐绍仪进京面晤列强各使节。列强辩称天津系驻兵通道，载在公约，应由各国管辖。须俟中国一切复元，天津各项工程完竣，始可交还。袁世凯当场驳斥对方，称天津驻兵有约可依，但据地自治，约内所无。而定约后，中国政府均经照办，各国自不应节外生枝。且久踞津沽，何以复元！即各项工程，中国亦可接续筹办……各使辞穷，但又称此事须向本政府请示，且现正封河，亦非急切所能退还云云。袁世凯在其电奏中称，美、日两国本愿赞成，余均观望。唯在津各国都统贪津税捐，留恋不走。但袁世凯连恭迎慈禧回銮这么大的事情都顾不上了，只先派布政使周馥出境恭迎圣驾，另留唐绍仪在京随时禀商全权，向各使商索。两天后袁世凯即回保定。

1902 年 1 月 31 日，唐绍仪往都统衙门，交袁氏亲笔信一封，要求其委员会确定交还天津之日期。但得到的答复却是：本委员会无此职权，须交由各国政府决定。2 月 3 日，唐绍仪再交袁氏信函译文予委员会。但答复仍旧是：本委员会无权与之讨论。

1902 年 3 月 13 日，列强讨论交还天津之事。各国均无异议，但有几个问题尚未商妥，即修北河、拆炮台、天津不修城、设巡捕和不驻重兵。袁世凯闻讯即电外务部，称天津系中国地方，各国均有驻兵，反不许地主自行其权，岂有此理！天津城内外盗匪充斥，多有利器，今各国驻兵仍不免劫案频生。我如无兵，势难治理，两三千兵必不可少。袁氏电请外务部鼎力支持。外务部与英使讨论此事，英使却称城内不可驻兵。因以上各点未能商妥，天津交还仍旧无期。

此后列强讨论数月，还津日期仍无定议。而坊间却传出还津消息，版本有三：一曰 6 月，一曰 7 月，一曰最早也要到 9 月。天津一日不还，袁世凯办公一日受到诸多掣肘。1902 年 6 月 30 日，一方面，袁氏发两电：

一电外务部，恳求其催促各国驻京大臣交还天津；二电驻俄公使胡惟德，请其找机会交涉还津之事。另一方面，袁氏亦电驻美公使伍廷芳，请其设法与美国政府洽商，由对方出面劝列强照约早日还津。伍廷芳复电称各国愿还津，惟所订条款太不公道；而英、日亦表示愿意还津，电令各使节斟酌修改后，不日即有转机云云。袁氏查公约，交还天津并无另订续约之文。他认为，这是驻津各武官横生枝节，诸多要求，企图限天津郡30公里内只准驻华卫队300人。而天津郊外一带，因庚子时武器库被掠，土匪多有利器，兵少则难以保地方平安。名义上同意交还，实际上想拖延。各使节对各武官的做法亦不以为然，一再驳斥其不肯通融。7月3日，袁氏请外务部与美国政府恳切磋商，并请其与各政府磋商，按照各使节公议，命令各武官遵照执行，不得再拖延。

还津之议，英、日均无从中作梗，俄人虽然也没有捣乱，但未必大力支持。至于德人，则屡次作梗，多方刁难。1902年7月5日，袁世凯又电请外务部与日本政府洽商，并请其与各国商讨按各使节公议，命令各武官不得再拖延。7日，事情出现转机。之前，列强每次开会讨论还津之事，均有一二国从中作梗。但当日会议，各国所议，照袁世凯电外务部称"均尚公允，颇有头绪"。列强最终议定，8月13日后还津。

袁世凯经多年外交历练，对收回天津之安排自有办法。这在其与挚友徐世昌的通信中即有透露。其一，未到期之前，袁氏只在保定办公，不赴津，因此时天津仍归列强管辖，袁督之令无法施行，反受人掣肘，遵守列强政令，殊损国体。袁氏拟先派津海关道唐绍仪，会同长芦盐运使杨宗濂、天津道张莲芬、天津镇总兵吴长纯等官员先行前往查看，会查各项用款，筹备一切。但须先与各国商明，始可派往，允则往，不允则止，免生枝节。其二，巡警队应先行预备，并募洋人7名，在保定静候。而天津方圆十数里外亦要筹备巡警队。此举至为重要，盖警力多可保地方安顿有序，免授列强以话柄。其三，袁氏身为直隶总督，必须亲往接收，不容替代，以符合交涉公例。

还津交涉中，除有列强文武官捣鬼外，尚有二人，袁氏称其为"无赖、恶鬼"。此二人便是德璀琳和汉纳根，前者为天津海关税务司，于1901年2月骗取了开平矿务局之土地、矿产及全部产业（汉纳根为见证人之一），致其落入英人手上。袁世凯斥二人专欲趁交还之际趁火打劫，图得大利。德璀琳欲垄断天津电车电灯公司之利；而汉纳根则欲在城南开一河，筑地开市场，垄断河道之利。唯唐绍仪熟悉洋情，竭忠报国，处处持正认真，不肯迁就媚夷。唐绍仪此举为正直洋人所钦佩，而媚洋者则嫌其拒洋太甚，时有闲话耳语。

经与列强商定，1902年8月8日，袁世凯派员赴都统衙门料理接收事宜。负责接收的技术官员多为袁氏提携之大清官派留学生。他们是：铁路总办梁如浩（广东香山县唐家村即今之珠海市唐家湾人，1874年留美）接库务司，巡警局员曹嘉祥（广东顺德县横圩即今之乐从人，1874年留美）接巡捕官，洋务局员吴仲贤（广东四会县东门人，1873年留美）及洋员巴士接工程局，洋务局员钟进成（广东香山县中心村即今之中山市长江人，1872年留美）、王良登（浙江宁波定海人，1873年留美）及吴大铨接文案司，北洋医学堂总办屈永秋（广东番禺人，1883年毕业于北洋医学馆，后获医科进士出身）接卫生局。

治安方面，袁世凯更是不敢放松，乃调其在保定操练之二千巡警队来津，命唐绍仪等官员先行布置，以接收都统衙门之八部、四段。而各国原设之1000余华人巡捕，则暂行扣留，免致其流落滋事。在津城附近20里内，按东西南北及四隅，分设保甲局8处，并派文武官员各一人，带若干马步巡丁，严防匪乱。二十里外，则分拨营队，驻扎海口及附近铁路各处，及派水陆巡警队分布维持。

1902年8月15日，清政府正式收回天津地面。是日，天津道张莲芬、津海关道唐绍仪、中营韩廷贵等由天津乘早班火车往杨村迎接袁世凯。先一日，袁氏先赴京面圣，15日由京乘火车赴津。接上袁氏后，一行人换乘袁世凯的专列（时称"花车"，大概与今天之头等车厢相当）入城。11时20分抵达车站。只见各文武官员已在车站恭候，另有英国武官率华人巡捕步兵队100名，德国武官率马队20名，以及北洋大臣卫队60名、巡警兵100名、军乐部30名，各人擎枪奏乐，以示致意。

袁世凯即入茶座接见各国都统及各中西官员，旋即在仪仗队簇拥下，乘车浩浩荡荡往紫竹林。一路上，但见市面张灯结彩，龙旗飘扬。一行人过城外东浮桥北之义升馆茶座，各绅董欢欣鼓舞，燃炮迎迓。袁氏下车步行，敬礼有加。至都统衙门，袁世凯将所有地段及官场各产一一接收，并由各都统当面点交文件，包括：会议记录、财务簿、银款票据、案犯卷宗、工程卷宗、合同底卷等。余款尚有十八万五千余两，洋银四万余元。袁氏与各都统签字、画押后即交割完毕。

宴会时，各巡捕即将都统衙门旗帜一律除去，而联军各巡捕队则一律离津。至此，列强强行设立之都统衙门被撤销，中国政府收回天津。

探寻容国团冠军之路

——写在容国团为新中国夺得首个世界冠军 65 周年之际

李　琛

1959 年，容国团作为乒乓球运动员"破天荒"地为新中国夺得了历史上第一个男子单打世界冠军，震撼世界。1961 年，他又与队友们合作为新中国夺得了第一个男子团体世界冠军。1965 年，作为乒乓球女队主教练的容国团率队击败"八冠王"日本队，夺得第一个女子团体世界冠军。从此之后，中国乒乓球队所向披靡，战绩辉煌，令世人瞩目。

今天，人们常以"三个第一"来概括容国团的生平和伟绩，这诚然是他人生中的三件大事，但实际上容国团的事迹远不止于此，将一些鲜为人知但又颇有趣味的故事连缀起来，正好可以让我们探寻容国团的冠军之路。

言传身教：爱国与爱"第一"的父亲

容国团的名字充满了爱国的气息。国团，寓意希望国家民族团结。起这个名字的人是谁？是容国团的父亲容勉之。

1925 年，容勉之参加了著名的"省港大罢工"。省港大罢工的组织者苏兆征、林伟民、杨匏安、杨殷都是容勉之的香山县同乡，而华南地区第一位马克思主义传播者杨匏安的家乡北山村更是紧邻容勉之的家乡南屏村。容勉之跟随罢工队伍从香港来到了广州。

1927 年，香港总工会号召工会会员参加中国共产党领导的"广州起义"，保卫苏维埃政府和广州公社，容勉之首先报名参加。他看报纸与别人评论时事时，也总是要认第一，人们习惯叫他"第一佬"。这种爱国、执着的性格似乎也遗传给了儿子。

小试牛刀："东区小霸王"与"独得三分"

容勉之回忆：容国团在一场比赛中经常独得三分，人称"东区小霸王"。让人难以理解的是，容国团温文尔雅，为什么会被叫作"小霸王"？"一场比赛，

容国团的父亲容勉之
图源：《容国团》画册

独得三分"又是怎么回事？经过调查我们发现，容父的上述回忆应该分成两句话，它们之间并非因果关系。

先说"东区小霸王"称号的由来。

在 2020 年香港工联会拍摄的《世界冠军工会缘　容国团》纪录片中，容国团当年的球友聚在一起回忆往事。港九鱼业职工会的邓锦华谈道："最厉害的一次，就是澳门的冠军队来香港，容国团赢了澳门冠军，之后人们便称他为'东区小霸王'。"

容国团当时生活的筲箕湾位于香港岛的东北部，即"东区"，这是港岛上非常重要的一个地区。"小霸王"的"小"是指年纪小。"霸王"则是"厉害角色"的意思。可以明确，容国团得到"东区小霸王"称号的原因不是因为其能"独得三分"，而是因为他少年时击败了澳门冠军。

容国团的球友尹广霖在接受《人生能有几回搏——新中国第一个世界冠军容国团的故事》纪录片节目组采访时确认了这个说法。尹广霖还补充

容國團贏了澳門冠軍 人們便稱他為「東區小霸王」

纪录片截图　图源：《世界冠军工会缘　容国团》

道："媒体报道中称他'东区小霸王'，这不是他自己说的，他为人谦虚，不会自夸的。"可见这个外号是值得骄傲的褒义词。

为什么打赢澳门冠军影响这么大？

当时的港澳地区得风气之先，在一些体育项目上有较好的底蕴。当时澳门乒乓球运动员水平很高，如20世纪50年代回国的第一代国家队队员、后担任北京乒乓球队教练的王锡添（其关门弟子为八一乒乓球队总教练、奥运冠军王涛）就来自澳门，更何况容国团当时只是东区的一个少年选手，而对方则是整个澳门的成人组冠军。

"一场比赛，独得三分"又为何意？

在乒乓球团体赛上，一个运动员可能要和三个对手进行较量。如果全部战而胜之，就是所谓的"独得三分"。容国团年纪轻轻就能做到这一点，表明他的天赋和技术已达很高的程度。

专心修炼：容国团与工联会

前面说到容父与香港红色工会组织的关系，现在再来说说容国团本身与香港红色工会组织的紧密联系。

1955 年 10 月 1 日，港九工会联合会（香港工会联合会前身，简称工联会）为庆祝中华人民共和国成立六周年，在湾仔修顿球场举办乒乓球表演赛，容国团和他的搭档戴树荣应邀参加。比赛吸引了很多人，非常成功。但这种情况令其所在的渔行老板非常恼火，认为容国团不应参加亲共组织的庆祝活动，勒令他写悔过书。容国团认为爱国无罪，坚决不写悔过书，最终被迫离开。

离职的容国团经济上陷入了困境，靠担任工联会康乐馆、港九鱼业工会的乒乓球教练艰难维持生计。1956 年，香港代表团在广州参加国庆节庆祝活动，吴天亮代表将容国团因爱国被辞退的情况反映给了工联会理事长陈耀材，工联会非常重视，马上安排容国团进入下属的"联益土产公司"当营业部职员，工资涨上去很多。工联会还把他的搭档戴树荣也请了过来，让两人在一起工作，一起练球。容国团和队友代表工联会参加香港乒乓总会组织的中级乒乓球锦标赛，取得了团体亚军的成绩。其后，工联会特地将他抽调出来，让他在康乐馆专心练球，并给他随工人团体到北京比赛的机会。据容国团好友、著名经济学家张五常口述，容国团的独门绝技正是在此期间成型的。他在此期间参加的比赛，为他了解各种流派风格，取人之长补己之短，奠定了坚实的基础。

1954 年 5 月 30 日，工联会在湾仔骆克道 39 号三楼设立了工人康乐馆。

容国团练球的港九工联会康乐馆
图源：《工联会经典图片集》

容国团后面能够从香港回到祖国，也是工联会力促而成。也许可以说，没有工联会，也就没有后来的世界冠军容国团。

小冠军胜大明星：容国团在香港九龙伊馆击败日本乒坛传奇荻村

1957年，位于香港九龙的伊利沙伯体育馆爆出了一个大新闻：年轻的香港乒乓球冠军容国团战胜了日本的荻村伊智朗。

荻村是什么级别的运动员？

在遇到容国团之前，他获得了第21，第23届世界乒乓球锦标赛男单冠军，第23届男双冠军，第24届混双冠军，他还是第21至24届男团冠军的主力成员，当时即拥有八个世界冠军称号。退役后，荻村曾出任日本乒乓球协会理事长。1987年当选国际乒联第三任主席。1997年入选国际乒联名人堂。荻村被称为"日本乒坛第一人"，是乒乓球宗师级的人物。

时间回到1957年4月，如日中天的日本乒乓球队正携狂揽第24届世界乒乓球锦标赛五项锦标（总共七项）之声威，到香港访问比赛，前期横扫诸多香港名将。容国团当年拒绝打假球，随后拿下了香港乒乓球埠际赛男子团体、男子双打、男子单打三个冠军，创造了香港乒坛历史纪录，那些存心不良的人心生嫉恨，欲趁此机会打击容国团，认为他再怎么厉害，也只是香港弹丸之地的小冠军，怎能打败荻村这样久经世界比赛考验的大明星？正好借日本人之手灭掉这小子的威风，于是专门安排其与荻村对垒。

没想到此时容国团自创的乒乓技法已经练成，他运用变幻莫测的发球和攻击性的推挡，在众目睽睽之下以2：0的比分（21：19、21：13）完胜荻村，爆出特大新闻。此战之后，他开始获得世界性声望。英国有俱乐部开出20万英镑的价码请他去打球，北京的记者也从此知道了容国团的名字。笔者去寻访当年容国团击败荻村时的伊利沙伯体育馆，没想到竟一度找错。

现在的伊利沙伯体育馆（Queen Elizabeth Stadium），位于香港岛湾仔区爱群道 18 号，但并不是当年的"伊馆"。它落成于 1980 年，被称为"新伊馆"，而容国团战胜荻村的伊利沙伯体育馆，乃是"旧伊馆"，

旧伊馆照片
图源：麦花臣场馆（MacPherson Stadium）官网

全称是"伊利沙伯女皇二世青年游乐场馆"（Queen Elizabeth II Youth Centre），又称"伊丽莎伯青年馆"或"九伊"，落成于 1953 年。它是香港九龙的首座室内体育馆，也是当时亚洲最先进的室内体育馆，位于旺角奶路臣街 38 号。新伊馆与之相距约有 20 分钟的车程（中间隔了一个九龙湾）。

男单登巅峰：容国团在多特蒙德为中国夺得第一个世界冠军

要说容国团一生中最大的成就，莫过于 1959 年在西德多特蒙德夺得了中国历史上第一个世界冠军。1959 年西德发行了一枚第 25 届世乒赛纪念徽章，铜制，上面的图案是当时的比赛场馆：威斯特法伦馆（Westfalenhalle）。

第 25 届世界乒乓球锦标赛，在威斯特法伦馆里发生了很多意想不到的事情。

当时中国队制订的赛前计划是依靠较为平衡的整体实力，争取男子团

第 25 届世乒赛纪念徽章
笔者藏品

威斯特法伦馆明信片
笔者藏品

体项目进入决赛。由于三员大将意外折戟，接连败于欧洲冠军匈牙利队手下，最终失去了决赛权，这对球队的士气打击很大。

没想到随后出现了柳暗花明的局面。男子单打项目上，中国队有四名运动员进入前八名，分别是王传耀、容国团、徐寅生、杨瑞华。这前所未有的盛况让大家喜出望外，可是两天之后，人们又高兴不起来了，四位队员中有三位在随后的第六轮比赛上被外国选手击败。容国团在这轮比赛中战胜了本届比赛男单"第一号种子"匈牙利选手别尔切克，成为中国队剩下的一根独苗。

一路走来，与容国团对垒的选手中多是高手：东道主西德的名将朗格，南斯拉夫全国冠军马科维奇、瑞典新秀埃里克森、日本最凶猛的快攻"杀手"星野展弥（1958 年日本全国比赛亚军）。容国团在半决赛中的对手是连挫中国队两员骁将徐寅生、杨瑞华的美国悍将迈尔斯，在决赛中的对手，更是在团体赛上刚打败了他的匈牙利名将西多。

西多·费伦茨（Sidó Ferenc）是匈牙利顶级乒乓球运动员，当时即有"九冠王"的称号，是一个巨无霸级别的存在。根据之前他和容国团的对战情况，匈牙利队成竹在胸，连庆祝西多夺冠的花束都买好了，放在挡板后面，就等比赛结束上去献花。没想到容国团在先失一局的情况下，连扳三局，以 3：1 的比分实现了逆转，爆出了一个特大新闻。

容国团当年的队友，后任国家体育总局副局长、亚乒联主席的李富荣说："就是容国团的这一搏，至少提前十年圆了中国人民获得世界冠军之梦，把'东亚病夫'的帽子摘了下来。""容国团拿到第一座世乒赛男单冠军奖杯的意义是划时代的。首先他让整个中国乒乓球界欢欣鼓舞，让我们这些年轻选手知道世界冠军并不是遥不可及。而在更广的社会层面上，他鼓舞了全国人民的干劲，对当时人民建设社会主义的热情有很大的促进。"周恩来总理将"容国团夺冠"与"新中国成立十周年"并列为 1959 年的两件大喜事，同时将新中国自己研制生产的乒乓球命名为"红双喜"。

容国团随后不断参加重要比赛并多次获胜，积分不断增长。1959 年12 月，国际乒乓球联合会公布当年优秀选手名次，容国团雄踞第一，中国人第一次站到了这个位置。

男团首捧杯：容国团与队友一起夺得
第一个男子团体冠军

在容国团夺得世界冠军的当天，国际乒联以 37 票对 5 票通过了 1961年第 26 届世界乒乓球锦标赛在中国北京举行的决议。这是新中国历史上第一次承办世界级大赛，中国为此特地兴建了著名的北京工人体育馆。

下面这张北京工人体育馆座位图，中间的比赛场地看上去似乎有些奇特。据知情人介绍，这是因为当初没有充分预估到大型比赛时所需的空间，留的地方还不够，最后决定修改设计，把圆形的规划变成了现在这样的方形场地，以满足大赛的要求。

容国团在这一届世乒赛上遇到重大挫折，面对巨大的困难他喊出"人

第 26 届世乒赛画册
本人藏品

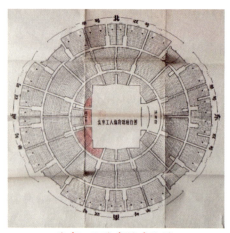

北京工人体育馆座位图
本人藏品

生能有几回搏，此时不搏，更待何时"的著名口号，奋力拼搏，终于战胜日本猛将星野展弥，拿下了决定性的一局，为中国首次夺得男子团体世界冠军立下了不朽功勋。中国乒乓球队的胜利再次鼓舞了中国人民的信心，全国各地掀起了更大的乒乓球热潮。

指导女队大翻身：容国团率队夺得第一个女子团体冠军

1965 年，已是中国乒乓球女队主教练的容国团带队出征南斯拉夫，参加第 28 届世界乒乓球锦标赛。此时，容国团刚接手女队 4 个月。此前中国女队遭遇到严重危机，在世乒赛男队屡获殊荣的情况下，女队一次冠军都未拿到，还在 1964 年北京国际乒乓球邀请赛上被日本队的深津尚子一人连胜 12 场，全队士气降到了谷底。

面对这样的情况，容国团走马上任。任务重时间紧，容国团推迟婚期，全力备战，带领全队练技术，练意志。男帮女，多对一，补短板，扬特长。

巧练加苦练，球队的面貌焕然一新。

第28届世乒赛开幕后，中国女队按照容国团的安排，一路高歌，昂首进入决赛。4月19日晚上，在卢布尔雅那的蒂沃利体育馆内，中日两队展开了最高水平的决战。容国团"画龙点睛"，派出奇兵，以两位横拍女将（林慧卿、郑敏之）替下了之前连胜多场重要比赛的直拍女将（梁丽珍、李赫男），日本队没有料到中国队居然敢这样"冒险"，阵脚大乱，被打得溃不成军。女队以3：0的成绩干净利落地击败了"八冠王"日本队，首次捧起了代表女团冠军的"考比伦"杯，再次轰动了全世界。外电发表评论："容国团带队半年就获得了世界冠军，他不仅是一名天才球员，还是一个出类拔萃的教练，他又一次创造了历史！"

容国团率领中国女队实现的这次翻身可谓影响深远：1965年第6期《新体育》杂志将女队照片盖过男队，放在了杂志的最上端，容国团亲自写了《女队翻身的故事》发表在这期杂志上。同时，中国邮政发行的第28届世界乒乓球锦标赛纪念邮票上首次出现了女子球员的身影。从这些不寻常的事情上，可以看出女队夺冠对中国社会的影响。中国乒乓球女队在卢布尔雅那的蒂沃利体育馆实现了历史性登顶，由此开始了长盛不衰的光辉历程。

在探寻容国团冠军之路的过程中，笔者获得的重要信息多来自前辈们编写的书籍和文章，正是这些宝贵的资料，留存了容国团的笑貌音容。再次回顾容国团先生一生诸多功绩、最危急时喊出的铿锵口号，更深深体会到他那爱国、创新、追梦和不屈的精神，需要我们

蒂沃利体育馆（Tivoli Hall）明信片
笔者藏品

1965 年《新体育》杂志 笔者藏品

去传承与发扬。2024 年，正值容国团先生为中国夺得第一个世界冠军 65 周年之际，本人作为珠海市文化广电旅游体育局代表，前往上海与国际乒联博物馆和中国乒乓球博物馆联合举办了"人生能有几回搏——容国团为中国夺得第一个世界冠军 65 周年纪念展"，获得国际乒联终身名誉主席徐寅生先生的高度评价。谨作此文，再次向中国体坛先锋容国团先生致敬。

张康仁传略

唐 越

张康仁（1859—1926），1859 年 12 月 20 日生[1]，南屏人。1872 年成为首批幼童以官费留美。先在马萨诸塞州北安普顿（Northampton）市，随马修斯（Mathews）小姐学习了 15 个月。后被送到春田市，在 M.C. 斯特宾斯（Rev.M.C.Stebbins）牧师开设的私校就读，与钟文耀同校[2]。之后进入春田中学（Springfield Collegiate Institute）[3]。1876 年 6 月，在毕业典礼上以拉丁文背诵《西塞罗》[4]。后入读位于康涅狄格州的老牌学校——哈特福德公立中学（Hartford Public High School）。1878 年，入读同为美国名校的菲利普斯安多福书院（Phillips Academy Andover）古典系，学习古希腊文和拉丁文。1879 年，在开学典礼上以英文发表题为"希腊之影响岂止于希腊"（*The Influence of Greece beyond Greece*）演讲。

---

① 耶鲁大学编：*Obituary Record of Graduates of Yale University（1926—1927）*（《耶鲁毕业生生平简介（1926—1927）》），第 109 页，1927 年。

② *Springfield's Students and Their Subsequent Careers*（《春田学生和他们毕业后的人生道路》），载 1902 年 3 月 30 日 *Springfield Republican*（《春田共和报》）。

③ Edward J.M Rhoads：*Stepping Forth into the World: The Chinese Educational Mission to the United States，1872—81*，第 96 页，香港大学出版社，2011 年。

④ Edward J.M Rhoads：*Stepping Forth into the World: The Chinese Educational Mission to the United States，1872—81*，第 106 页。转引自 1876 年 6 月 23 日 *Springfield Daily Republican*，第 5 页。

同年进入耶鲁学院（Yale College）⑤。1881年，随被清廷遣返的留美幼童一起被送回国。不久，获分配到天津水师学堂学习，但旋即离去⑥。

1882年，张康仁偷偷地躲进往檀香山的茶船，去投靠其兄弟张茂疆。先在法官哈特威尔（A. S. Hartwell）手下做文员。8个月后，在该名法官的建议下，由身为永和栈（Wing Wo Chan & Co）合伙人的张茂疆赞助张康仁返美（其时，夏威夷尚未并入美国）。张在没有学士学位的情况下进入位于纽约市的哥伦比亚法律学院学习⑦，并以优异成绩毕业。校长给其特别嘉许，称赞其"为拿下文凭，他在两年学习中克服了重重困难"⑧。

1886年春，张康仁毕业，成为首位在该校毕业的华人。旋即自行剪掉代表大清子民的辫子。后入纽约一间著名律师事务所工作了一年⑨。他立志要在美国挂牌执业。但1882年5月6日美国国会通过《排华法案》，禁止华人归化美国。他无法获得美国国籍而被拒于门外。但他并没有善罢甘休。在一名知名法官的协助下，他把官司一直打到纽约高等法院。最终，纽约立法当局通过了一项特别法案，为他扫除了障碍。而这份法

---

⑤ Lani Ah Tye Farkas：*Bury My Bones in America: the Saga of a Chinese Family in California, 1852—1996*，第88页，Carl Mautz Publishing，1998年。

⑥见1889年1月6日 *Springfield Republican*。

⑦ http://www.cemconnections.org/index.php ? option=com_content&task=view&id=54#FN11，转引自1888年6月28日 *Daily Pacific Commercial Advertiser*，第2页；"A Chinese Lawyer"，1889年8月9日 *Honolulu Daily Bulletin*，第3页；1889年3月19日 *Hawaiian Gazette*，第6页。

⑧ http://www.cemconnections.org/index.php ? option=com_content&task=view&id=54#FN11，转引自"Young Lawyers Sent Forth"，1886年5月27日《The New York Times》，及"A Christian Lawyer"，1889年1月7日 *Hartford Daily Courant*，第5页。

⑨ http://www.cemconnections.org/index.php ? option=com_content&task=view&id=54#FN11，转引自"A Chinese Lawyer"，1888年5月18日 *New York Sun*，第6页。

案正是由张康仁自己起草的。1887 年 4 月 26 日，他当着纽约州长希尔（David Hill）的面进行申辩。法案最终获得州长签字[⑩]。1888 年 5 月 17 日，张康仁得以进入纽约州波基普西市（Poughkeepsie）律师界，成为首位在纽约州执业的华人律师。5 月 21 日，《春田共和报》（*Springfield Republican*）在报道这则新闻时更称其为首位在美国获得执业资格的华人律师。11 月 11 日，张氏获纽约州民事诉讼法院发的一张市民证和美国国务院颁发一本护照。[⑪]

1886 年 6 月始，张受聘于大清驻纽约领事馆[⑫]。1888 年 3 月，为领事馆通事（翻译）[⑬]。1889 年 3 月 28 日，张康仁在布鲁克林代表两名华

---

⑩ http://www.cemconnections.org/index.php ? option=com_content&task=view&id=54#FN11。另据 1889 年 1 月 6 日《春田共和报》（*Springfield Republican*）报道，张氏担心州长因立法特殊而否决法案，于是专门向其提出个人请求。但州长既不签字，又不否决法案，法案最终于 1887 年 5 月成为法律。该法案使张康仁的外籍身份得以豁免而获得考试资格。由是，决定权落到法官们手上。法案不获多数法官支持。但一帮有影响力的朋友也加入张的阵营来。到了 1887 年 10 月，张氏最终获得参加考试并顺利通过。

⑪ http://www.cemconnections.org/index.php? option=com_content&task=view&id=54#FN11，转引自 Johnston George Washington and Charles Colebrook Sherman：*Yale 1883*，第 266 页，Tuttle, Moorehouse & Taylor Press，1910 年；"A Chinese Lawyer"，1888 年 5 月 18 日 *New York Sun*，第 6 页；"An Important Decision"，1890 年 5 月 22 日 *Sacramento Daily Record-Union*，第 3 页；"Making Citizens of Mongolians"，1890 年 6 月 29 日 *San Francisco Morning Call*，第 2 页。

⑫ http://www.cemconnections.org/index.php ? option=com_content&task=view&id=54#FN11，转引自 1886 年 6 月 8 日张康仁致菲利普斯安多福书院校长 Dr. C. F. P. Bancroft 信函。

⑬ http://www.cemconnections.org/index.php ? option=com_content&task=view&id=54#FN11，转引自 "City and Suburban News"，1888 年 3 月 19 日《The New York Times》。

人原告赢得首场官司，也许还是首场由华人律师在美国赢得的官司⑭。1889年7月26日，张氏由三藩市抵达夏威夷⑮。7月30日，获夏威夷王国颁发君主制诰，确认其为夏威夷王国市民⑯。8月6日，他以纽约州的执照和夏威夷的君主制诰申请进入夏威夷律师界。经其前任雇主及导师哈特威尔介绍及背书，张康仁于8月9日获准进入夏威夷王国律师界，成为首位在该地执业之华人律师⑰。

1890年5月16日，张康仁聘请一名律师向加州最高法院动议，以准其进入该州执律师业⑱。但却遭到驳回。法院裁定他手持的纽约州的归化证明无效。因为1875年美国国会通过一项法案，归化只限于"自由的白人、非洲本土人及其后裔"。而张康仁为"蒙古人"后裔，无资格归化，故不可视其为美国市民。张因此不得在加州执律师业⑲。他只有留在檀香山做执业律师。至1891年，张赴加州，在大清驻三藩市领事馆任法律顾问⑳。1895—1907年，任日本横滨正金银行（Yokohama Specie Bank of

⑭http://www.cemconnections.org/index.php? option=com_content&task=view&id=54#FN11, 转引自 "City and Suburban News", 1889年3月29日《The New York Times》。另，"Abbreviated Telegrams", 1889年3月29日 *Rochester Daily Republican* 则称这是张氏首场官司。

⑮ "Hawaii State Archives Digital Collections, Index to Chinese Passenger Manifests", 见https://digitalcollections.hawaii.gov/greenstone3/library/collection/indextoc/browse/CL1/8.

⑯*Registry of Denizens in the Hawaiian Kingdom*, 第1078页。

⑰http://www.cemconnections.org/index.php? option=com_content&task=view&id=54#FN11, 转引自 "A Chinese Lawyer", 1889年8月9日 *Honolulu Daily Bulletin*, 第3页。

⑱http://www.cemconnections.org/index.php? option=com_content&task=view&id=54#FN11, 转引自 "West Coast Notes", 1890年5月17日 *Los Angeles Herald*, 第3页。

Japan）旧金山分行司会㉑。

1907年夏回国，历充裕宁官银钱局参议兼江南法政学堂总教习、高等学堂法科教习、自治局法制课课长、研究局教习等职㉒。1909年，随唐绍仪率领的赴美国及欧洲八国政治、财政考察团，充使馆随员。后转入驻华盛顿特区的大清使馆㉓。1910年1月，获摄政王载沣赏给法科进士㉔。

1910—1913年，在中国驻温哥华领事馆任职。1913年3月至11月，

---

⑲http://www.cemconnections.org/index.php? option=com_content&task=view&id=54#FN11，转引自"Not Eligible. A Mongolian Refused Admission to the Bar"，1890年5月18日*San Francisco Morning Call*，第3页；"An Important Decision: Chinamen Cannot Practice Law in Our Courts"，1890年5月22日*Sacramento Daily Record-Union*，第3页。

⑳http://www.cemconnections.org/index.php? option=com_content&task=view&id=54#FN11，转引自1898年4月13日*Daily Pacific Commercial Advertiser*，第7页。另1891年5月12日*Hawaiian Gazette*第10页载，其兄弟张茂疆之遗嘱验证日期显示其兄弟死于1891年5月5日。因而，张康仁赴加州可能跟其兄弟之死有关。

㉑耶鲁大学编：*Obituary Record of Graduates of Yale University（1926—1927）*（《耶鲁毕业生生平简介（1926—1927）》），第109页，1927年。及1908年《南洋官报·学务》第111期。

㉒1908年《南洋官报·学务》第111期。两江总督端方批示称张氏"学识俱优，精深法律，曾在外洋银行实地练习有年，确有心得。前经本部堂饬委江南法政学堂正教员，因兼差过多，难以肆应，改委充高等商业学堂银行专修科教员，以期专心教授，日起有功，仰候据情咨明。"另据1907年12月13日《申报》第11页，其法制课长兼研究所总教员一职，每月支薪银五十两。

㉓耶鲁大学编：*Obituary Record of Graduates of Yale University（1926—1927）*（《耶鲁毕业生生平简介（1926—1927）》），第109页，1927年。

㉔见1910年1月18日《申报》，第2页。同时获赏进士的还有其留美同学詹天佑（工科进士）、邝荣光（工科进士）和吴仰曾（工科进士），另严复和辜鸿铭则获赏文科进士。先是，其同学、时任外务部尚书梁敦彦会同学部奏请复定游学专门人才。

任中国驻华盛顿使馆首席秘书。是年，获耶鲁大学颁发学士学位。1913
年10月至1914年3月，充使馆临时代办[25]。1914年2月10日，获授三
等嘉禾章[26]。1916年9月22日，获海军总长程璧光委为留学英美海军学
生经理员[27]。1916—1917年，充伯克莱中国海军学生教习。约于1920年
退休[28]。

2011年，在戴维斯加州大学（UCD）法学院华裔法学教授陈盖博
（Gabriel Jack Chin）的指导下，该校亚太美国法学生联合会学生提请加
州最高法院追认张康仁的加州律师资格。2015年3月16日，加州最高法
院裁决申请得直。法院在其公告中称"我们早就应该承认歧视张进入加州
法律界之举为严重错误。此举否认张应受公平的法律保护。除了不具备市
民资格外，他具备资格加入法律界。此举还打击了无数像张那样渴望成为
律师却因为自身的种族、外人或国籍的原因而使其梦想迟迟不能实现的人
士……虽然我们不能重写历史，但我们可以承认历史，可以完全承认张成

---

[25] 耶鲁大学编：*Obituary Record of Graduates of Yale University（1926—
1927）*（《耶鲁毕业生生平简介（1926—1927）》），第109—110页。另据台湾"中
研院"近代史研究所藏02-12-014-03-016号档案，张康仁先是在清宣统元年十二
月初六日（1910年1月16日）奉命署温哥华正领事官，并于清宣统二年正月初七
日（1910年2月16日）就任。原官职由其留美同学欧阳庚充任，张康仁接任后，则
调任巴拿马领事。又据台湾"中研院"近代史研究所藏03-08-001-02-004、03-08-
001-03-002、03-08-001-03-003、03-08-014-01-001、03-08-014-01-005等档案，
张氏在任代办期间曾协助办理美国退还赔款事宜。

[26] 骆宝善、刘路生编：《袁世凯全集》第25卷，第269页，河南大学出版社，
2013年5月。其留美同学吴仲贤亦同时获授三等嘉禾章。

[27] 1916年9月29日《政府公报》。

[28] http://www.cemconnections.org/index.php？option=com_
content&task=view&id=54#FN11。

为美国首位华裔律师所做的破天荒式的努力……加州人民和法院否认了张的律师资格。但我们不必否定他是更具法律专业的典范。我们追认张康仁为加州律师。我们认可他作为加州法院律师和法律顾问的合法地位。"[29]

张康仁于1897年3月14日在美国三藩市与商人余大之女余爱娣结婚，并以基督教仪式举行婚礼。1926年8月4日，卒于美国加州伯克莱市[30]。

---

[29] leagle.com: IN RE HONG YEN CHANG, 2016/7/7.

[30] 耶鲁大学编：*Obituary Record of Graduates of Yale University（1926—1927）*（《耶鲁毕业生生平简介（1926—1927）》），第109页。

考古学家严文明先生指导珠海文博
工作的回忆

梁振兴

严文明（1932—2024）先生是我国著名的考古学家、教育家，他的新石器时代考古、聚落形态考古和农业考古学术理论独有建树，他提出中华文明的统一性与多样性的"重瓣花朵"论断，影响着一代考古学人。严先生在20世纪八九十年代担任北京大学考古学系主任期间曾来珠海指导工作。我有幸三次聆听他的教导，深受教益。我们遵从他的学术理念开展田野考古和筹建博物馆工作，取得了可喜的成果。

第一次遇见严先生是1985年4月4日，在珠海香洲，市电影公司招待所。

那时候，第二次全国文物普查正如火如荼地进行，珠海陆地片区普查工作已基本完成，正向海岛片区普查进发，当时已发现史前文化遗址39处，采集到大批石器、陶器残片等标本放在文物普查办公室里。4月3日，我接到市文物普查办公室负责人唐振雄电话。他说，北京大学考古学系副主任严文明先生来珠海指导考古工作，希望参加文物普查的同志都来听听严先生指教，以增长考古知识。我们参加文物普查的同志都是来自各公社（镇）文化站、广播站的站长，大家对考古知识一片朦胧，听说严先生要来珠海指导考古，巴不得一见为快。我是小林公社文化站站长，家住海岛，第二天乘船才赶到香洲市区。最早见到严先生的是唐家镇文化站站长胡华管和南屏镇广播站站长吴金喜。因为严先生和他的两个学生李子文、赵善德，还有省博物馆文物工作队队长朱非素要到淇澳岛考察古遗址，胡华管和吴金喜便提前赶到唐家湾联络当地驻军派出部队炮艇，护送严先生一行人到淇澳岛去，所以，他俩最早见到严先生。其实，严文明先生一行人这次在广东"旋风式"考古调研，已跑了八个县、市，最后一站于4月2日晚从深圳到达珠海香洲，入住珠海市电影公司招待所。第二天一早，他们拜会了珠海市文化局领导，接着，由市文物普查办公室唐振雄同志陪同乘车到唐家湾，再乘坐解放军炮艇渡海到达淇澳岛。在淇澳岛，他们考察了东澳湾、婆湾和南芒湾三处沙丘遗址，本想再去后沙湾考察出土彩陶的遗址，但须翻山过迳，来回要走三个小时路程，因时间不允许便取消了。

4月4日上午，当我来到珠海市电影公司招待所的时候，严先生一行人早已到市文物普查办公室看过我们采集的全部文物标本，又回到招待所收拾行装准备出发。他们要去吴金喜家，请吴金喜带路考察前山河畔的南沙湾、水涌、烂塘等遗址，待考察完毕就回广州。我像迟到的小学生，有说不出的愧疚。朱非素老师走来将我介绍给严先生认识。我望见严先生高大的身材、明睿的眼睛和赤色的脸庞，一下子联想起田野考古人在那烈日下闷晒的身影，对他肃然起敬。严先生笑着对我说："你们文物普查一帮人，很了不起，发现30多处古遗址，采集一大批文物标本，很有成绩！"严先生表扬了我们。我看看朱非素老师，又看看李子文和赵善德，他两人毕恭毕敬地站在严先生身旁。我指着他们对严先生说："都是他们来珠海指导文物普查所取得的成绩。"是的，省博物馆文物工作队朱非素、陈红冰、李子文等专家于1983年、1984年两次来珠海指导我们开展文物普查，到野外看古遗址、入村庄抄写碑刻，又到淇澳岛东澳湾和后沙湾等遗址勘探发掘。朱非素和赵善德则是我1983年参加省文化厅举办考古培训班的班主任、指导老师。今天见到北京来的考古学家，我急着把压在心头上的疑惑问题向严先生求教。我说："我们在淇澳岛后沙湾遗址考古发现彩

1991年12月12日，严文明先生（居中者）在珠海市博物馆参观高栏岛宝镜湾岩画（复制品）时，与同行一起留影。左起：梁振兴（珠海市博物馆副馆长）、张学海（山东省文物考古研究所所长），右起赵辉（北京大学考古系严文明先生助手）、高广仁（中国社科院考古研究所副所长）。陈振忠摄

陶，这彩陶是不是距今五千年前的文物？算不算是仰韶文化类型的遗存？"严先生说："在珠海后沙湾遗址发现彩陶，是件大好事情；以往在黄河流域发现彩陶、在长江流域发现彩陶，如今，在珠江三角洲地区也发现彩陶，这说明我们祖先在五千年前就有共同的文化渊源。"听严先生这么一席话，我心里有底气了。因为有人将我们在文物普查中采集的石器、陶片，误认为是渔民捕鱼把打捞到的石头、瓦片掉到岸上的弃物；也有人说，珠海原是个渔民县区，是一个没有文化底蕴的地方。今天听严先生这么一席话，有严先生的学术权威做支撑，我就有勇气向人们解释："在珠海这块土地上有五千多年的文化遗存，彩陶就是物证！"严先生接着对朱非素老师说："珠海到处搞基本建设，挖沙取土可能造成沙丘遗址破坏，建议你们在抢救性发掘的同时，开展一次研究性的考古发掘，要弄清楚沙丘遗址的特点和聚落形态，探明彩陶文化层的叠压关系，破解学术难题。"朱非素老师听着，连连点头说："好！"我本来还有疑惑问题要向严先生求教，可就在这时候，市文化局副局长杨创基和文物普查办公室负责人唐振雄来了，他们是为了筹建珠海市博物馆的事情来求教严先生的。我就不好插嘴多问了。临分别时，严先生对我表示鼓励："你和胡华管、吴金喜

等一帮人都是三十多四十岁的人，正是有作为的时候，好好干，为珠海考古做出成绩来！"那天雨过天晴，正是春天的时节。

1985年6月1日，珠海市编制委员会批准筹建珠海市博物馆，编制9人。11月，应聘来珠海市博物馆工作的人员已有6人到位。12月12日起，广东省博物馆与珠海市博物馆（筹建）联合开展对淇澳岛东澳湾沙丘遗址进行考古发掘。领队朱非素，队员李子文、崔勇、唐振雄和梁振兴。严文明先生从北京大学考古系专门派送研究生李岩（北京籍）、沈岳明（浙江籍）来珠海考古实习。暨南大学历史学系助教赵善德和实习生刘芳（澳门籍）

1991年12月12日，考古专家学者在珠海市博物馆门前留影。前排左起：朱非素（广东省文物考古研究所研究员）、高广仁（中国社科院考古研究所副所长）、张忠培（北京故宫博物院原院长）、张学海（山东省文物考古研究所所长）、马淑琴（北京故宫博物院馆员），后排左起：严文明（北京大学考古学系副主任）、赵辉（北京大学考古学系研究员）、郑笑梅（山东省文物考古研究所研究员）、霍娜娜（香港考古学者）、梁振兴（珠海市博物馆副馆长）。陈振忠摄也来参加考古发掘。这次考古发掘设置的探方不在沙丘上，而是在沙丘连接"江树山"（土山名）的斜坡上。我问李子文，为何这样布方。李子文说："去年我们考古试挖布方在沙丘上，虽然获得出土石器、陶片等文物，但沙丘上沙子松散，地层剖面层次不清晰。今年 4 月严先生来这里考察时，看过地层剖面，不满意。朱老师和我向严先生汇报和交流情况时，严先生建议我们要多观察遗址的地形地貌，找出遗址的特点。比如，海岛类型的遗址不仅处在海湾沙堤上，其附近有淡水溪流或古沼泽地的特点，还有靠山岗坡地的特点。他认为，考古发掘就是要搞清楚古人的聚落形态，古人生产活动的场所、生活居住的地方，以及墓葬地、祭祀地都要尽可能找到。就东澳湾遗址而言，沙丘可能是古人生产生活倒垃圾的地方，山坡可能是居住的地方，至于墓葬地有可能在高处或在别的地方。所以，我们遵照严

1991 年 12 月 12 日，左起：严文明、高广仁、张学海、赵辉。在珠海市博物馆门前留影。陈振忠摄

先生的指导，今次考古发掘布方不在沙丘，而在坡地上。"

这次东澳湾遗址考古发掘持续工作 18 天，布方 9 个，实挖 8 个，面积 140 平方米，地层叠压划分清晰。以探方 2 为例，有 4 层文化堆积：第一层是扰乱层；第二层出土宋代陶瓷片；第三层为黄褐色沙土，厚22 ~ 38 厘米，出土磨光石器、夹砂陶釜和少量泥质陶罐残片，见红烧土等遗迹；第四层砂土较硬，厚 10 ~ 12 厘米，出土夹砂陶和泥质陶片；以下便是生土层。其中第三层和第四层遗迹清晰，未经扰乱。我们选取第三层一块陶片委托中国科学院广州地理研究所用热释光检测，距今年代为3750±5%。此次考古发掘的资料整理后，分别由李子文、李岩撰写的《广东珠海市淇澳岛东澳湾遗址发掘简报》《试析东澳湾遗存》两篇文章，均发表在 1990 年第 9 期《考古》杂志上。

遵照严先生要"探明彩陶文化层的叠压关系，破解学术难题"的嘱咐，从 1989 年 3 月起，珠海市博物馆和广东省博物馆、广东省文物考古研究所（该所于 1990 年 11 月成立，前身是省博物馆文物工作队）一起合作，开展田野考古调查和考古发掘。1989 年 5 月在淇澳岛后沙湾遗址发掘、6 月在前山镇南沙湾遗址发掘，7 月在三灶镇草堂湾遗址发掘，10 月在高栏岛宝镜湾考古调查发现史前文化遗址和岩画；1990 年忙于整理资料和修复文物；1991 年 7 月抢救性发掘香洲棱角咀遗址，同年 11 月编写出版了《珠海考古发现与研究》专集。三方合作历时两年多，珠海的考古工作取得了可喜成果。

第二次遇见严文明先生是 1991 年 12 月 5—10 日，在中山市翠亨宾馆举行的"珠江三角洲古文化学术讨论会"上。

这次学术讨论会计划安排专家学者参观中山和珠海两地博物馆的文物展览、到高栏岛考察宝镜湾岩画。我是会议筹备组的工作人员，主要负责

1991年12月5日，严文明先生（前排左2）在"珠江三角洲古文化学术讨论会"上。前排左起：张忠培（北京故宫博物院原院长）、高广仁（中国社科院考古研究所副所长）、兴邦（陕西省考古研究所原所长）、薛连山（广东省文化厅副厅长）。梁振兴摄

专家学者到珠海参观考察的行程，因此与专家学者们相见但没有机会聆听他们在讨论会上的发言。12月10日，会议即将结束，李子文高兴地捧着刚出版的《珠海考古发现与研究》新书走来对我说："严文明等老师们给我们的新书签名了，你看！"他打开书名页给我看。严文明、石兴邦、高广仁、曾骐、徐恒彬、张忠培等一个个考古专家闪亮的签名闪耀在我眼前。这本书能得到专家们的认可，真比登台领奖还开心。李子文告诉我，在学术讨论会上，湖南省文物考古研究所所长何介钧提出一个有趣的观点，何所长说，珠海后沙湾遗址出土的彩陶圈足盘和白陶豆，与湖南汤家岗文化遗址出土的相似，属大溪文化类型文物，是从湖南传播到广东的。他的观点一经提出，立即引起与会者热议。有人问，长江中游的远古文化是怎样传播到珠江流域的。又有人问，是湖南的彩陶传播到广东来，还是广东的

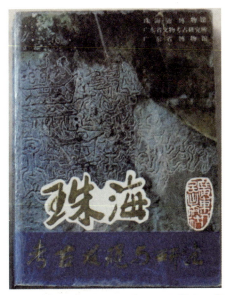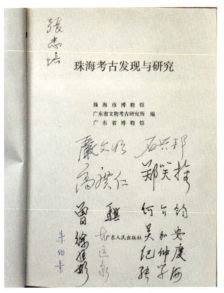

左图是珠海市博物馆、广东省文物考古研究所、广东省博物馆合作编辑，广东人民出版社1991年11月出版的《珠海考古发现与研究》。右图是张忠培、严文明、石兴邦等13位考古学家于1991年12月10日在《珠海考古发现与研究》书上鼓励签名。梁振兴摄

彩陶传播到湖南去。李子文说，要解决这些学术问题，大量细致的田野考古工作正等着我们去做。

12月12日，学术讨论会结束后，严文明先生和他的教学助手赵辉专门来到珠海市博物馆参观展览。还有北京故宫博物院原院长张忠培、中国社科院考古研究所研究员高广仁、山东省文物考古研究所所长张学海和副所长郑笑梅等专家，他们在朱非素老师的陪同下也来了。那时的珠海，经济特区创办之初万事待兴，博物馆与电视台、图书馆、艺术馆只能临时安置在九洲大道S楼。博物馆在三楼，2100多平方米，有三个展厅，"珠海历史文物展"陈列在第一展厅。严先生和赵辉参观文物展览的时间特别长，他们不断交换意见。我是本馆副馆长，陪着他们参观，被问及考古过程的细节问题，如同学生面对考题一样回答。比如，严先生就后沙

湾遗址和草堂湾遗址在考古发掘中发现有间歇层，提问："间歇层的沙粒怎么样？"我回答说："中粒砂，纯净沙土，处在上下文化层的中间，厚度约在 0.1 米至 0.3 米之间。"他问："细粒砂与中粒砂有什么关系？"我回答说："在沙堤上，细粒砂靠海边的一侧，中粒砂靠山地的一侧。"他又问："海湾上的沙堤，有文化遗存的和没有文化遗存的又有什么区别？"我回答说："据我们调查，在唐家前湾、下栅海湾等宽广的海湾上，从海边数来第一道沙堤，是细粒砂堤，基本没有史前文化遗存，而第二道沙堤是中粒砂堤，发现史前文化的夹砂陶、几何印纹陶或石器等

1999 年 1 月 28 日，严文明先生夫妇（前排左起第五、六人）与广东省文物考古研究所、珠海市在文博岗位上工作的同志一起留影。前排左起：陈小鸿（珠海市博物馆）、卜工（珠海市博物馆）、邱立诚（广东省文物考古研究所）、朱非素（广东省文物考古研究所）、李荆林（珠海市博物馆）、赵辉（北京大学考古学系），后排左起：尚元正、潘恒、梁振兴、周凤珍、杨华芳、肖一亭、陈振忠、张建军、杨长征。邱洪摄

遗存。"他说,你们在考古发掘过程中,发现后沙湾遗址和草堂湾遗址这两个遗址的第一期文化层与第二期文化层中间,都有一道间歇层,这个发现很重要,能起到解决广东新石器时代文化遗存的断代问题;不过,这两个遗址发掘面积不多,文化概貌不全,应该先把遗址保护起来,待今后继续考古发掘研究。在严先生的话语中,表露出他对珠海考古未来寄托的期望。他和赵辉在文物展厅看过高栏岛宝镜湾藏宝洞东壁岩画的照片之后,又到博物馆序厅看岩画1:1的复制品(5米×2.9米),对珠海发现岩画表示赞许。严先生问道:"你们对宝镜湾遗址与宝镜湾岩画两者的关系,搞清楚了吗?"我回答说:"还没有。"他建议我们对宝镜湾遗址进行一次考古发掘,先把遗址的相对年代、聚落形态搞清楚,届时要考证岩画的相对年代、内容和意义,思路会清晰一些。

严文明先生是一个重情义的人。他这次来珠海市博物馆的另一个原因就是要看望老馆长唐振雄。六年前,他第一次来珠海考察的时候,就是唐振雄带路和提前做好行程安排。唐振雄负责筹建珠海市博物馆,博物馆于1988年10月15日举办开馆展览以后,他于1990年就办理退休手续。市博物馆返聘他继续工作,主要负责编写《珠海市文物志》和负责立项建设新的博物馆。他为了寻找新馆馆址立项建设,找了三处:板樟山隧道南、吉大水库边、野狸岛西。但这三处选地都被人否决。严先生称赞唐振雄是珠海文博的"老黄牛"。唐振雄感谢严先生培养出李子文、赵善德、李岩等一批优秀人才,他们为珠海考古都做出了贡献。在谈及珠海新博物馆选址的时候,严先生认为,要求市政府第一时间就拿出一笔资金、给你一块土地建新馆,能办成这件事情难度较大,可否将珠海"九洲城"商场改造成博物馆先用为好。他对唐振雄说,"九洲城"地处吉大商贸新区,背靠石景山,面向香炉湾,是一座仿中国传统城楼兼园林布局的建筑物,也是改革开放创办珠海经济特区代表性的建筑物,其地理位置和建筑风格独具一格,只要将商场改造为展馆,再建一处文物库房,那就是颇有珠海特色

1991年12月，严文明先生提议将珠海"九洲城"商场改造为珠海市博物馆；1997年3月，珠海市政协文化艺术、新闻出版、体育组集体提出《关于将"九洲城"改作文化设施使用的提案》，被立项为21号提案；1999年9月，中共珠海市委决定将"九洲城"交由市博物馆管理使用。图为2007年的"九洲城"珠海市博物馆。梁振兴摄

的一座博物馆。唐振雄十分赞同严先生的观点，但是，当谈及博物馆如何接收"九洲城"的时候就犹豫起来。他说，要解决九洲旅游公司众多人员的就业问题、债权债务问题，这事情恐怕我们文化部门办不了。严先生建议，要通过相关渠道向市政府反映要求，靠政府行政办法来解决问题。之后，唐振雄把严先生的好建议向市文化局领导汇报，又向市委宣传部反映要求，但是，始终不见效果。

可是，时隔六年却是峰回路转。1997年3月，在珠海市政协委员会四届四次会议上，由市政协委员唐榕达、李茂芳等人代表市政协文化艺术、新闻出版、体育组撰写的《关于将"九洲城"改作文化设施使用的提案》，被立项为21号提案，交由市政府办公室办理。1999年9月，经市委常委会研究决定，将"九洲城"划归城市文化中心管理，投入230万元将"九

洲城"商场改造为博物馆使用。随即，珠海市博物馆（除文物仓库外）进入了"九洲城"办公，并于 12 月 10 日举办开馆展览仪式。将"九洲城"办成博物馆，让珠海人有一个了解历史文化、欣赏艺术和科技的场所，这项措施深受社会各界欢迎。严先生早年的建议也见到了效果。时至 2020 年 10 月 26 日，在香洲海天公园旁新建成"龙头凤尾"模样的珠海市博物馆正式开馆，以"九洲城"为馆址的珠海市博物馆已延续使用了 21 年。

因为珠海市博物馆没有考古领队资格，所以田野考古工作难以开展。时至 1997 年，严先生"对宝镜湾遗址进行一次考古发掘"的建议发生了新变化。1997 年 11 月，市博物馆邀请南京大学历史系教授张之恒来珠海考察史前文化遗址。张之恒教授从事考古专业。他带研究生黄厚明来珠海实习，主要研究珠海与澳门的历史关系，于是，便与珠海市博物馆达成考古合作协议，开展对高栏岛宝镜湾遗址进行试探性发掘。11 月 17 日，他们在宝镜湾遗址上设置探方 28 平方米开挖，不仅出土陶釜、陶罐等生活器物残片，出土石玦等装饰品，还出土祭祀礼器——石圭。这消息惊动了市委宣传部和市文化局的领导，他们一起到宝镜湾遗址考古现场办公，当即启动宝镜湾遗址考古研究计划。随后，市政府拨出 20 万元考古启动经费，由市博物馆和省文物考古研究所合作，于 1998 年 1 月 15 日正式对宝镜湾遗址进行考古发掘。从 1997 年 11 月至 1999 年 1 月，宝镜湾遗址经过 3 次考古发掘，开挖探方 25 个，面积 468.5 平方米，所出土的文物陈列在博物馆第三展厅里，考古发掘取得了可喜的收获。

第三次遇见严文明先生是 1999 年 1 月 28 日，在珠海市博物馆参观高栏岛宝镜湾遗址出土文物。

那天，我在市文化局文物科上班，省文物考古研究所朱非素老师（已退休，正着手编写《石峡遗址》考古报告）从市博物馆打来电话。她说，严文明先生来珠海参观宝镜湾遗址出土文物，你也过来看望严先生吧！那时，市博物馆仍在九洲大道S楼三楼（9月份才迁到"九洲城"办公），于是，我和同事潘恒一起来到了市博物馆。在第三展厅，只见严先生正在与省文物考古研究所副所长、宝镜湾遗址考古项目领队邱立诚交谈出土文物情况，珠海市博物馆参加考古发掘的同志也在静静地聆听严先生的讲解。那时候，珠海市博物馆编制已有15人，其中考古专业科班出身的就有5人。他们很敬业，在田野考古发掘风餐露宿，在室内修复文物专心致志，今次听严先生讲解文物也是在紧张地工作和学习。严先生的助手、北大考古系赵辉也来了，他已是第三次来珠海考古调研，我和他相熟，便与他相互点头打个招呼。为了不打扰他们听严先生讲解文物，我和潘恒退出第三展厅

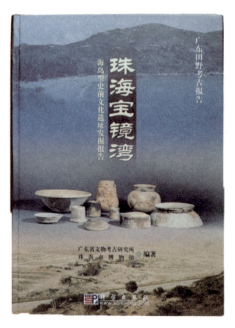

广东省文物考古研究所和珠海市博物馆编著的《珠海宝镜湾——海岛型史前文化遗址发掘报告》，由科学出版社2004年1月正式出版。这是广东田野考古研究工作的一项成果。梁振兴摄

去找朱非素老师。朱非素老师和严先生的夫人在第一展厅参观，她见我来了，就问："最近文物科的工作忙吗？"我回答说："有点忙。"于是向她简单汇报珠海文物保护"四有"工作的进展情况。她对我说："文物科工作事情多，你千万别把宝镜湾遗址考古发掘的事情忘记！"我说："不会，不会。"这时，珠海市博物馆馆长请大家到本馆门前照相留念。我等候严先生从第三展厅走出来，就迎上去向他问好。他高兴地说，珠海考古做了一件好事情，宝镜湾遗址出土文物种类丰富，珍品不少，石网坠最多，为探索海岛沙丘连着山岗类型文化遗址的聚落形态，提供了新认识、新收获。看见严先生精神爽朗的样子，我也心情怡悦，对他说："谢谢您来珠海指导工作。"他却谦虚地说："我也是来学习的。"

因为珠海文物保护单位的用地问题，我们文物科与市规划部门的同志那天有个约会，所以提前向严先生和朱非素老师告辞。朱非素对严先生说："梁振兴调到文化局文物科搞行政工作两年多了，他不搞考古了。"我热爱考古，但要服从组织工作调动，听朱老师刚才这番话，实在有点委屈。严先生却安慰我说："文物行政工作也重要，就是贯彻执行《文物保护法》，将文物事业向前推进嘛；文物行政工作关注文保单位管理、博物馆收藏、社会流散文物，还关注考古发掘等事情，工作繁杂，担子也不轻，好好干！"我说："我们文物科的同志就是地方文物的资料员、传令兵，把文物动态的新情况向市局领导汇报，把市局决策层有关文物的议题上传下递、追踪落实，就是我们的工作。"严先生紧接着说："那就请你们把宝镜湾遗址考古发掘的新情况向市局领导汇报，争取市局领导大力支持，争取考古项目早日出成果。"几天后，我们将宝镜湾遗址考古发掘的综合情况向市局领导做了汇报。根据市局的指示，代拟一份向市级财政申请25万元考古经费的报告，为宝镜湾遗址出土文物的资料整理和开展第四次考古发掘提供资金支持。

长期以来，严先生一直关心和支持珠海的考古研究工作。2004年1月，广东省文物考古研究所和珠海市博物馆编著的《珠海宝镜湾——海岛型史前文化遗址发掘报告》，由科学出版社正式出版。该报告详细记录了珠海宝镜湾遗址田野考古发掘的全过程和新收获，为探索广东地区新石器时代晚期与早期青铜文化提供了宝贵资料。2007 年 12 月 13 日，严先生在出席香港"文物保护与中国史前考古国际研讨会"上作了"南中国史前考古的新进展"的发言。他在发言中肯定了珠海宝镜湾遗址考古发掘所取得的成果，同时对该遗址所处在的年代划分和历史意义也阐述了自己的观点。他指出："那里的第一期文化比古椰（注：广东高明古椰遗址）更接近于咸头岭文化（注：遗址在深圳咸头岭村），第二期也许比古椰略晚。那里发现了一千多件石网坠，还有停船的石锚，集中反映了一定的航海能力和海洋渔猎经济的发达程度。"（见严文明著《中华文明的始原》，第 244 页）

光阴荏苒，文物生辉。如今，珠海的文物考古和博物馆展览工作蓬勃发展起来，追忆往事，严文明先生三次来珠海指导工作，曾起到重要的促进作用。

（撰稿人梁振兴系珠海市政协文史资料委员会原副调研员、文博馆员）

闯檀山——夏威夷的香山人

罗小克

檀山代指夏威夷群岛，它由太平洋中部的 132 座岛屿组成，总面积约 1.67 万平方公里。在清乾隆四十三年（1778）以前，群岛上只有波利尼西亚人居住，在此之后才有欧亚移民抵达。

1795 年，酋长卡美哈梅哈借助欧洲移民带来的火器发动统一战争，统一了除 Kauai（考爱岛）与 Niihau（你好岛）之外的所有岛屿。直到 14 年后，卡美哈梅哈才通过谈判迫使考爱岛的部落臣服，接受由他任命的总督管理，夏威夷王国才完成统一，卡美哈梅哈被尊称为"卡美哈梅哈大帝"即卡美哈梅哈一世。而距夏威夷群岛近万公里的香山县因盐而兴，随着明代晚期澳门的开埠日益繁荣。进入清代，澳门逐渐成为中西文化交会之地，并催生出独特的香山文化。香山文化在秉承岭南文化的基础上，对西方文化始终兼容并蓄。这是一种开放、重商、敢于去闯的海洋文化。香山县有许多繁衍数百年至今的家族，并伴有族谱相传，而谱中关于闯檀山的记录更是屡见不鲜，从有记录香山人前往夏威夷至今已超过两个世纪。

2020 年 11 月，因策划展览需要，笔者在寻找画家古元海外家族成员的过程中结识美籍华人——Susan Chock（香山官塘卓氏后裔）与 Lskyles Lyu（吕碧云教授），在不断深入的调查与寻访中，逐步从发掘事迹延伸为帮助夏威夷的香山人后裔提供义务寻根服务，包括资料搜集、整理、翻译等工作，并先后走访中山、珠海两市村庄 20 余个，帮助数位香山人后裔寻根成功。

一、甘蔗种植园与糖师

夏威夷群岛属于热带海洋性气候，常年气温在 20～30℃之间，四季如春、水草丰茂。进入 19 世纪，彼时群岛之间尚未统一，就有西方人抵达夏威夷从事种植业，特别是甘蔗。甘蔗从种植、采收到榨汁、过滤与熬糖都需要经验与技术支撑，而掌握这些技术的人被人们尊称为"Sugar Master"（糖师）。种植园都给予高薪招募糖师，规模较大的种植园甚至能提供工资加干股的待遇招揽。

夏威夷档案馆存有一份档案，记载了第一个在夏威夷留下姓名的糖师——"Wong Tze Chun"。他是香山县东岸村（现珠海市高新区唐家湾镇东岸社区）黄氏，于 1801 年春抵达夏威夷，可惜因为战乱、自然环境不适等原因，种植甘蔗失败，但是他为东岸黄姓糖师在夏威夷留下专属姓氏"Akana"。

清道光元年（1821），北山村（现珠海市高新区北沙社区）人邓行秋与 15 岁的异母弟邓行善抵达夏威夷。他是第二位在夏威夷留下名字的糖师。邓氏兄弟首先在白人的甘蔗种植园工作，然后与上涌村（现珠海市香洲区前山街道上冲社区）人刘璋、刘辉、曾茂、曾允合伙在考爱岛购买土地经营甘蔗园。后来邓行秋与曾允又前往希炉，吸纳唐家

黄大桓的外孙女摄于 19 世纪 80 年代

村（现珠海市高新区唐家湾镇唐家社区）人唐绮（字富锦）合伙开办甘蔗园"Paukaa"（夏威夷语，瀑布）。邓行秋与弟弟还拥有一个名为"Amauulu"（夏威夷语，文化）的甘蔗园，三座收益可观的甘蔗种植园让邓行秋成为远近闻名的富商。他还迎娶比自己小 35 岁的夏威夷贵族女子为妻，并育有四个儿子。

邓行善与哥哥一样也娶夏威夷贵族女子为妻，育一子，名 John Kai Akana，成年后曾担任王国议会议员，他的后人至今仍在夏威夷生活。邓行善还依托希炉的码头开设酒店、商店、餐厅与保龄球馆，众多产业使他需要雇用财会公司协助做账，而目前已知最早在夏威夷开办财会公司的人是香山县梅溪村（现珠海市香洲区凤山街道梅溪社区）人陈法（字昌纶）。1857 年，陈法因为生病，安排其堂弟陈芳为邓行善整理账目，也正因为此次经历使陈芳初窥糖业门径，从而决心投身糖业。

二、从三盛公司到宽盛榨糖厂

1828 年，夏威夷王国开始有华人注册公司，最早的是由东岸黄氏成立的三盛（股东为亚森、亚茂、亚安）和梅溪陈氏成立的恒泰。三盛可向甘蔗种植园提供从种植到熬糖的完整产业服务，因此很快积累了知名度与财富。

1847 年，亚森与亚茂在夜间乘船时不幸坠海，并遇溺身亡。因为两人都没有儿子，经家族商议后决定以亚森的侄子黄大桓（字汉诗）过继为子来继承遗产。随后黄大桓联合自己岳父的侄子——香山县古鹤村（现中山市三乡镇古鹤社区）人胡百胜收购了亚安的股份。

1848 年，黄大桓和胡百胜一同前往希炉，买下数百英亩的土地成立种植园，并命名"Makahanaloa"（夏威夷语，澳门人）。

1853 年，黄大桓患病，由于他与夏威夷妻子只有两个女儿，因此他

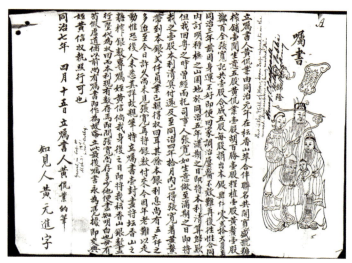

黄朝俦遗嘱

邀请在香港定居的弟弟黄大进（字旋诗）前来打理公司，但黄大进不愿前往夏威夷。同年5月3日，黄大桓在夏威夷登报声明公司由黄大进全权主持，并安排胡百胜携报纸前往香港劝说黄大进赴檀，但依然被黄大进所拒。

1855年，黄大桓病情加重，并在5月4日留下遗嘱后去世。黄大进在香港获悉哥哥的死讯，在7月由香港经旧金山抵达夏威夷。尽管黄大进接管了三盛公司，但他对经营种植园毫无兴趣，于是他安排族人黄朝俦和黄鳌担任糖师，再把三盛经营权委托给胡百胜后，独自返回香港。

1861年，美国内战爆发，路易斯安那州停止向北方出售蔗糖，因此夏威夷产蔗糖开始受到华府的重视，价格也一路上扬。胡百胜去信给黄大进，希望他到夏威夷定居，一起扩大经营糖厂，依然被其所拒，并提议胡百胜出售三盛。

1862年，在胡百胜的引荐下，由五人集资收购黄大进持有的三盛股份，把三盛改组为"宽盛榨糖厂"。糖厂股份平分为五份，由香山县南屏村（现珠海市香洲区南屏镇南屏社区）人郑百全与张宽持有一份，张宽还担任法人。胡百胜持有一份，香山县安定村（现中山市翠亨新区南朗街道安定社区）人程植持有一份，原三盛的糖师黄朝侔、黄鳌各持一份。宽盛榨糖厂拥有土地 1500 英亩，总股本金合计西班牙银圆 2.02 万元，是当时最具规模的糖厂之一。

三、糖王之路

1857 年，陈芳决心投身糖业。他抵达希炉并找到三盛公司的邻居——白人地主 Theophilus Metcalf（西奥菲勒斯·梅特卡夫）。在他的游说下，梅特卡夫放弃自营甘蔗种植园的计划，把总面积达 1741 英亩的土地租给陈芳开办甘蔗种植园，陈芳为种植园起名——国芬。

1859 年，国芬收获第一批甘蔗，但是劳动力与糖师的短缺，制约糖厂的发展。陈芳以招募契约劳工解决劳动力短缺问题，而国芬最急缺的是糖师。

1861 年 4 月 12 日，美国爆发内战，夏威夷向美国销售蔗糖的航线中断，经济日益萧条，但这反而使国芬的困境得到缓解。这是因为相邻的宽盛榨糖厂因销路受阻导致开工不足，陈芳得以邀请宽盛的糖师黄鳌前来指导运作。国芬还率先使用真空蒸锅，进一步提高制糖效率。在此期间很多华人选择返乡，而陈芳买下滞销的蔗糖，还因拥有轮船能自主送货反而获利更多。

1865 年，美国内战结束。国芬在美国内战获利数百万美元，还引发宽盛股东的内部矛盾。首先是程植，他坚信与陈芳合作才能赚取更多的钱，因此第一个退股，并与陈芳合伙成立商行"Afong & Achuck"（芳植记）。恰好此时黄朝侔患病并返回澳门休养，于是其他股东也纷纷退股。黄鳌干脆直接跳槽至国芬，并担任首席糖师，郑百全也把股份售与张宽后离开希炉择地发展，宽盛的结局是被张宽以委托白人充当白手套的方式半价鲸吞，真正被损害利益的是黄朝侥。

清同治七年四月十五日（1868 年 5 月 7 日），黄朝侥在香港病重，由黄大进担任见证人，让其义侄（后改身份为义子）律师黄信订立遗嘱。该遗嘱声明由黄信作为执行人，赴夏威夷向张宽追讨黄朝侥的股本金与应得利润。同年 7 月，黄信抵达夏威夷起诉张宽，该诉讼最终在陈芳与程植的调解下庭外和解。尽管张宽向黄信支付的金额数目不详，但黄信也从此入股国芬成为股东。他长住香港，主要负责为契约劳工前往夏威夷办理相关法律文书和手续。张宽则因鲸吞宽盛事发，形象尽丧，最后在 1872 年结束在夏威夷的所有生意，举家迁往旧金山。

1874 年，梅特卡夫去世。国芬以 6.6 万美元的价格买下他的土地，股东为陈芳、程植、黄鳌、黄信四人。五年之后，国芬又买下周围能购买的所有土地，总面积达到 7600 英亩。

1882 年，国芬更名为"Pepeekeo"（夏威夷语，褡裢），并任命黄

标有陈芳大宅位置的檀香山规划平面图

信为总经理，该年的糖产量就在 1800 吨以上，成为夏威夷第一大糖厂。

四、快乐的亚胜——记古鹤胡氏家族

清道光二年（1822）十月初一日子时，香山县古鹤村人胡始亮在家中迎来次子的诞生，他为儿子取名百胜，百胜寓意百战百胜、必获成功，似乎也预示这个孩子将拥有不凡的人生。

1844 年，恒和公司在夏威夷报纸刊登广告，内容是公司旗下的广东酒店可提供住宿与中餐，还设有保龄球馆和桌球室。即使是现在，拥有保龄球馆的酒店也很少，广东酒店的前身是由白人经营的 WARREN HOTEL（沃伦酒店），被恒和收购后改建而来。恒和的股东是三个表兄弟，分别是梅溪村人陈兰（陈芳嗣父陈仁昌的长子，字国荣）、古鹤村人胡百胜（字东泽），以及总是被胡百胜唤作老表的界涌村（现珠海市香洲区凤山街道界涌社区）人郑添（字益联）。

1845 年，胡百胜之名首次单独出现在夏威夷，他作为见证人出现在一份遗嘱上，该遗嘱的主人是梅溪村人陈恒（陈芳伯父陈仁杰的长子，字国典）。陈恒的债权、债务与财产到 1848 年才处理完毕，所以在 1849 年，陈仁杰才带着陈芳前往夏威夷接收遗产。这也是陈芳前往夏威夷的起因。

胡百胜之名随后几次出现，都与三盛公司的股权变更有关。直到 1856 年 6 月 19 日，胡百胜之名再次见报。这次是与陈芳、程植等十余名华商联署，为国王卡美哈梅哈四世的婚礼举办一场超过千人出席的盛大晚宴。

胡百胜一直热衷经营酒店与餐饮业，每天都以笑脸迎人，因此人缘很好。他与国王夫妇也结下深厚友谊，艾玛皇后称呼他是"快乐的亚胜"（胡百胜英文名"Asing"）。他的妻子是夏威夷贵族女子 Mele，他们在 1847 年迎来了第一个孩子，长女路易莎，随后是长子胡安。

清同治六年（1867），胡百胜的父亲在古鹤村去世，由于哥哥东宽一家在茂宜岛发展，只剩母亲杨氏一人在古鹤村生活，于是胡百胜决定返乡。

1870年，胡百胜一家返乡，他在古鹤村购买土地并修建洋楼，因为妻子要照顾三个孩子，于是胡百胜纳澳门女子梁氏为妾（梁氏没有生育，去世后被安葬在古鹤村后山，后人都称她为"澳门婆"，每年都会为她扫墓祭拜），还在澳门购买产自欧洲的彩色玻璃。一年之后洋楼落成，这是古鹤村第一栋三层高的建筑物，还建有一个装着彩色玻璃窗的尖顶，成为村内标志性建筑。坐拥美宅良田与众多佃农的胡百胜，成为远近闻名的地主。胡百胜与妻子在家中诞下第三子亚财，时至今日，这栋洋楼还屹立在村中，虽然在新中国成立后经历过一次改建（把三层楼改为两层），但是斑驳的墙体依然能让观者感受到厚重的沧桑感。

1874年，国王路纳利罗一世突然离世，艾玛皇后即将面临与路纳利罗王子的国王选举之争，此时她想起人脉广博的胡百胜，于是写了一封亲笔信寄到古鹤村，希望"快乐的亚胜"能返回夏威夷帮助她赢得大选。但是决心不再离乡的胡百胜并没有回信，而这封信也一直保留在古鹤家中，直到后来被次子胡普带回夏威夷，此事才被世人所知。

清光绪九年（1883），胡百胜在古鹤家中去世，妻子Mele主持办理他的葬礼，然后把三子亚财交给梁氏抚养，带着长子次子返回夏威夷。

1895年，Mele在夏威夷病重，正在澳门上学的亚财匆匆赶到夏威夷。在此之后，胡普和亚财在夏威夷相依为命。胡普曾在广元庆记商行工作，在有一定积蓄后，他与亚财前往希炉附近的小镇"Kona"（康纳）种植咖啡，并把咖啡豆带回澳门销售。

胡百胜哥哥东宽的儿子胡未在夏威夷与贵族女子Miliama Kaopua结合，生一子名Joseph Kekuku（约瑟夫·克库库），因胡未在19世纪80年代返回香山（定居澳门），妻子只好带着约瑟夫改嫁。约瑟夫自小喜欢音乐，吉他是他最好的朋友，后来他发明了钢弦吉他，也是世界最佳钢弦吉他独奏家之一，他成名之后被人们尊称为"upenakana"（夏威夷语，掌声）。

2015 年，在夏威夷州首府檀香山的波利尼西亚文化中心外，竖起了约瑟夫的雕像以示纪念。如今，胡氏家族后人分布于中山古鹤及香港、美国、菲律宾等地。

约瑟夫·克库库

五、第六区的米商

明洪武十四年（1381），广州府香山县改乡为坊都，全县由 11 个坊都组成，其中恭常都为香山县最重要的坊都（范围包括现珠海市香洲区、高新区），经济与文化发展水平为全县之首，在恭常都东北部的是四字都与大字都（范围包括现中山市翠亨新区、部分三乡镇）。

清光绪六年（1880），香山县改都为镇，全县由九个镇组成，原恭常都被分成上、下恭两镇。四字都与大字都合并为四大都之后又改为东镇。清宣统二年（1910），香山县改镇为区，东镇为第四区、上恭镇为第六区。1949 年，中山县第四区部分区域（现中山市翠亨新区南朗街道）与第六区合并为中山县第六区，该区依山傍海，是县内有名的鱼米之乡。

清咸丰六年（1856），唐家村（现珠海市高新区唐家湾镇唐家社区）人唐举（字永畅）从香港抵达夏威夷，并成立"Waiau"米行，在希炉经营大米。

1868 年，唐举吸纳同乡卢谭岳（字熙鸾）、梁南（字耀昭）、林社根、林清华成立升昌公司经营米业。

1887 年，唐举意外身亡，次年升昌公司进行股份改组，股东变更为唐家村人唐昌（字益善）与唐栋（字宗瑞）、锦石村（现中山市翠亨新区南朗街道锦石社区）人陆德光与其子陆丽、原股东林社根之子林春海、古鹤村人冯崑。从 1868 年到 1928 年，升昌公司历经一个甲子，始终是夏威夷十大米商之首，在巅峰时期能出产夏威夷 50% 的大米。

清咸丰十年（1860），王屋村（现中山市翠亨新区南朗街道泮沙社区）人王贵（字殿璋）与姐夫安定村人程大文于 12 月 12 日这天抵达夏威夷。五年后，王贵与姐夫等程氏族人成立公司"Chu Lan & CO."（朝兰记）。

1871 年，朝兰记以置换股权的形式合并了程氏族人程利的"Alee CO."（利记），新公司以引进契约劳工和米业为主。

清光绪三年（1877），香山县发生"打击朝兰记卖猪仔"事件，王贵的兄长两父子被捕。次年王贵在缴纳罚金赎回兄长等人后，对朝兰记进行改组。改组之后王贵成为控股股东并退出由程利主导的"卖猪仔"生意，专心于水稻种植，直到两年后程利完全退股朝兰记。

1882 年，王贵跻身夏威夷十大米商之列，两年后他将朝兰记转让给姐夫之子——外甥程水（字维霭）。

王贵本人手写入境时间的证明

1892 年，王贵成为大清驻夏威夷副领事官（领五品同知衔）。

同样来自第六区的夏威夷著名米商还有程水、王贵的堂叔王罗有（字容康）、泮沙人许发（字大章）、田边人程观瑞（字建瑞）。

六、华商唐绮、唐昌、唐雄祖孙三代

清道光二十九年（1849），唐家村人唐绮告别妻子与儿子，前往旧金山淘金。一年之后，他带着淘金所得从旧金山来到希炉，希望能在此地经商。唐绮凭借熟练的木工手艺，得到一位夏威夷贵族的赏识，唐绮迎娶他的女儿 Kahaole´au´a 之后获得在希炉经商的资格，他与这个妻子共育有五个女儿。

唐绮结识来希炉筹办甘蔗种植园的香山县同乡邓行善与曾允，被邀请入伙加入种植园。唐绮在园内充分发挥自己的特长，制作了很多器具以便协助工作。在众人的努力下，种植园收益稳步上扬，唐绮在种植园旁修建了一座占地两英亩的宅院，还入股族人唐举成立的"Waiau"米行。

1862 年，唐绮的五女儿出生，但是他却突患急病并很快去世。根据他的遗嘱，米行的唐氏族人带着他的骨灰与部分财产返回唐家村报丧。唐绮的妻子佘氏在接到噩耗后并没有马上安排儿子唐昌前往夏威夷继承遗产。直到六年之后，唐昌已年满 22 岁，把 3 岁的儿子唐雄交给母亲后才与妻子卢氏（北山卢庸显之女）一起前往夏威夷继承遗产。

清光绪四年（1878），唐昌返回香山县，带着唐雄和自己新纳的妾吴氏返回夏威夷。唐雄在抵达檀香山后进入教会学校伊奥拉尼中学就读，在校期间与同乡卓海（字耀添）、孙中山、钟工宇（字文宇）成为好友，之后更结为异姓兄弟（唐雄与孙中山还一起于香港受洗，正式皈依基督教）。因为家境优渥，唐雄在离校后没有选择继续升学，而去学习摄影，成为第一个在檀香山开办照相馆的华人。辛亥革命后，唐雄带着自己拍摄的夏威

夷风光组照回国举办展览。

1902年，唐雄成立鸿发行，在美国销售中国货与艺术品。

1904年，唐雄关闭鸿发行，与卓海一起携带中国艺术品前往美国圣路易斯安那州参加世博会。唐雄与卓海的世博会之行获得巨大成功，订单纷沓而至，

唐雄家庭照

他们在圣路易斯城与纽约成立了公司并入股唐家村人唐邦（字永均）的生发公司（生发公司是民国成立之后，美国最大的东方艺术品百货公司，有近百位香山籍商人参与集资，单一最大股东与法人是唐邦）。

1915年，针对华人在美国难以获得银行服务的困境，唐雄联合程水、钟工宇等人在檀香山成立檀香山华美银行并任总经理。檀香山华美银行是美国第一家华资银行，为众多在美华人华侨提供服务，也为唐雄带来极高的声望。

1946年，唐雄偕妻子卓氏（卓海胞妹）返回唐家村，还协助管理共乐园（位于珠海市高新区唐家湾镇唐家社区内）。

1958 年，唐雄以 94 岁高龄去世，葬于共乐园山腰，墓碑上书"民国革命老人谦光唐公之墓"12 个大字。今天在珠海市高新区唐家湾镇山房路凌园埔街二巷 4 号，保有唐雄故居（该房由唐绮修建，后由唐昌交给唐雄作为遗产之一）。

七、泮沙许蛰辰父子

泮沙村人许蛰辰，又名焘（字瑶宝），是夏威夷著名的教育家、革命家、作家与文史专家，他 20 多岁才抵达夏威夷，随后在教会学校主讲中文课十余年，足迹几乎遍布整个夏威夷。

在周游夏威夷之后，许蛰辰定居檀香山，创办"蛰辰中文学校"，该校让广大华人不必再送孩子返乡学习中文，也让他深受夏威夷华人社区的尊崇。

许蛰辰与孙中山结识后，成为孙中山革命事业的坚定追随者。他是兴中会、同盟会、国民党的创会成员之一。他在夏威夷担任报刊主笔期间，发表大量宣传革命、反击保皇党的文章，有力地团结众多夏威夷华人华侨支持革命、参与革命。他自己还担任中国国民党檀香山支部部长、四大都会馆主席等职务。

1922 年 4 月，许蛰辰返回香山，先后担任大元帅府顾问、广东省图书馆馆长、鹤山县县长、国民政府（南京）中山模范县委委员等职务。

许蛰辰育有五子二

许汉超的水彩画

女，长子许继昌是著名侨领，曾任夏威夷四大都会馆主席、洪门致公总堂主席、中华总商会副主席、中华会馆副主席等职务；还办有侦探社，担任檀香山警察局亚裔事务顾问。

三子许汉超是夏威夷最著名的画家，绘有多幅关于夏威夷的名作。许汉超的妻子黄氏（上坑人）也是一位画家，她的妹夫是著名华商胡百胜的孙子胡肇春。

八、官塘的望族——"卓"与"佘"

香山县官塘村（现珠海市高新区唐家湾镇官塘社区），是一座历史悠久的村落，开村至今已经1300多年。曾有近百个姓的人在村内居住，至今村内还留有"百家姓碑"以证此盛况。繁衍至今，"卓""佘"两姓成为村内人口最多的姓。与香山县很多村子相似，官塘也很早就有人出洋谋生，尤其是"卓""佘"两姓人家。

卓受安，小名亚全，字讬先，18岁时将新婚妻子周氏（新围村人）留在家中照顾母亲黄氏（东岸村人），独自一人到夏威夷谋生。讬先首先抵达的是考爱岛的小镇Hanalei。他从种植水稻开始，然后开办餐厅，以自己农场所产食材结合创意做出独具特色的菜肴，因此大获成功。讬先也把生活经营得有滋有味。他亲手打造了一座莲花池塘，这座池塘留存至今已成为当地一景。他还是一名爱国商人，多次捐款参与国内的赈灾，也是孙中山革命事业的坚定支持者之一。1912年，受孙中山邀请于新年伊始在中山县政府前发表庆祝中华民国诞生的演讲。除受安之外，同时期在夏威夷谋生的卓氏子孙数以百计，如今卓氏后人仅在夏威夷州就有数千人之多。

佘惠流，号霭庭，22岁时辞别家人经夏威夷抵达旧金山。他在唐人街从伙计做起，一边工作一边学习英语。

1899 年，佘惠流在旧金山与族人成立公司 "Wokee"（和记），以中国商品和餐饮为主。民国成立后，佘惠流返乡，在香港成立公司，并入股生发公司。

1917 年，生发公司在美国召开股东大会并登报

佘桂贤家庭照

公布股东名单，佘惠流的名字赫然在列。佘惠流生有三子，其中第三子名榕庆，字敦湧，号公正，民国早期就在官塘村内开办义学，为村内儿童提供基础教育。20 世纪 50 年代，佘公正在香港担任香港保良局主席、香港中华总商会会长等职务。如今他的后人大多在美国定居，他共有三个孙女，其中最小的孙女是香港明星佘诗曼。

佘氏子孙在夏威夷最著名者当数 1879 年就前往夏威夷谋生的佘曜（字敦荣）之长孙——佘桂贤，他生于 1952 年，24 岁就参选并成功担任议员，更创下 40 余年连选连任的传奇。从 1999 年起，佘桂贤担任美国夏威夷州议会众议院议长，是夏威夷名副其实的政坛常青树。

九、古鹤冯崑

1852 年，香山县古鹤村人冯延（字缉熙）的妻子在家中诞下长子亚崑（字建初），后来又陆续生下三个儿子。

1867 年，作为长子的亚崑虽然只有 15 岁，仍跟随怀揣发家致富梦想的人们一起在澳门登上前往夏威夷的货轮。初抵希炉的亚崑，在码头结识土生华人卢谭岳（香山县下北山人）兄弟。卢谭岳比亚崑大五岁，见他生

古鹤村内冯崑祖屋

得高大，就邀请他加入团队，在希炉码头以买卖契约劳工为生。卢氏兄弟的队伍日益壮大，麾下的劳工已达数百人之多，众人商议效仿洪门结社，亚崑遂以冯崑之名参与结拜。

1868年，夏威夷再次就鸦片专营权展开竞投，和1865年的首次竞投一样，专营权再次被华商张宽（香山县南屏村人）获得，但是张宽受到威胁，迟迟不敢缴纳竞标费，最后不得不把专营权转让给陈芳。卢谭岳看到其中隐含的商机，立即联系西山村人钟初（钟工宇之父）、界涌村人郑岱（字球联）等人，商议成立社团，洪门组织——"集英堂"就此应运而生。虽然没有相关文书能证明陈芳与集英堂之间的关系，但是自陈芳获得夏威夷鸦片专营权之后，集英堂就承担起押运鸦片与分销的业务。这里需要留意郑岱，他与陈芳相识多年，还是梅溪陈氏表亲——界涌人郑添的近亲。这年之内，冯崑经卢谭岳介绍，认识其姐夫唐昌，也入股唐昌的升昌米行成为股东之一。

1888年，升昌米行进行股权变更，唐昌和族人唐栋联手成为控股股东，冯崑增持股份后成为排名第四的股东。此时，冯崑在檀香山和希炉都有物业收租，还持有升昌等多家公司的股票，成为著名富翁。一年之后陈芳家族结束长达20年的鸦片贸易，集英堂也从此与鸦片走私分道扬镳。

冯崑把两个长到成年的弟弟也带到夏威夷发展，如今古鹤村还保有他修建的祖屋。冯崑育有六子七女，其中第三女在日本横滨嫁给大清驻夏威夷领事官梁国英之子；次子冯文习（字恩贵）经卢谭平介绍，在日本横滨迎娶下北山人江坤池（其在日本神奈川县横须贺经营工艺品工厂）次女江露侃。冯文习夫妇携手走过半个世纪，他们的后人如今遍布夏威夷、加州等多个州。夏威夷檀香山恭常都会馆现任秘书长 Trevor Goo（古嘉乐）的母亲就是冯文习的孙女。2023 年，古嘉乐与其姐一同返乡并前往雍陌村、那洲村成功寻根。

十、"二战"老兵期颐圆梦

清同治五年（1866），林富全（字信辉）出生于香山县虾角村（现中山市板芙镇虾角村）。和许多家境贫寒的香山人一样，16 岁的林富全在澳门高楼街签约成为契约劳工，登船前往夏威夷。

林富全在种植园工作满三年之后约满离开，在商行里做伙计学习经商，直到 1890 年才成立自己的商店。

1899 年，林富全把商店委托给亲戚打理，带着积蓄返回虾角村。他留下一笔钱给父母并迎娶妻子刘氏，然后与妻子返回夏威夷。

1901 年，林富全夫妇迎来长子——林金渭（英文名：Lum Kim Wai）。时光飞逝，金渭渐渐长大，林富全夫妇也增添了五个孩子。

1916 年，林富全为长子金渭操办了婚事，金渭与夏威夷女子 Rosina Lambert（罗斯娜·兰伯特）结为夫妇，并在一年之后生下长子 Francis（弗朗西斯）。

1920 年，西班牙流感肆虐，夏威夷出现不少儿童染病死亡的案例。林富全为孩子们的生命安全考虑，决定把商店交给长子金渭，他和妻子带着五个孩子返回虾角村。从此以后，金渭就肩负起养家糊口的重任，他把商店每月的利润分成三份，其中一份汇给父亲。林富全夫妇在返乡后又陆续生育三个孩子，林富全还纳妾许氏，许氏又诞下第十个孩子，林富全拥有十个孩子，成为村内的名人。

1937 年，全面抗战爆发，林金渭与父母弟妹彻底失去联系，他只能选择辛勤工作，期待将来和家人团聚的那一天。林金渭与妻子育有四男一女共五个孩子，其中长子弗朗西斯在第二次世界大战时加入美军，在解放菲律宾的战斗中英勇牺牲，他是唯一一个被授予"杰出服务十字勋章"的华

载有林富全和长子金渭的虾角林氏族谱

裔阵亡军官。次子名 Conkling（康克林），自高中起就是一名运动健将，擅长橄榄球和拳击，后来加入美军工兵团参战。三子名 Robert（罗伯特），他拥有四兄弟中最高的运动与音乐天赋，他加入了美国海军，在太平洋参与夺岛作战。四子名 Lambert（兰伯特）也加入了美军工兵团。由于大哥已经牺牲，另外两个哥哥也在前线参战，根据美国的法律规定，来自同一家庭的儿子不能都前往前线参加战斗，因此兰伯特成为华裔版"大兵瑞恩"，受到限制保护，不能奔赴前线作战，这让渴望参加战斗为大哥复仇的兰伯特一度非常沮丧。

兰伯特在战后成为奥马哈互助银行的职员，他勤勤恳恳、业绩优异，后来成为该银行驻夏威夷办事处总经理。他还热心公益事业，是亚裔社区德高望重的领袖，直到满 100 周岁还在辛勤工作。

2021年，美军少将罗伯特·李将军，来到兰伯特家中，为他颁发"国会金质奖章"以表彰他在二战期间的英勇服务。他也是美国唯一一个在百岁高龄获此勋章的二战老兵。

2022年，兰伯特的侄女 Marly Lum（玛丽林女士）赶回家，告诉他一个好消

2021年，罗伯特·李将军与兰伯特·林授勋时合影

息："我在走访虾角村的时候发现了林氏族谱，谱中明确记录兰伯特的祖父林富全和父亲金渭的名字！"玛丽林之后还收到林金渭弟妹后人的全家福合照以及祝福。"太棒了！爸爸和我们的家终于找到了！"兰伯特流下激动的热泪，这份跨越百年的梦想终于成真！

2024年1月12日，兰伯特·林以103岁高龄在家中安详逝世。

结语

这十篇短文是一个正在筹备中的展览文案，有幸被《珠海文史》选中先于展览本身为公众所见。所有的内容都基于香山人的真实经历与资料的翔实查证，以及亲身实地走访所得。让我们不忘初心、再接再厉！

史海钩沉

SHIHAI GOUCHEN

拉塔石炮台史迹考

杨梓光

拉塔石炮台是鸦片战争时期，清政府为了防止葡萄牙和英国等列强入侵而在澳门边境附近修建的一处炮台。清朝末年，拱北关设立后，为防范陆路走私活动，于1896年在该炮台设立了关闸缉私卡，统管澳门以北的陆路缉私工作。20世纪30年代，为了遏制日益猖獗的陆路走私势头，在此设立关闸炮台陆路缉私总站。抗战胜利后，又在此设立了拱北关陆路边境缉私总站，组建了关警队，统管陆路缉私工作。这里曾诞生华南海关的第一个党支部，解放军石岐市军事管制委员会在此接管了拱北关，拱北关因此迎来了解放，成了人民的海关，改名为拱北海关。拉塔石炮台为完好保存的拱北海关唯一的"洋关"时期建筑，被列为"广东省文物保护单位"。

拉塔石炮台遗址的历史是珠澳地区海防史、抵御外来侵略史和拱北海关陆路缉私史的缩影，具有重要的历史价值。通过考证这段历史，有助于我们弘扬爱国主义优良传统，弘扬民族精神，凝聚起强国复兴的磅礴力量。

一、拉塔石炮台遗址概述

拉塔石炮台遗址位于广东省珠海市香洲区拱北，建于海拔76米的炮台山上，是整个拱北片区的制高点，东临大海，西望前山河，南距内地与澳门的陆路边界——拱北口岸约1公里，战略位置十分重要，目前处于武警边防部队营区范围内。

整个炮台遗址略呈圆形，占地约3600平方米，四周有石砌的挡土墙，

拉塔石炮台遗址现状　杨梓光摄

挡土墙上现存有约60米的弧形垛墙（原垛墙长72米），高1.3米，厚1米。垛墙设有17处炮眼，现存12处，面向大海和澳门方向。

炮台中间为堆叠的多层巨石，俗称"拉塔石"①，炮台因此而得名"拉塔石炮台"。巨石上镌刻两幅摩崖石刻，正面为1845年（道光二十五年）澳门海防同知②吉泰题写的"南天柱石"四字，背面为1890年（光绪十六年）署理前山海防同知蔡国桢题写的"凤山锁钥"③四字，体现了炮台重要的战略地位。

炮台遗址现存有一幢20世纪30年代拱北关修建的陆路缉私总站办公楼，共有三层，占地约200平方米；巨石顶上修建有海关瞭望塔一座，

①"拉塔石"，民间传闻该巨石平时长满青苔和杂草，远观比较邋遢，"拉塔"与广东话的"邋遢"同音，故得名。

②澳门海防同知，即"广州府海防军民同知"。清朝乾隆年间，清政府将正五品的广东肇庆府同知改为"广州府海防军民同知"，移驻香山县前山寨，负责管理澳门洋人及香山一带海防事务，一般称为"澳门海防同知"。

③凤山锁钥，凤山指五桂山，为澳门以北最重要的山脉屏障，意为拉塔石炮台如锁钥一般，卡在澳门以北的咽喉要地。

高8.91米。登上塔顶，可一览拱北全貌。办公楼与瞭望塔之间有楼道相连。据记载，当年缉私总站还建有车库、厨房、仓库等三座平房，以及靶场等设施，现已被拆毁。[④]

该处遗址1986年5月被列为珠海市文物保护单位，2015年12月被列为广东省第八批文物保护单位，具有重要的历史文化价值。

二、拉塔石炮台的修建背景

《香山县志续编》记载："一查拉塔石炮台，自道光二十一年创建，二十九年，被葡兵侵入，占驻炮台，认为葡属。光绪十六年，署前山海防同知蔡国桢派兵收回，加筑围墙，乃将望厦村山后大炮移入数座，常川驻守。"[⑤]拉塔石炮台修建于1841年（道光二十一年），是为了防止英国和葡萄牙的入侵，护卫国门与海疆安全，有着深刻的历史背景。

明朝嘉靖年间，葡萄牙人通过欺骗与贿赂等手段占据了澳门。为管束这些不速之客，明朝政府在内地通往澳门的唯一陆路要道莲花茎上修建了一座关闸门，以控制"澳夷"。明清两朝，还在毗邻澳门的香山县雍陌村、前山寨一带，派官兵驻防。清朝乾隆年间，在前山寨设正五品的广州府海防军民同知，管辖澳门事务以及香山海防，又将香山县丞署前移至望厦村，分防澳门。一直到鸦片战争之前，这一系列举措成为羁縻在澳葡人的有效手段，阻止其向内地扩张。

1840年6月，鸦片战争爆发。8月19日，英军舰队为解除驻守关闸

---

④中华人民共和国拱北海关：《拱北海关志》，1997年版，第253页。
⑤（清）厉式金：《香山县志续编》卷六"海防"。

门一带清军对澳门的"威胁",派出军舰"突攻澳门后之关闸",⑥爆发了中英"关闸之战"。驻防清军抵挡不住,"兵勇率多走避"。英军登陆并占领了关闸门,"搬去炮数尊",放火烧毁了清军军营才登船撤离。⑦

"关闸之战"后,因关闸界墙被摧毁,火炮也被英军搬走,关闸门的御敌作用几乎丧失。为了防止英军再次登陆和葡萄牙人侵扰内地,清政府"派捐军费,修治城池、炮台、水栅"⑧,其中在前山寨至关闸门的陆路险要处"拉塔石"修建炮台,布置有20门大炮,并将原来驻防关闸门的把总⑨和汛兵移驻炮台。《香山县志续编》记载"道光二十一年,新建拉塔石炮台,将把总移驻炮台,仍兼管关闸汛务"⑩。炮台建成后,此处也被称为"炮台山"。

鸦片战争期间,林则徐曾在给朝廷的奏折中提出"关闸至前山一带,为华夷交涉处所,向无官建炮台,虽有把总酌带汛兵巡防守望,而地当空旷,除兵房数间之外,屏障全无"。⑪修建拉塔石炮台,正弥补了林则徐所说的从前山寨到关闸门一带"屏障全无"的状况,有效加强了边海防。鉴于拉塔石炮台的重要战略地位,澳门海防同知吉泰专门题写"南天柱石"四字,镌刻于炮台巨石正面。

---

⑥(清)佚名:《夷艘入寇记》,选自香港蝠池书院出版有限公司:《中国古代海岛文献地图史料汇编》(第五十七卷),2013年版,第26047页。

⑦陈胜粦:《林则徐书札》"道光二十年七月二十四日于虎门致怡良",选自中国第一历史档案馆、澳门基金会、暨南大学古籍研究所:《明清时期澳门问题档案文献汇编(六)》,人民出版社,1999年版,第808页。

⑧(清)厉式金:《香山县乡土志》卷三"兵事录"。

⑨把总:清代绿营兵低级军官,正七品。

⑩(清)厉式金:《香山县志续编》卷六"海防"。

⑪林则徐:《关闸地方矾石洋面叠将逆夷击退折》,选自中国第一历史档案馆、澳门基金会、暨南大学古籍研究所:《明清时期澳门问题档案文献汇编(六)》,人民出版社,1999年版,第387页。

三、拉塔石炮台的损毁与重建

鸦片战争之后，葡萄牙人看清了清政府外强中干的本色，在澳门开始肆意横行，特别是澳门总督亚马留上任后，对华人横征暴敛，无故欺压，还侵占土地，修建炮台，扩张葡萄牙人居住区，驱离中国海关人员。这些暴行激起了当地百姓的愤怒。

1849 年 8 月 22 日，以沈志亮为首的一众中国居民，趁亚马留傍晚到关闸一带游玩之机，挥刀行刺，将亚马留砍死，并剁下其头颅和手臂。事发后，澳葡当局在英国等列强支持下，决定借此机会扩大事端，遂以总督遇刺为由，派兵对关闸门发动袭击。8 月 25 日，占领了残损的关闸门，驱离了驻防清军，逼迫驻在澳门望厦村的香山县丞退往前山寨，望厦驻军撤退至前山白石村。《香山县乡土志》记载："（道光）二十九年，葡人毁望厦村县丞署，侵住拉塔石炮台，县丞迁署前山城内，望厦汛外委退屯白石村三山宫。"[12]此时，驻守拉塔石炮台的清军发炮抵抗，轰击侵入关闸门的葡军。双方爆发了激烈炮战。

为了扫清清军火炮威胁，葡军在两艘炮船掩护下，派兵攻占了拉塔石炮台，打死打伤清军多人，并炸毁了炮台山上的 20 门大炮和弹药库，同时为炫耀战功，将一名清军军官的头颅和手臂挑在一根竹竿上，带回澳门游街示众。[13]此役之后，拉塔石炮台被摧毁，基本丧失军事功能。

到了 1887 年（光绪十三年），中葡签订《中葡里斯本草约》和《中

---

[12]（清）厉式金：《香山县乡土志》卷三"兵事录"。
[13]吴志良、汤开建、金国平：《澳门编年史》第四卷"清后期（1845—1911）"，广东人民出版社，1999 年版，第 1649 页。

葡和好通商条约》，约定以"葡国永驻管理澳门以及属澳之地"为交换条件，同意在澳门周边设立拱北关（洋关），以征收鸦片税厘和打击走私。条约签订后，为了明确"属澳之地"的范围，中葡双方开始了旷日持久的划界交涉。

1889年，澳葡当局为了蚕食土地，在关闸门以北擅自设置了一盏路灯，次年4月，又在关闸门到拉塔石炮台之间，修建了一幢砖石结构的房屋作为巡捕队营房，公然宣称关闸以北地区，甚至包括前山寨城，都属于葡界。[14]为了防止澳葡当局向北渗透，"严固藩篱"，署理澳门海防同知蔡国桢修复了1849年被葡军摧毁的拉塔石炮台，并将七门红衣大炮移入炮台，加固围墙，派兵驻守。还题写了"凤山锁钥"四字镌刻于巨石背面，宣示主权。由于中方的有力抗争，清军设防严密，葡方无机可乘，侵占关闸门以北地区的企图落空。

四、拱北关陆路缉私总站的设立

1887年4月2日，拱北关（洋关）正式运作，税务司署设在澳门，下辖马骝洲、前山2个税厂，以及石角、关闸、吉大3个缉私卡。其中关闸缉私卡就设在拉塔石炮台，当时仅为一个简陋的茅寮哨所。

1896年，拱北关建成了环澳门边境的"前山""拱北"两条陆路巡缉线，全长9英里，共设有23处卡哨。其中"前山"巡缉线的指挥中心设于拉塔石炮台的关闸缉私卡，负责管理从前山河经关闸门延伸至吉大九洲岛一

---

⑭费成康：《澳门：葡萄牙人逐步占领的历史回顾》，上海社会科学院出版社，2004年版，第211页。

线的陆路缉私工作，共有 8 名外籍关员和 72 名华籍关员驻守⑮，由一名洋员二等稽查员负责管理，驻防清军为海关无偿提供中式平房一座，用以办公。⑯

清朝末年，根据不平等条约议定的洋货"值百抽五"的协定税率，一般货物的进口税率较低，只有鸦片税率较高，因此拱北关缉私的主要任务，就是严防鸦片走私。陆路边境巡缉线的建立，对遏制鸦片走私起到一定作用，大规模的武装走私活动逐渐收敛。

1929 年 2 月，南京国民政府开始实施《中华民国海关进口税税则》，税率自 7.5% 起至 27.5%⑰，较"值百抽五"的协定税率明显提高。此后数年的税则修订，均大体维持这一水平。税率的提高增加了政府的财政收入，但也造成了走私猖獗的状况。除了鸦片之外，税差大的进口洋货，以及银圆、粮食、军火等禁限品均成为走私对象。

1932 年，海关总税务司鉴于内地与澳门陆路边境走私的严峻形势，在拱北关成立巡缉队，在拉塔石炮台设立关闸炮台陆路缉私总站。1934 年，在此增建了 1 栋三层楼房，1 座 8.91 米高的瞭望塔，以及队员宿舍、车库、食堂、仓库、训练场等一批设施。通过瞭望塔，总站人员日间用旗语、晚间用灯号指挥，联络陆路边界的各缉私岗哨，有效提升了缉私效能，压制了走私猖獗的势头。

至 1936 年，拱北关在编巡缉队员已达 110 人，多数集中在关闸炮台陆路缉私总站。巡缉队装备精良，配有重机枪，队员全部为中国人，但管

---

⑮《拱北关十年报告（1882 年—1891 年）》，选自拱北海关志编辑委员会：《拱北关史料集》，1998 年版，第 426 页。

⑯ 中华人民共和国拱北海关：《拱北海关志》，1997 年版，第 252 页。

⑰ 陈诗启：《中国近代海关史》，人民出版社、中国海关出版社，2021 年版，第 741 页。

理层为洋员。陆路缉私总站的巡缉工作一直延续至抗日战争爆发。1940年，拱北关沦陷，3月13日巡缉队人员撤离拉塔石炮台，撤至澳门，陆路缉私工作暂停，随后巡缉队人员被遣散。

抗战胜利后，拱北关恢复陆路缉私工作，收回了被日军占领的拉塔石炮台。1946年，根据总税务司署的命令，巡缉队统一改编为关警队。1948年5月1日，在拉塔石炮台设立了拱北关陆路边境缉私总站和关警队总部。内地与澳门陆路边界，以及前山河道、夏湾涌口的缉私工作，均由陆路边境缉私总站统一指挥。至1949年春，拱北关共有关警官兵140余人，编为12个小队。⑱

拱北关关闸炮台陆路缉私总站全景
（选自《关声》杂志1936年第5卷第4期）

---

⑱中华人民共和国拱北海关：《拱北海关志》，1997年版，第157页。

五、见证重大历史事件

在拉塔石炮台发生过两起在华南海关史、拱北海关史上具有重要意义的事件。

（一）华南海关第一个党支部成立

1938 年，曾参与江海关"护关运动"[19]的共产党员黄庹贵被调到拱北关，这是拱北关历史上有记录的第一名共产党员。当年 9 月，黄庹贵发展了在陆路缉私总站任三等稽查员的梁家瑛加入共产党。不久，黄庹贵调离拱北关，梁家瑛便在中共澳门工委领导下，在巡缉队员中宣传革命道理，开展地下抗日救亡运动。

1938 年底，拱北关巡缉队发生了一起英籍监察员无理打骂华人队员的事件，引起了广大华人巡缉队员的不满，梁家瑛参与组织了海关华员罢工抗议活动，并取得了胜利，打人的英籍监察员被调离。这次胜利鼓舞了巡缉队员们的政治热情，罢工中涌现的积极分子更加靠近党组织。

1939 年 11 月，梁家瑛在陆路缉私总站秘密发展了区洪炯、李水、杨启明、区沛、马景胜等五名巡缉队员加入中国共产党，在华南地区海关系统建起了第一个党支部[20]。党支部成立后，中山地方党组织领导下的武工队曾联络梁家瑛，计划通过拱北关党支部的配合，强夺陆路缉私总站仓库内的武器，支援抗日武装斗争，但因客观条件变化，计划未能成功。该党组织的工作一直延续至 1940 年 3 月，拱北关沦陷，巡缉队解散。

---

⑲护关运动：1938 年 5 月在抗日战争期间，由中国共产党领导的上海江海关职工反对日伪接收江海关的斗争。

⑳中国海关学会：《海关职工革命斗争史文集》，中国展望出版社，1990 年版，第 124 页。

（二）见证拱北关的解放

1949 年 10 月 30 日，中国人民解放军粤赣湘边纵队中山独立团与第四野战军两广纵队在中山县城石岐胜利会师。11 月 4 日，解放军中山独立团进抵关闸门，国民党军残部纷纷溃逃。

11 月 5 日，奉两广纵队司令员曾生的命令，中山独立团政委、石岐市军事管制委员会主任黄旭以及鲍康尧[21]一行抵达拉塔石炮台的拱北关陆路边境缉私总站，召见从澳门赶过来的拱北关税务司瑚佩（英国籍）、常务副税务司巴士度（葡萄牙籍）、副税务司王作民，宣布军管会接管拱北关的命令。经过一番斗争，洋税务司们被迫递交了拱北关人员、关产和财务清册，军管会共接管员工 423 人，房屋 10 处，船艇、车辆、自行车若干，以及大量武器。次日，鲍康尧一行又接管了拱北关关警队，完成了接管拱北关的任务。自此，拱北关回到了人民手中。拱北关陆路边境缉私总站见证了拱北关从洋海关转变为人民海关的全过程。

拱北关缉私队野战实习
（选自《关声》杂志 1936 年第 5 卷第 4 期）

---

[21]鲍康尧（1915—2011）：珠海南屏人，1949 年入党，同年参与接管拱北关工作，任拱北关军事特派员，为新中国成立后拱北关第一任实际负责人。

1949 年 11 月 17 日，鲍康尧被石岐市军事管制委员会任命为拱北关军事特派员，成为新中国成立后拱北关第一任实际负责人，并临时驻在炮台山办公。在鲍康尧领导下，迅速恢复了拱北关进出口货运和征税业务，严厉打击走私活动，派出缉私艇协助解放军解放横琴岛并参与万山群岛海战，为解放战争的彻底胜利做出了贡献。

六、陆路边境缉私总站历史使命的终结

1949 年 11 月 5 日，军管会接管拱北关后，拱北关陆路边境缉私总站被撤销，关警队被改编为拱北关陆上缉私队，炮台山设立了军事特派员和军代表的临时办公处所和陆路缉私大队队部。

1950 年 5 月，原设在澳门的拱北关税务司署内迁，在炮台山设有部分业务科室，办理申报和估价等业务。拉塔石炮台曾短暂成为拱北海关的总部。

1951 年 10 月，根据海关总署和公安部的命令，海关不再负责口岸以外的陆路边境缉私工作，拱北海关的陆路缉私职能移交边防公安部门，随后陆上缉私队人员逐步裁撤和改编，陆路边境缉私总站也改为了海关员工宿舍。1958 年，缉私总站全部关产物业移交当地驻军接管。自此，拉塔石炮台结束了其服务海关缉私长达 70 年的历史使命。

从拉塔石炮台、关闸缉私卡、关闸炮台陆路缉私总站到拱北关陆路边境缉私总站，最后演变为拱北海关陆上缉私队队部，这一处具有重要战略地位的炮台几经变迁。从晚清时期阻挡葡萄牙人入侵的前哨，到拱北关时期最重要的缉私指挥所，一直承担着护卫国门安全的重任。在此处，诞生了华南海关第一个党支部，并且见证了拱北关的接管，迎来了拱北关的解放，是开展党史学习教育、爱国主义教育、国防教育的重要场所，具有重要的历史价值。

拱北海关的命名与"拱北"地名考

杨梓光

拱北海关的前身是 1887 年（清光绪十三年）设立的"洋关"[①]——拱北关，其命名源于清光绪皇帝批复清政府总理各国事务衙门的奏折，以"澳门关设在拱北湾，即名曰拱北关"而来。新中国成立后，随着拱北海关的业务变迁，澳门以北的关闸一带，逐渐形成了今天珠海"拱北"的地名。本文对拱北海关的业务变迁情况进行了考证，结合地方史料和老地图，印证了今天"拱北"地名的起源，纠正了当前对"拱北"地名来源的各种谬误。

一、拱北关的设立与命名

第二次鸦片战争期间，由外国人任总税务司的近代"洋关"制度开始在中国诞生，中国海关的行政管理权被洋人侵夺。列强逼迫清政府将鸦片改称"洋药"，以"寓禁于征"为名"准其进口"，导致鸦片输入量剧增，同时造成了走私泛滥的局面。

针对澳门周边鸦片走私漏税的严峻形势，1868 年 7 月，两广总督在澳门内港南北两端的拱北湾[②]、前山设立厘卡，征收鸦片厘金。其中，拱

---

①洋关（Foreign Customs）：鸦片战争之后设立的由洋人税务司控制的近代中国海关，初期隶属总理各国事务衙门。

②小马骝洲岛与湾仔陆地之间的海湾古称"拱北湾"，因泥沙淤积，今天这一带已成为陆地。

北湾厘卡位于小马骝洲岛。1871 年 6 月，清政府又在小马骝洲岛和前山设 2 处隶属于粤海关的常关③税厂，合并原来的厘卡，负责打击走私，以及征收鸦片正税和厘金。

1875 年，中英签订《烟台条约》，规定清政府设立的常关、厘卡均不得征收鸦片正税、厘金，必须由"洋关"统一征收，这就是所谓的鸦片"税厘并征"。为落实"税厘并征"，港澳周边必须裁撤常关税厂，改设由洋人控制的"洋关"。

经过清政府与澳门葡萄牙当局的多番博弈，1887 年，中葡双方商议以"葡国永驻管理澳门以及属澳之地"为交换条件，同意在澳门周边设立"洋关"，近代拱北关由此而诞生。

根据《清实录·德宗实录》记载，1887 年 3 月 17 日，清政府总理各国事务衙门向光绪皇帝启奏设立海关事宜：

总理各国事务衙门奏，葡萄牙国人久住澳门，屡经议约未成，现拟于洋药税厘并征案内，设法筹办。又奏，香港、澳门两处，现创设粤海分关。香港关在九龙湾，即名曰九龙关；澳门关设在拱北湾，即名曰拱北关，仍归粤海关监督并辖。应由臣衙门派定税务司前往驻扎。允之。

在奏折中，总理衙门建议在香港、澳门周边设立由洋人税务司管理的"洋关"，名义上仍归粤海关监督管辖，请示清光绪皇帝批准。未满 16 岁的清光绪皇帝朱批"依议"，同意设关，并根据"香港关在九龙湾，拟即名曰九龙关；附近澳门设关于对面山在澳门之南，拟即名曰拱北关"为

---

③常关（Native Customs）：为清政府设立在沿海以及水陆交通要道的海关机构，由中国人管理，隶属户部。

光绪皇帝御批拱北关设关奏折（原件藏于中国第一历史档案馆）

两关命名。自此，拱北关诞生。由皇帝御批允准设关，这在中国历史上是第一次也是唯一的一次，凸显了拱北关和九龙关设立的重要性、特殊性与复杂性。

1887 年 4 月 2 日，拱北关正式运作，由匈牙利人法来格（E·Farago）任首任拱北关税务司。税务司署即总关设在澳门，隶属分卡有位于拱北湾内小马骝洲岛的马骝洲税厂以及前山河边的前山税厂。拱北关主要职责是监管澳门往来内地、香港往来粤西的中国籍民船所载货物，征收鸦片税厘、百货常关税、经费、各类杂捐和船钞。

二、"拱北关"名称寓意

清朝末年，对于一个新设立的"洋关"名称，无论是中文名称还是英文名称，都与地名有直接关联，一般会有以下三种情形。

第一种，所在地原有常关的，新设"洋关"采用常关名称，增设"新"字。例如，在康熙年间设立的江海关、浙海关、闽海关、粤海关四大常关所在地上海、宁波、闽侯（福州）、广州，设立的"洋关"分别保留原有名称，习惯上称为"江海新关""浙海新关""闽海新关""粤海新关"；原有常关仍继续运作的，一般习惯称为"旧关"。

第二种，所在地原本未设常关的，新设"洋关"采用地名简称或代字作为关名。例如，1863 年在烟台芝罘设立的"东海关"；1876 年在海口设立的"琼海关"；1877 年在温州设立的"瓯海关"；1862 年在汉口设立的"江汉关"；1898 年在福建宁德设立的"福海关"；1899 年在青岛设立的"胶州关"等。

第三种，直接采用海关所在地的城镇名称命名"洋关"。这是最为普遍的命名方式。例如，在九江设立的称为"九江关"，在厦门设立的称为"厦门关"，在芜湖设立的称为"芜湖关"，在北海设立的称为"北海关"，在宜昌设立的称为"宜昌关"，等等。

拱北关虽然也是属于以地名命名，但是是以当时拱北关业务量最大的分卡——马骝洲税厂所处的海湾"拱北湾"来命名，并不是以海关所在地城镇命名，这是有几点原因的。

一是，拱北关税务司署虽然位于澳门，但并不能以"澳门海关"命名。这是因为澳门当时已被葡萄牙"永驻"管理，澳葡当局设立有自己的澳门海关[④]，且拱北关业务范围不包括澳门。

---

④澳葡当局设立的海关成立于 1784 年 3 月 29 日（乾隆四十九年），1845 年，澳葡当局擅自宣布澳门为自由港后，次年海关被撤销。

二是，拱北关也不宜称"马骝洲海关"。拱北关主要业务点在小马骝洲岛上的马骝洲税厂，但"马骝"一词在广东方言中是"猴子"的意思，以猴子来命名海关机构不太体面。而且拱北关在马骝洲税厂之外还设有前山税厂和多处缉私卡，管辖范围不限于小马骝洲岛一带。

三是，拱北关也不宜称为"香山海关"。拱北关虽然地处香山县域内，但业务局限于环澳门一带，远离县城石岐，香山县也并非通商口岸，以整个香山命名并不合适。

最终，经总理衙门建议，光绪皇帝批准以"拱北"为这个海关命名。这不仅是因为拱北关主要业务点所在的小马骝洲岛位于"拱北湾"内，而且，"拱北"两字寓意深刻。《论语·为政》里有"为政以德，譬如北辰，居其所，而众星共（拱）之"这句话，寓意以德治国，就像"北辰"（北极星）一样，所有的星辰都会围绕着它转。古人以"众星拱绕北辰"之天象诠释德治之要，而"拱北"一词与此十分契合。唐代诗人戴叔伦的《赠徐山人》"斗自指南天杳杳，星犹拱北夜漫漫"，罗邺的《春晚渡河有怀》"万里山河星拱北，百年人事水归东"都有此寓意。

以此寓意命名的地名也有不少，例如，广州市北京路上原有一座唐代古楼"拱北楼"，石岐镇有拱辰路、古街拱北街（今太平路），香山县西部有拱北河，都是以该寓意命名的地名。

清朝末年，为了防止澳葡当局肆意扩张侵略，清政府在与澳葡当局开展澳门划界谈判期间，关注此事的香港商界代表杨瑞阶写有《迁拱北海关还于湾仔保存国家税收》⑤指出"……夫拱北乃地方之名，即澳门河西一

---

⑤ 1909年2月，中葡达成协议，双方派出代表谈判查勘划定澳门边界，以香港为谈判地点。这场谈判广东民众极为关注，1909年3月8日，香山县各界代表300余人在北山成立"香山县勘界维持会"；不久全省各界人士在广州成立"广东勘界维持总会"；在香港，以商界杨瑞阶为代表，成立"勘界维持分会"。以上团体作为澳门划界谈判的支持力量，发出民间舆论，维护国家主权。

带之山与地是也。乃广州珠江西南方之门户，以山皆开西于南而拱于北，故有拱北之名"。这样，"拱北"两字在特定历史时期，似乎又有了保卫国家、拱卫家园的含义。

"拱北"二字不仅与"拱北湾"地名契合，而且符合儒家治国理念和拱卫国土的寓意，内涵深刻，关联时局，契合了刚刚"亲政"的光绪皇帝的心思。因此清政府选择了以"拱北湾"为该海关命名。

三、"拱北"地名的变迁

查阅各类海关史料、地方志以及近代以来的老地图，清朝末年到新中国成立前，今天珠海"拱北"一带，在历史上从未出现过以"拱北"为地名的任何村镇、聚落，也没有以"拱北"为名称的地名。现存的珠海地方志，无论是从明朝嘉靖年间到清朝光绪年间的多个版本《香山县志》，还是宣统《香山县志续编》、民国《香山县乡土志》中，都没有将今天珠海"拱北"一带称为"拱北"的任何记录。在一些地图上，该地区比较常见的地名，只标注有古村落"关闸"或者镇级行政单位"前山"。

"拱北"地名长期以来都因拱北海关的设立，而指称毗邻"拱北湾"的湾仔、银坑地区。例如，1903年《大清邮政公署备用舆图》、1930年香港永发印务公司承印的《广东地图》、1933年武昌亚新地学社刊印的《中华民国分省地图》、1934年上海申报馆《中国分省新图》、1937年日本东京朝日新闻社发行的《中华民国现势图》、1940年东方舆地学社印行的《最新广东省明细大地图》、1947年亚光舆地学社出版的《广东分县详图》、1948年香港书业公会印行的《最新广东分县详图》、1949年上海大陆舆地学社出版的《中国分省新图》，都明确将"拱北"地名标注在湾仔、银坑一带。而清末民初中葡澳门勘界时绘制的"1849年以前澳门城位置图"，甚至将湾仔所在的整个"对面山"⑥称为"拱北岛"⑦。在新中国成立之后，1953年香港书业公会出版的《最新广东分县详图》，仍将"拱北"标注于湾仔。

据《拱北关史料集》中"税务司威礼士写给临时主管帮办贺智兰先生的移交备忘录（1908年11月13日）"[8]记载，拱北关成立后，设有两条边境缉私巡逻线：一条是前山边界线，从吉大、九洲、关闸、炮台山到白石为止；另一条是拱北边界线，从南屏、石角到湾仔、银坑为止。从这两条缉私巡逻线的名称可见，今天珠海"拱北"的区域属于"前山边界线"管辖范畴，而湾仔一带，属于"拱北边界线"管辖范畴。这与老地图的标注是一致的。

1910年12月30日，上海《申报》登载《香山陈席儒上广东勘界维持总会书》，提及"拱北"、"拱北关"与"湾仔"的关联。香山县著名商人陈芳次子陈席儒针对清政府与澳葡当局谈判边界问题，上书广东勘界维持总会，指出葡萄牙人觊觎澳门对面的湾仔等地，想借勘界之名，将湾仔"对面山"一带划入澳门界内。为此，陈席儒认为"考拱北关乃中国之税关，西人名为喇巴卡士泵，喇巴者中国之湾仔地方即北山沙尾之洲也"，"夫湾仔非葡人所图占者耶，拱北关既名曰喇巴关，喇巴即湾仔，拱北关为中国之关，则湾仔之属于中国不问可知，是喇巴关办事处移回喇巴关，而葡人即不能占我湾仔"。他强烈要求将总关设在澳门的拱北关总关迁移回湾仔，以证明湾仔属于中国。

这里所指的"喇巴卡士泵"，即为拱北关的外文名称"Lappa Customs"音译，当时湾仔"对面山"一带外文名称为"Lappa"，因此，

---

⑥即今天珠海湾仔、南屏所在的地区，习惯称为"对面山"；因被前山河环绕并与陆地分离，形成岛屿。

⑦中国台湾"中央研究院"近代史研究所：《澳门专档》第四册，第238页。

⑧拱北海关志编辑委员会：《拱北关史料集》，1998年版，第426页。

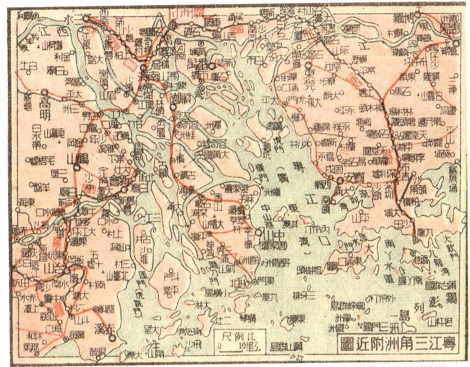

1953年香港书业公会出版的《最新广东分县详图》明确将"拱北"标注于湾仔

拱北关的外文名称为"Lappa Customs"。从拱北关的外文名称上，也印证了"拱北"名称与湾仔的密切关联。

1911年1月8日，上海《申报》刊登的《税关场所名实不符之可异》一文也有"拱北关既名为喇巴关，喇巴即湾仔"的表述：

资政院议员刘耀垣日前质问外务部税务处云：本员于外务部设关事宜颇有所疑。查广东拱北关乃中国之税关，西人名为喇巴卡士泵，喇巴者，中国之湾仔地方。既名曰喇巴关，则此关之办事处，应在湾仔可知。乃数十年来，只于马骝洲、湾仔、关闸附近设拱北关之分厂，而总办事处及税务司竟驻在澳门。凡货物出入，故不得不以澳门为总汇，即在中国内地之

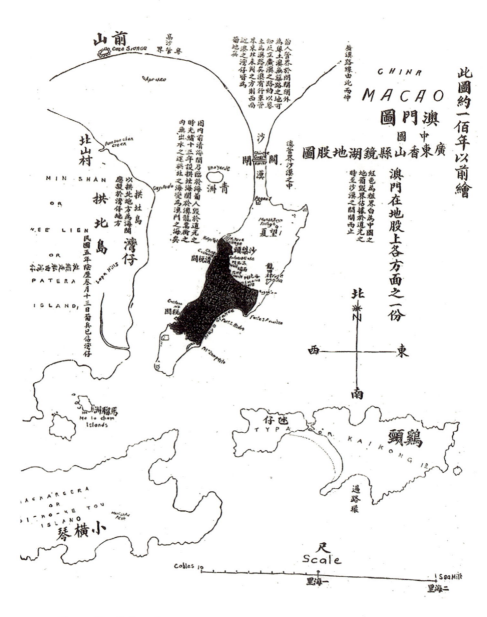

"1849 年以前澳门城位置图"将湾仔所在的整个"对面山"称为"拱北岛"
（地图来源：中国台湾"中央研究院"《澳门专档》）

分厂如有事时，亦须奔走至澳门，方能面谒税务司，阅时既久，费财失事，人民苦于往返，因此生出恶感者不少。

夫澳门为葡萄牙管理之地，中国税关总办事处何以设立在此，可疑者一。拱北关既名为喇巴关，喇巴即湾仔，何以总办事处不设在湾仔，俾得受本国政治之保护，可疑者二……

以上老地图和史料记录都表明，"拱北"作为地名，从拱北关设立一直到新中国成立之初，都是指称湾仔、银坑一带，并不是今天珠海"拱北"。

四、今日珠海"拱北"地名来源

今天珠海"拱北"之所以称为"拱北"，流传甚广的说法是这片地区位于关闸拱门以北，所以叫"拱北"。还有一说，指该地区（水湾头一带）因有一座标志性的拱桥和毗邻北岭村，从"拱桥""北岭"中各取一字，合称为"拱北"。这些都是没有历史依据的传闻，并非事实。

今天珠海"拱北"之所以称为"拱北"，与拱北海关有密切关联，是新中国成立后，拱北海关的业务变迁导致了地名变化，原指湾仔、银坑一带的地名"拱北"，随海关迁移到了现在的关闸一带，才有了今天珠海"拱北"的地名。

新中国成立前，拱北关的业务以监管进出境船舶为主，主要业务点在小马骝洲岛上的马骝洲支关[⑨]，在多数年份，这里的业务量占了拱北关业务总量的90%以上。但是，新中国成立之后不久，马骝洲支关就被关闭了。

1950年朝鲜战争爆发，西方国家对中国实行经济封锁，从港澳进出

---

⑨ 1887年拱北关设立时，马骝洲分卡称为马骝洲税厂；抗日战争胜利后，改称为马骝洲支关。

拱北关马骝洲支关

20世纪50年代在关闸一带建成的
拱北海关旅检现场

境的海运货物有所减少。另外，为了防止进出境船舶集中在马骝洲支关一带报关而成为国民党军的空袭目标，1950年12月20日，马骝洲支关奉华南海关处的电令予以关闭，关产移交给边防部门。1952年12月，马骝洲支关改为临时监管站曾短暂恢复业务，但到了1953年3月20日再次关闭。

从1951年开始，国家对进出香港、澳门的货船实施"封仓管理"，即所载进出口货物一律在目的地或启运地海关办理监管征税手续。拱北海关下辖的各隶属支关不再负责海上进出境船舶货物的报关、征税、查验等业务。这样，1953年之后，拱北海关业务重心转为陆路监管，主要业务集中到了通往澳门的陆路边境——关闸一带。

早在20世纪30年代，从中山石岐通往澳门关闸的岐关公路⑩通车后，关闸的陆路口岸地位日益重要。拱北关曾陆续在关闸一带设有三厂缉私哨

---

⑩由中山石岐至澳门关闸的公路称为"岐关公路"，1927年动工，分段通车，澳门至三乡段于1931年4月5日通车；全路至1936年贯通，是中国第二条符合国际标准的砂土公路。

卡、三厂征税站、三厂分卡等机构。1931年，岐关公路修到关闸后，拱北关在此设立关闸分卡，抗战胜利后改为关闸支关。

新中国成立后，关闸支关是拱北关唯一的陆路货运和旅客行李物品监管点。1950年11月，"洋关"时期设立在澳门的拱北关总部内迁，临时在关闸支关办公。1951年3月，在关闸支关原址上，设立了拱北海关总关⑪。

此后，拱北海关总关一直设在关闸周边一带，并陆续在关闸村、高沙村兴建了旅客行李检查房、验货棚、办公楼、单身宿舍房、家属平房、饭堂、厨房、浴室等办公、生活用房。1956年，国家放宽对港澳同胞往返内地的限制，出入境旅客人数大幅增加。为了适应新形势，拱北海关在口岸附近兴建了一座面积达1700多平方米的旅客行李检查所，以及一座面积1200多平方米的两层办公楼；次年，又兴建了两层单身员工宿舍、九栋家属房。

这样在关闸周边一带，渐渐形成了一个规模远超当地村落的海关聚居区，海关干部达200余人，加上家属有近千人在此居住，加上口岸人来车往，旅客络绎不绝，关闸村以及周边地区被"拱北海关"的名声笼罩，人们习惯于将关闸村以及周边的区域省略掉"海关"，直接称为"拱北"。就这样，因为拱北海关口岸现场、办公区和生活区的存在，"拱北"演变为一个固定的地名。

1956年，地图出版社出版的《中国分省地图》最早在澳门以北的关闸附近标注了"拱北"这一地名。从1953年的地图将"拱北"地名标注于湾仔，到1956年标注于关闸，短短3年左右的时间，"拱北"地名已从澳门以西的湾仔转移到了澳门以北的关闸一带。这个时间节点与拱北海关的业务重心从靠近湾仔的马骝洲水路转移到关闸陆路是基本一致的。这

---

⑪ 1951年1月，拱北海关改称为拱北分关，隶属江门海关领导，直至1956年8月，恢复为拱北海关。

20世纪50年代拱北海关在关闸支关附近新建的验货厂

也证明了今天珠海"拱北"地名是因为拱北海关的业务变迁而形成的。而此后，内地通往澳门的关闸陆路口岸，也因为"拱北"这个地名被改称为"拱北口岸"。

1979年3月，珠海县从前山公社划出关闸、北岭、夏湾3个大队成立拱北区。1986年12月，设拱北街道办事处，为香洲区人民政府派出机构。⑫"拱北"正式成为一级行政区划名称。

而原来被称为"拱北"的湾仔、银坑一带，逐渐恢复了原本村落的名称，不再被称为"拱北"。大马骝洲岛、小马骝洲岛与陆地之间的"拱北湾"，由于河道泥沙淤积，渐渐变成了滩涂，岛屿和陆地相连，"拱北湾"不复存在。今天，由于填海造地，这里已经成为十字门片区的一部分，已经看不到原来的海湾景象，人们也渐渐忘记了这里过去的地名。"拱北"一词也就成了今天珠海"拱北"的专有地名。

---

⑫苑世敏：《拱北关的前世今生》，《珠海特区报》2021年4月28日，第3版。

北山杨氏大宗祠内文化修复纪实

黎映宇

历史沿革

珠海南屏北山杨氏大宗祠，始建于清道光八年（1828），是北山杨氏祖祠。建筑面积2520平方米，占地面积8838平方米。广三路平面布局，中路主体建筑面阔五间，三进夹前庭院和后天井。凹肚式门楼，头门两次间筑塾台，虾公梁上置异形柁墩，抬梁与穿斗混合结构，硬山顶，青砖墙，石墙基。雕花封檐板，屋脊有博古装饰，石雕、木雕、砖雕和灰塑装饰精美，是珠海地区现存规模最大的祠堂建筑。2002年公布为广东省文物保护单位。北山杨氏家族先后出过武进士、钦点蓝翎侍卫、从三品的杨朝安，正四品武官、旨赏戴花翎的杨云骧，从二品的澄海营参将杨镇海，中国华南地区最早的马克思主义传播者、有"北李南杨"之称的杨匏安，等等。祠内保存有清同治皇帝褒扬广东澄海营参将杨镇海先祖的封匾，以及原国民政府主席林森于1937年为杨氏开族700周年所题写的"宗支蕃衍"匾额。

内文化修复缘由

2008年4月，时任珠海市委书记甘霖在市委宣传部部长黄晓东等人的陪同下到南屏镇北山村调研古村落的保护和利用情况，当看完杨氏大宗祠后，甘霖对随同人员说：这个祠堂规模宏大、工艺精美，建筑也保存得很好，但内部却是空荡荡的，能不能组织专家研究一下原有的内部装饰和摆设，恢复其原貌和祠内文化。为此，市财政安排了 150 万元的专项资金，由香洲区负责实施并由市委办每半个月督办一次进展情况。

2008 年 5 月，香洲区委宣传部和南屏镇政府邀请了珠海市多名文物博物、社会学、民俗学等方面的专家对杨氏大宗祠内文化内涵及其表现形式进行研讨，并提出了很多见解。但局限于没有实物载体支撑，且当时全省范围内的祠堂经历"文革"后基本是空的，内文化的恢复并没有可参考和学习的案例，研讨基本限于理论层面，未能提出可实施的方案，任务推进一筹莫展。从 6 月开始任务落到香洲区文化局，时任香洲区文化局局长彭甦安排副局长唐晓虹和笔者进驻北山村。

内文化调研及方案编制

进驻北山村后，我们先找到村中族老杨桂立、杨肇新和杨世权等。经过他们的口述，我们基本厘清了原有的内文化装饰布置和内容。

一、门廊两侧塾台的梁上各悬挂一个红绸灯笼，其正面写大字"杨"。

二、一进门厅东侧墙上有神龛摆设，西侧墙上镶挂《杨氏大宗祠立祠序》碑刻。

三、二进中堂正中纵向摆一张长 4.6 米、宽 1.6 米椭圆形长桌，两旁各放四张靠背椅子，两张茶几。椅子后面靠墙的东西两边各放一张长 6 米、宽 0.9 米的长条桌，东边长桌上放置"磐龙"和"莲花"根雕，西边长桌上放置"祥凤"和"莲花"根雕，东边墙上挂木雕大字"廉""节"，西边墙上挂木雕大字"忠""孝"，中堂中间前廊与中槽之间柱额枋上挂四个功名匾："诰授蓝翎侍卫武进士"等，正中吊挂"尧天舜日"匾，"圣旨"用红木座架玻璃框装好，放置于西侧靠后墙处。

四、三进后堂、东边前廊放置一口铸铜"钟"，西边前廊放置一面"鼓"，均由木架支撑，晨钟暮鼓。神楼前从里向外分别摆放：1.虎爪天桥，长 4 米、

"忠""孝"半边字体

功名匾碎片

清洗后的"忠""孝"半边字体
和接拼后的功名匾碎片

虎爪天桥中的"虎爪"

宽 0.6 米，中间 1.2 米长的平台高度与神楼的神台齐平，两边均为三级踏跺，三部分组成形似天桥状，中间平台的支撑脚为虎爪形，故称虎爪天桥，其平台正中摆设铜制香炉；2. 祭台，长方形木桌条案，长 3.6 米、宽 0.9 米，前面为镂空的封板，刻金钱等图案，正中刻"金玉满堂"字样；条案前地面放倒"品"字形的三个正方形跪垫；在后堂的八条梁上分别悬挂一个八角形的玻璃宫灯，正中间梁上悬挂一个大的八角宫灯。逢祭祀或节日时后堂还需增设两张"八仙桌"，八张椅子和六张茶几，并且这些桌椅上都有"顾绣"的桌褡和椅垫。

五、前庭院左右庑的墙上正中分别挂蚀刻"月白""清风"的正方形镜子。东厢房外侧原为谷仓、舂米房、储物房、厨房等，新中国成立后被拆除，现剩下外围墙、地坪和每年在这里杀 180 头猪的杀猪台石板。

在杨桂立等族老引领下我们在宗祠的阁楼上找到一些木雕碎片，经过反复拼接，居然能拼出"忠""孝"两字的半边和三个功名匾的小部分。这让我们欣喜若狂！这些发现不但证实了族老口述的正确性，更重要的是对这些牌匾大小、造型、图案和字体书法有了直接、真实的依据。据此，我们邀请了时任珠海市文化局局长、书法家古锦其题写了"绍经堂"和"忠、孝、廉、节"书法字体，邀请时任珠海市书法家协会主席杜国志题写了"寿"字书法字体。至于功名匾和尧天舜日匾的恢复，由于族老不能确定有多少块功名匾和具体功名内容，一度不敢编排文字内容，笔者鼓励他们查族谱和清朝旨授功名体制，并邀请中山大学历史系教授把关，最终根据已找到的功名匾碎片形制和图案雕刻制作了九块功名匾。

内文化修复实施

从 2008 年 6 月开始至 2008 年 12 月底完成了设计方案的编制、概预算编制和设计、施工、监理单位的选定。经香洲区建设工程招标投标管理工作联席会议审批小组同意，设计由南屏镇直接委托佛山市置地建筑设计有限公司负责，设计费不超过 9.53 万元；监理由南屏镇直接委托珠海市建设工程监理有限公司负责，监理费不超过 10.168 万元；施工由南屏镇自行邀请 5 家以上有相应专业资质的施工单位进行招投标，采用合理低价

古锦其题写的字体

牌匾制作

功名匾设计方案

完成后的功名匾与尧天舜日匾

中标的方式确定中标单位。施工分三个标，分别为：北山杨氏大宗祠修缮工程（限价 47 万元）、北山杨氏大宗祠文物仿制陈列工程（限价 45 万元）、北山杨氏大宗祠周围环境整治工程（限价 29 万元）。施工总价不超过 121 万元，由佛山市工程承包总公司等单位中标。设计、施工、监理总价控制在 141 万元之内。施工从 2009 年 2 月开始至 2009 年 4 月完成，历时 3 个月，完工后举行了盛大的竣工开放仪式。

北山杨氏族人每年元宵节后第一个星期六都在杨氏大宗祠举行敬老宴请活动，伴随着内文化的挖掘和传承，笔者建议族人对此敬老宴请活动赋予文化内涵，起一个有特色的名字，清康熙有千叟宴，不如起名北山千叟宴。此建议被采纳，2009 年北山千叟宴席设 98 围，此后每年递增，至 2024 年席设 250 围，并越办越有特色，成为北山村一张亮丽的名片。

杨氏大宗祠修复竣工开放仪式

2024 年北山千叟宴

唐廷枢慈善事业的见证：
宝臣唐公祠碑刻两通

顾春军　吴流芳

　　宝臣唐公祠位于珠海市唐家湾镇唐家村，始建于清同治年间。祠堂坐西北向东南，三间二进，中轴线左右对称，占地面积约 300 平方米。硬山顶，青砖墙，系岭南宗祠建筑。祠堂匾额"宝臣唐公祠"原系李鸿章亲书，堂内原还有"树德堂""观察第"等牌匾。唐宝臣就是唐廷枢的父亲。据《唐景星家谱》记载：诰（叠）赠荣禄大夫广善公乃尚勋公次子也，讳方玠，字广善，号宝臣，生于清嘉庆四年（1799），终于同治三年（1864），寿享六十六岁。她诰封从一品夫人梁氏，乃本乡勇光公女也，生四子。长子讳廷桂，字建安，号茂枝；次子讳廷枢，字建时，号景星；三子讳廷庚，字建廉，号应星；四子讳廷坚，字建操，号梓贞。唐廷桂、唐廷枢、唐廷庚为唐宝臣的三个儿子，他们在幼年时期就被父亲送至澳门马礼逊学校读书，同学有香山同乡容闳、黄胜和黄宽等。他们较早接受西方教育，较全面、深刻地接触和了解西方的政治、经济和文化。在他们事业有成之后，秉承了祖先乐善好施的优良美德，在家乡倡导抚恤贫苦大众，倡修庙宇，如唐家三庙、花堂古庙等古迹，而且还在广州、上海、天津、山西等地广做善事，为多家医院、学校及其他公益组织的倡建人并担任董事之职。宝臣唐公祠就是唐廷枢三兄弟为了祭祀父亲唐宝臣修建的祠堂。

　　宝臣唐公祠镶嵌有两款碑刻。一方碑刻名称是《唐氏买受田契碑》，刻写于清光绪十二年（1886）。另一方是《香山唐氏义田记》，刻写于清光绪十四年（1888）。这两块碑刻，一度湮没于历史的尘埃中（被灰泥涂抹平复于墙壁之中），2017 年才被本土的历史研究者发现，这两方碑刻，蕴含着重要的社会文化史信息。

《唐氏买受田契碑》记载了唐廷枢兄弟秉承祖志，以田产赈济族中鳏寡孤独之人的义举。为防日后子孙变卖田产，不再抚恤贫弱之族人，经过兄弟合议使恒产制度化，并请官府勒石为证，杜绝子孙日后变卦之患；另一块为南海陈瀚所书《香山唐氏义田记》，碑文对唐氏兄弟此举给予高度评价，并将其与范仲淹首创义田之举相提并论。

宝臣唐公祠的两块碑文涉及华南地区的宗族关系、慈善事业、田地交易等事项，无论在社会史还是经济史研究中，都具有重要的价值，为了更好地了解华南地区的宗族与家族，为了推动唐廷枢研究，我们将这两块碑刻录文并句读如下。

唐氏买受田契碑

特用府兼带靖海水师箫字营、调署香山县事阳春县正箫、世袭云骑尉箫。为给示遵守管业事，现据唐家村职员唐（廷桂），赴县禀称：窃以无告，莫甚孤嫠，筹恤须储常费。查嫠妇之恤，省中向有官局、绅会；而外府、州、县、各乡各族踵事创举，则迄今尚鲜其人。省中之嫠，散居各处，询访犹或不易；乡中之嫠，胙簿具在，按给岂曰难稽。况系本支应赒之人，又无疏漏、冒滥之患。苟能置立恒产，使之过度有资，则凡有亲应养、有孤应抚者，纵有异志，亦可责以大义，俾不敢再醮改适，以淫贱为乡党所不齿。斯微独宗族之光荣，抑亦风俗所关系也。

职先母自同治十年创邮族嫠，将自置治属土名（大浪网坦）田二段，计税一百七十亩八分八厘二毫，批给小隐乡陈贤记承耕，岁收上期租银三百八十两；横栏大沙沙田一段，计税六十八亩一分三厘六毫五丝，批给石岐阮仪记承耕，岁收上期租银一百二十两正。捐为此项经费，拨交祖祠管尝人支理。凡夫树德堂宝臣祖之贫老、子孙，但系鳏寡残废者，皆按口月给白米三斗，以养其生；没则给棺一具，以送其死。每年除支消外有余，则全归宝臣祖岁时祭祀之用。兹已一十余年，行之无弊。但有举须期莫废，而世事恒多变迁，子孙未必皆贤，典卖或所难免。深虑夫少孀弱嫂，向赖此欵以矢志苦守者，忽而中绝无靠，所虑诚非浅鲜。是用钞契刊石，嵌之祖祠，并将原契缴存案档。乞另给示管业遵守，以杜后人典卖。仍恳通禀各宪立案，则存没均沾。而养生送死，皆将无憾。当亦风教之一助，仁政之一端也。

谨将田契十三纸粘钞呈核，原契俟批示后另缴等情。计粘钞契底，一纸到县，据此除批揭示并通禀立案外，合行给照。为此，示谕该村唐族绅耆、值事人等知悉，即便遵照。尔等须知：后开土名（大浪网）等处沙田，共一百三十八亩，系该职员唐（廷桂）之母自置物业，先于同治十年筹捐创邮族耆，递年所收租银五百两，为周邮族内孤寡残废及伊祖祭祀之需。尔族姓管事人等，务宜永远遵守，分别照旧邮给，认真经理，毋得冒滥典卖，致滋弊端。倘有混冒情事，许该唐族绅耆指名、禀赴本县，以凭饬拘究惩，决不宽贷。各宜懔遵毋违。特示。

计开羽字八十五号契，该田四亩正；羽字八十六号契，该田二十亩正；羽字八十七号契，该田二十亩正；羽字八十八号契，该田二十亩正；羽字八十九号契，该田一十亩正；羽字九十号契，该田九亩九分七厘五毫；羽字九十一号契，该田一十亩正；羽字九十二号契，该田二十亩五厘□毫；上税契该田一百一十四亩正。立明杜卖田契人杨任贤，为因急用，愿将用杨敦信堂名字呈承升科，土名大浪网东南侧税坦一坵，该起征升斥卤不加征税四亩正，连租赆水椗一应出卖。与人取银应用，先召房亲田邻人等，不愿承买，次凭中人陈沛升等问到唐纬经堂，承买为业，依口酬还，时值田价银一百九十二两正，就日立契交易。其税现在仁都一图三甲杨宏广爪内，自卖之后，任唐纬经堂收割，过户办纳粮务。如有来历不明，系任贤叔侄同中理妥，不干买主之事，今欲有凭，立明杜卖田契一纸，交与唐纬经堂，收执为照。此田坦藩照尚有税亩相连，未便遽交执业，经将印照批明为记。

一实卖出土名大浪网东南侧呈承升科起征，升斥卤不加征税，围田四亩正，一实接到卖田时值价银一百九十二两正。同治四年十月二十五日，立明杜卖田契人杨任贤见卖田，侄瑞球见卖田，侄孙润同见卖田，嫂杨严氏见交银，作中人陈沛升、郑绍宏，秉笔人容福安。其余七契均照此式。靡字三十五号契，该田一十七亩正；靡字三十六号契，该田二十三亩八分八厘二毫；靡字三十七号契，该田一十六亩正；上三契该田五十六亩八分八厘二毫。立明杜卖田契人杨翼谋，同弟用谋、永龄、观端，为因急用无银，兄弟商议，愿将承父遗下土名大浪网东南侧围田一坵，该起征升斥卤税一十七亩正，连租谷耕赈基塱水棡基外余坦，一应出卖与人，取银应用。先召房亲田邻人等，不愿承买；次凭中人曹占元问到唐纬经堂承买，依口酬还，时值价银七百两正，就日立契，交易其税，现在仁都一图（三甲杨宏广爪内，自卖之后，任唐纬经堂）收割，过户办纳。粮务如有来历不明，系翼谋兄弟同中理妥，不干买主之事。今欲有凭，立明杜卖田契一纸，并上手印契一纸，藩照一纸，交与唐纬经堂收执为照。一实卖出土名大浪网东南侧围田一坵，该起征升斥卤税一十七亩，连租谷耕赈基塱水棡基外余坦，一应尽卖无余。一实接到卖田时值价银七百两正。同治九年十二月初三日，立明杜卖田契人杨翼谋同卖田，庶母阮氏、唐氏、周氏同卖田，弟妇黄氏同卖田，弟用谋、永龄、观端同卖田，侄菊初见交银，作中人曹占元，秉笔人郑镜清。其余二契均照此式。

大字二十七号契，该田三十四亩六厘八毫二丝五忽；大字二十八号契，该田三十四亩六厘八毫二丝五忽；上（税）契该田六（十）八亩一分（三）厘六毫五丝。立明杜卖田契人黄岐安祖长老信举，孙心祖宗子耀邦，位德祖长老义德，远岐祖长子懋德，义祀堂值理润辉等，为因急用无银，集众商议，愿将于咸丰八年，九分合伴买受土名横栏大沙第七号围田一坵，该上税六十八亩一分三厘六毫五丝，内将拆出三十四亩零六厘八毫二丝五忽，租谷耕尽，出卖与人，取银应用。先召房亲田邻人等，不愿承买。次凭中人黄绍辉问到唐纬经堂，承买为业，依口酬还，时值田价银七百五十两正。就日立契交易，其税现在龙都二图一甲黄联和爪内，卖后任唐纬经堂收割，过户办纳粮务。如有来历不明，系信举等同中理妥，不干买主之事。今欲有凭，立明杜卖田契一纸，各房沿签，并上手印契四纸，交唐纬经堂收执为照。一实卖出，土名横栏大沙第七号围田一坵，该上税六十八亩一分三厘六毫五丝，内拆出三十四亩零六厘八毫二丝五忽，租谷耕照，一应尽卖无余。一实接到卖田时值价银七百五十两正。同治七年十二月初二日，立明杜卖田契人黄岐安祖长老信举，房长善兴、懋德、孙心祖宗子耀邦；房长善兴、义恒、位德祖宗子耀邦、值理义德、润德、明德、远岐祖长子懋德、同母林氏、义祀堂会长润辉、值理义恒见交银；作中人黄绍辉，秉笔人黄畅阶，另一契亦照此式。

光绪十二年正月廿二日示

香山唐氏义田记

吾郡唐君景星观察，兄茂枝，其先大人之命，以田□□□□入租，捐银祖祠。唐邑之贫老、孤寡、残聋、废疾者，生则月给白米，没则予之以棺。其恤穷振之，至优极渥。复具事之始末，白诸地方，有司以为予□世守。既又□□经，久可行法，将勒之贞珉，垂诸文教。余嗟夫唐君之善成亲志，若此非乐好行，其德亦可谓永言孝思矣。

昔读钱君倚《范氏义田记》，谓范文正公以义田收恤群族，日有食，岁有衣，嫁娶丧葬皆有赡。择族之长而贤者，主其出纳焉。余喟然叹曰：范公先天下之忧而忧，后天下之乐而乐，岂区区惠及宗族已哉？然而古人以为美谈者，何也？则以君子首重亲亲，而仁民爱物之理，即由此出也。吾郡富商大贾及搢绅有力之家，类多慷慨好义，善堂之设林立，而宗族根本或未屑意焉。

今唐君捐田赡族，事同范氏，孰谓古今人不相及耶？虽然莫为之前，则亦莫为之后耳。唐君既以范氏义田之法提倡，吾郡将来好善乐施之士，当有踵而行之者。为其所能为，而尽其所欲尽，此固鄙人之所厚望。而唐君与人为善之意，亦必不欲独擅其美也。至于积善之家必有余庆，故范氏父子富贵勋业相继，炳曜史册，天之所以报施善人者，固无毫髪爽。吾知唐氏之兴，亦将有与范氏相类者。固当为吾郡之光，而岂第一门之盛也哉。

南海陈瀚记
光绪十有四年十一月　里人仝□□书丹

（本文系教育部规划基金项目"香山碑刻文献整理与研究"的阶段性成果，课题编号：22YJA870009）

英魂有恨填香海

何志毅

香洲最繁华的凤凰南路旁，有一座规模宏伟的珠海烈士陵园，坐落在绿树葱茏的狮山之阳畔，岿然独存，吸引着国内外游客前来瞻仰。

珠海烈士陵园，原名香洲烈士陵园，占地面积一万平方米。朱红色的大门轩昂壮丽，两侧黄瓦红墙，大理石壁上漆刻叶剑英元帅题写的园名："珠海烈士陵园"。进入陵园前门，园内的珠海市革命史料陈列馆和散落在草坪的珠海革命历史人物塑像，掩映于繁花密林之中。沿着山上一条两旁栽有鲜花的宽阔石径拾级而上，一座庄严雄伟的石牌坊迎面矗立，横额是叶剑英当年手书的"香洲烈士墓"五个镏金大字，令人瞩目。两侧石柱镌刻着一副楹联："热血染香洲流芳万载，悲泪沾狮山景仰千秋。"牌坊前两旁，镇守一对咧嘴含珠的石狮子，浮卧于空，显得格外庄重威严。穿过蓊郁荫翳的相思树，踏上159级的石阶而至瞻仰台，台正面墙中间的一块大理石上，刻着叶剑英作于民国14年（1925）8月，补写于1962年1月的《满江红》填词：

镇海狮山，突兀处，英雄埋骨。曾记得，谈兵虎帐，三春眉月。夜半枪声连角起，繁英飘尽风流歇。到而今堕泪忍成碑，肝肠裂。

革命史，人湮没；革命党，当流血。看换枪满地，剪除军阀。革命功成阶级灭，牺牲堂上悲白发。更方期，孤育老能养，酬忠烈。

此词写得悲愤激昂，诵之令人壮怀不已。从瞻仰台两旁沿级而上，就是英雄的墓地，27座坟墓长眠着烈士的忠骨，一条条细长的花岗岩石碑上，镂刻着烈士的英名、职务和籍贯。长方形的混凝土坟，分上下两层排序，一带墓阵，虽几经修建，仍保持原有的形状。从墓旁再往上到达陵墓顶部，兀立一座六角凉亭，名为"赍志亭"。联云："浩气贯苍穹英魂有恨填香海，伤心悲世道吊客何堪问佛山。"是为叶剑英痛惜这些精英烈士，尚未参加征伐就赍志而殒而作。山下木棉花簇拥，点点飞红，像是当年烈士洒下的碧血。亭子背面七八米处有一片巨大壁崖，泥塑一组反映我国几个革命历史时期珠海103个人物的红砂岩石墙面浮雕，加重了这里的庄严气氛。亭后竖一块"赍志亭记"石碑，铭刻叶剑英当年建墓时亲自撰写的碑文，记载了香洲兵变的经过，表达了对烈士的赞扬和深切哀悼。

那是民国13年（1924）8月，第一次国共合作时期，时任建国粤军第二师参谋长的叶剑英，于9月奉命到香洲设营练兵。从黄埔军校调拨一批枪械，召集有八九百人，建立了一个独立营，以之增强二师的兵力，后改建为新编团。叶剑英先后兼任营长、团长，廖鸣欧、练惕生任副团长，团部驻于前山。黄埔军校训练部副主任邓演达（后任黄埔军校教育长）也曾到此教导新兵。新编团在叶剑英的领导下，抓紧政治教育和军事训练，迅速成为一支革命的军队。新编团军纪严明，经常为群众做好事，军民关系很好，深受人民的爱戴。香洲代表甘湖（绰号"打石湖"，梅县人）与叶剑英有同乡之谊，他发动当地民众积极拥军，给予部队诸多支持。

新编团建立后，协助前山、湾仔、东坑、唐家、上栅、万山等地成立农民协会，向群众宣传孙中山"联俄、联共、扶助农工"的三大政策。在新编团的宣传下，珠海地区附近的农民运动如火如荼地蓬勃兴起。但新编团的活动引起了粤军中的反动势力和当地土豪劣绅的恐慌与不满，于是，他们互相勾结，俟机暗杀革命军官。适值建国粤军第二师师长张民达率师东征陈炯明，平定潮海后，于民国14年（1925）4月5日，从梅县松口乘船赶赴汕头，不幸在潮州湘子桥下覆舟遇难。香洲军内的反动势力趁着张师长罹难，叶剑英随师东征的机会，于是月 26 日晚 12 时，策动反革命兵变。叛军司号手莫应伪奏军号，俟官兵从营房出列集结时，就狂呼"杀赤官"，当场开枪杀死团参谋长陈雨荣等革命干部 25 人，重伤 3 人，其中有 2 人重伤不治身亡。这就是轰动一时的"香洲兵变"。

肇事翌晨，叶剑英闻讯即率"江固号"、"广贞号"两艘兵舰，由穗迅速赶回香洲平叛，收殓遇难同志的遗体，并追缉遁往澳门、坦洲的 11 名叛乱分子，将之引渡回香洲。在公审大会宣判后，全部犯人插上亡命牌，押到香洲海滩就地正法。在执行枪决时，现场有一位带着八九岁儿子，从梅县地区赶来奔丧的烈士遗孀，拿过一把手枪，递给儿子，由他亲手向一名叛乱分子连开数枪，为惨遭杀害的父亲报仇雪恨。

香洲兵变弭息后，叶剑英发动民众筹措善款兴建香洲烈士墓园，将死难烈士厚葬于狮山之阳。甘湖等人联络香洲 90 余人积极响应，与新编团一起捐资建造香洲烈士墓，甘湖还亲手为烈士墓打造墓碑，并一直为长眠墓园的先烈守陵，鞠躬尽力，死而后已。同年 10 月墓成之日，叶剑英亲自主持追悼大会。从此，烈士的英名和献身革命的精神长留在珠海人民的心中。

50 多年来，叶帅无论戎马倥偬，还是国事烦冗，都一直思兹念兹，怀念赍志而殁的战友。1958 年珠海县人民委员会修建了香洲烈士陵园，叶帅亲自题了字。嗣后，他多次回香洲谒灵扫墓。1963 年那次回来，他在"赍志亭"前足足盘桓了 3 个小时，怅然怀想，恋恋不忍离去。1980 年和 1981 年清明节前后，已至耄耋之年的叶帅仍不惮辛劳，两次登上香洲烈士墓陵祭谒，这种深挚的革命友谊，令人心生敬佩。

1979 年珠海撤县建市后，珠海市人民政府又大规模修葺烈士陵园，改名为"珠海烈士陵园"，并辟为风景旅游区和珠海市爱国主义教育基地，使雄伟壮阔、庄严肃穆的陵园，成为风景别致的园林胜地。2001 年，珠海烈士陵园被评为珠海十景之一的"狮山浩气"。

珠海南屏新发现叶剑英《赟志亭记》碑

郑柳婷

2022 年 7 月 29 日上午，前山河流域综合整治项目二期工地沟槽开挖时，挖出一块石碑。珠海博物馆接报后，派人到现场查看。到了现场，才知道这块碑残长 80 厘米，宽 55 厘米，厚 20 厘米，工作人员蹲下来细看这块中间打断的石碑，石碑上的字巴掌见宽，楷书，赫然入目"……虐下曰索饷糈……丁未造……"。

带队的珠海博物馆保管部主任杨长征兴奋了，熟读叶剑英《赟志亭记》的他马上把这几句话补全——世之论兵变者有三：曰中反间；曰上虐下；曰索饷糈。方其未变也，蒸郁酝酿，波澜回涌；及已变也；焚掳劫杀，横决溃崩，莫之能御。数年来，盖数数睹矣。而我香洲之变，无一于是也。呜呼！恸哉！我师长张公民达，生丁未造……

南屏出土《赟志亭记》碑！而且是在施工现场，那么多见证人，还有地层佐证；问题是，这只是一块残碑，杨长征叮嘱正在现场监理施工的珠海市建设工程监理有限公司密切留意，看有没有另几块残碑出土。

第二天，现场就传来好消息，果然又出土了另一块残碑。杨长征再次赶到现场，把前后两块残碑的文字连起来通读——《赟志亭记》前半部分一字不差。《赟志亭记》这篇文章的历史背景可以追溯到 1924 年大革命时期。

1924 年 1 月，中国国民党第一次全国代表大会在广州举行，标志着国共第一次合作由此开始。同年 5 月，孙中山在广州创办黄埔军校，叶剑英任教授部副主任兼教官；6 月，建国粤军第二师成立，张民达任师长，叶剑英任参谋长。为配合黄埔军校培训工农革命军骨干，发展革命力量，第二师决定成立一个独立营，叶剑英负责组建工作。

叶剑英历时三个月，以客家骨干为班底，在粤西招了近900名农村青年，参加这支革命队伍。

1924年9月，新兵在香洲正式成立独立营。

革命力量迅速发展，独立营改建为新编团，引起了地方豪绅的极大恐慌。1925年初，叶剑英与张民达东征，暂时离开了新编团。驻石岐的粤军团长古鼎华、香洲土豪张学龄、前山土豪陈柏梅，以及新编团司号手莫应一伙，乘机制订了反革命计划。4月6日，师长张民达在东征前线因舟覆湘子桥蒙难。消息传来，古鼎华一伙急忙密谋起事。

4月26日晚12时，趁官兵多半已熟睡之际，莫应"伪奏号音"，在叛军"杀赤官"的狂呼声中，向闻变而出的军官开枪射击，革命军骨干27人被杀害，一场反革命兵变震动香洲大地。

翌晨，叶剑英闻讯由广州乘"江固""广贞"两舰赶回香洲，整顿队伍，收殓死难烈士遗体，发动民众追捕叛匪。很快就在澳门将莫应等11名叛匪拘捕并引渡归案正法。

新编团和香洲民众将27位死难烈士安葬于香洲狮山之阳，并成立崇义社狮山保管委员会，筹集善款兴建烈士墓。

香洲兵变平息后，叶剑英悲愤难抑，填写了《香洲烈士·调寄满江红》一词，悼念香洲兵变死难烈士：

镇海狮山，突兀处，英雄埋骨。曾记得，谈兵虎帐，三春眉月。夜半枪声连角起，繁英飘尽风流歇，到而今堕泪忍成碑，肝肠裂。

革命史，人湮没；革命党，当流血。看换枪满地，剪除军阀。革命功成阶级灭，牺牲堂上悲白发。更方期孤育老能养，酬忠烈。

　　香洲烈士墓建好后，叶剑英又亲自撰写《赍志亭记》，建亭勒石，叙述香洲兵变前后经过。该碑 2022 年 7 月 29 日首次发现于珠海市测绘院南湾测绘所工地，内容如下（标点为笔者所加）。

　　世之论兵变者有三：曰中反间；曰上虐下；曰索饷糈。方其未变也，蒸郁酝酿，波澜回涌；及已变也；焚掳劫杀，横决溃崩，莫之能御。数年来，盖数数睹矣。而我香洲之变，无一于是也。呜呼！恸哉！我师长张公民达，生丁未造，浪迹南洋，睹民族阽危，人心沉醉，知非革命不足以图存；非建造有主义、有组织、有力量之党不足以言革命。用是翻然归国，拳挚加盟，长剑短枪，腾跃飞迅，以第五十七营之众，奋斗千里，闽粤赣桂，无役不与。转战以还，益知军以党化，党以军成，猝然命剑英兼长独立营训练新兵于香洲。以是招集同志，昕夕从事，为疾贤忌能之徒，遂起怀疑不安之念。甫一月，剑英随师东征，奸人乘间挑拨。及潮梅已定，达公赴汕，于中华民国十四年四月六日午后三时，舟经潮城湘

　　今珠海烈士陵园赍志亭刻有《赍志亭记》全文，如下（标点为笔者所加）。

　　世之论兵变者有三：曰中反间；曰上虐下；曰索饷糈。方其未变也，蒸郁酝酿，波澜回涌；及已变也；焚掳劫杀，横决溃崩，莫之能御。数年来，盖数数睹矣。而我香洲之变，无一于是也。呜呼！恸哉！我师长张公民达，生丁未造，浪迹南洋，睹民族阽危，人心沉醉，知非革命不足以图存；非建造有主义、有组织、有力量之党不足以言革命。用是翻然归国，拳挚加盟，长剑短枪，腾跃飞迅，以第五十七营之众，奋斗千里，闽粤赣桂，无役不与。转战以还，益知军以党化，党以军成，猝然命剑英兼长独立营训练新兵于香洲。以是招集同志，昕夕从事，为疾贤忌能之徒，遂起怀疑不安之念。

甫一月，剑英随师东征，奸人乘间挑拨。及潮梅已定，达公赴汕，于中华民国十四年四月六日午后三时，舟经潮城湘子桥，舟覆遇险。后二十日之夜，叛徒伪奏号音，诱变于香洲，军官士死者，先后二十七人。叛卒经前山至坦洲，折回湾仔。翌晨，剑英乘江固、广贞两舰由省至，抚集余众，收殓死亡。肇乱者十余人逃澳门，为同志郑君杰生捕获，引渡正法于香洲。时经五日，事息。平叛卒，所经秋毫无犯，乃迎葬死难同志于狮山之阳，嗟乎！死难之士，皆吾党英俊杰出之才，其志趣之高尚，气概之雄迈，操守之坚贞，精神之伟壮，诚难能而可贵者，今皆赍志以忠。不克见其短衣匹马，尽节疆场，杀贼立功，垂光家国，其恸何如！嘻！世道崎岖，人心巨测，自图其安而予人以至危，见有贤智之高出乎己者，曾不思见贤思齐而反忌其有所建树，不惜牺牲家国之英才而讳人之功业，莫出乎己上也。此其人之不肖，宁为天地之所容，鬼神之所许耶？悲世事之变幻，痛亡友之冤抑，伤人心之莫同，因刊石而记之。后之来者，亦将不胜其悲欤！二十七人者：

陈参谋雨荣　李参议公剑　王连长其焕　高连长水卿

周连长绍武　黄教官士骥　叶书记少初　陈副官伯英

邓教官德钦　钟排长振球　温助教　煜　丘助教燮贤

张司务绍志　古助教清华　吴助教烈峰　李排长中棠

丘助教国亮　曹助教荣亚　吴助教乃川　姚司书伯存

王司书君翘　颜班长新华　张班长一鸣　梁班长文标

李班长　萼　姚班长达俊　张先生克谋

建国粤军第二师参谋长兼新编团团长叶剑英志

时中华民国十四年八月　日立

《贲志亭记》残碑（珠海南屏出土）

　　由此可见，南屏所发现的《贲志亭记》碑是块残碑，碑文也仅有三分之一，是施工时偶然发现的，至于另外三分之二也可能就在附近；充满英雄气概的《贲志亭记》碑被分解而埋在地下，又是何时何人所为？这都值得进一步研究。

三灶岛日军慰安所遗址考察

王鑫鹏　张如意

　　2019年3月、11月，上海师范大学人文学院两次组成调查小组赴珠海对侵华日军于三灶岛上施行"慰安妇"制度展开考察。在中国致公党员、珠海市金海岸中学刘昌言老师的联系带领下，调查小组一共采访了9位知情老人，实地考察了莲塘村慰安所遗址、上表村慰安所遗址，通过查阅相关文献资料，并与诸位老人的口述进行比对和综合分析，对三灶岛日海军慰安所的建立背景与性质、存世时间、人员数量、规章制度、实态流变等有了较为细致翔实的了解。

一、知情人简介

　　钟泉，生于1923年，田心村人。16岁于日建"兴亚第二国民学校"学习日文，后掌握一定程度的医护技能。1941年日军进犯香港，三灶日军医院的医护人员被调往前线，钟泉补缺成为日军医院医护人员，正式参与慰安所消毒、"慰安妇"体检和性病防治工作，直至日军撤退。

　　谭贵爵，生于1928年，上表村人。1939年初到莲塘村居住，曾就读于日建"兴亚第二国民学校"。日军在莲塘村开设慰安所后，他在慰安

所及办公室、食堂等做杂役，与"慰安妇"、
日军军官往来较为密切。

曾棠，生于1931年，上表村人。为避日
军侵害，老人于1938年初逃离三灶岛，1944
年初返回直至日军投降。日军占据期间，他常
出入上表村的军人集会所与慰安所，故对相关
情况较为熟悉。

谭添伦，生于1931年，上表村人。"南海庄"
慰安所设立并营业时居住在莲塘村。曾就读于
日建"兴亚第二国民学校"，与谭贵爵同班，
也是当时三灶岛慰安所情况的见证人。

陈福炎，生于1933年，正表村人。曾任
三灶岛海澄小学校长，国家级非物质文化遗产
代表性项目三灶鹤舞代表性传承人。战时也曾
就读于日建"兴亚第二国民学校"，对"南海庄"
慰安所情况较为熟悉。

曾丁莲，生于1927年，上表村人。1942
年到1945年，被指派给上表村军人集会所及慰
安所担任卫生杂役。其外婆曾认一名自香港被
掳至上表村慰安所的蔡姓"慰安妇"为干女儿。

陈张甲（左，生于1933年）、汤兰好（右，生于1932年）夫妇，正表村人。日军占领三灶岛期间在海澄村生活，对上表村慰安所和军人集会所的情况有所了解。

蔡杰丰，生于1923年，田心村人。日军占领三灶岛期间一直在田心村居住，对莲塘村慰安所和上表村慰安所的情况有所了解。

二、三灶岛日军"慰安妇"制度

七七事变后，日军亟须建立一个航空基地作为轰炸、入侵华南地区的前沿阵地。经过多方侦察，日军选择了三灶岛建设航空基地。1937年12月，日军就曾登陆三灶岛并准备建设基地，后迫于国际压力才撤离。1938年2月底，日军全面占领三灶岛，至1945年撤离，时间长达7年有余。

三灶岛日军慰安所，其性质为军方责成民间融资运营、军方全面介入统一管理的日本海军慰安所。1938年2月日本海军正式登岛后，即于1939年春开设慰安所，至1945年日本战败结束，慰安所开设6年。当时驻岛部队为日本第六航空基地第十四航空队、第二防备队、高雄航空队等，均为海军航空兵与海军陆战队。岛上慰安所即为这些部队而设立。根据已有研究，具有特殊军方背景的日资福大公司，根据日本占领军指示，出面融资100余万日元，其中就包括三灶岛海军慰安所的设立与经营资本。慰安所设立后，由日本军方主导控制，制度明确、完备，执行严格，颇具典型性。

（一）卫生制度

1.充作慰安所的建筑，配设浴室、卫生间，以保证"慰安妇"自身清洁卫生；外部造有排水、排污系统，以防环境不洁引发疾病。

2.严格执行安全套的使用。士兵进入慰安所后必须使用安全套，以防性病感染和"慰安妇"受孕，违者受惩罚。

3."慰安妇"的小房间内配有军医监督设置的消毒清洁装置。

4.体检制度。日军医院每周定期派遣医务人员去慰安所，发放消毒药剂，对"慰安妇"进行性病预防，定期为"慰安妇"做体检和疾病防治。"慰安妇"一经发现感染性病，立即隔离治疗，或者驱离。

（二）营业及管理制度

1.专设职员负责"慰安妇"营业管理。派遣士兵把守慰安所，维持秩序并限制"慰安妇"行动范围；遴选会日文的台湾人、三灶岛当地人等作为慰安所领班性质的角色，负责慰安所日常经营和"慰安妇"管理。

2.制定专门的军人集会所使用规则，规则中包含对慰安所利用的时间、费用、管理流程等详细内容。

（三）"慰安妇"来源及保障制度

自慰安所设立到日军撤离，先后共四批"慰安妇"在三灶岛遭受性奴役。每批10人，共40人左右，分别来自我国台湾、广州、香港和朝鲜半岛。尽管无法断言所有"慰安妇"均为强掳所来，但是据曾丁莲老人所述（其外婆认作干女儿的蔡姓"慰安妇"本是香港一名学生，同100多名女性一起被抓，她被送至三灶岛），强征行为确有无疑。

1.分批次轮换。每批10人左右，轮换时淘汰新老批次中不达要求者，并留下健康与受欢迎者，将慰安所中的"慰安妇"人数控制在10人左右或以上。每批都有一位领班。

2."慰安妇"在有日军带出或者休假时间内，经许可后允许戴牌外出慰安所活动，但需在日军规定的范围和时间内。

3. 10 人左右的同批次"慰安妇"同时接待士兵人数不超过 20 人。严禁暴力行为，违者受严惩。

4. 士兵进入慰安所支付的钱（军票），按照各项规定扣除部分，剩余部分给"慰安妇"本人。具体金额和分配比例尚待考证。

三、三灶岛日军慰安所遗址

（一）莲塘村慰安所

1939 年于三灶岛莲塘村设立。有主要建筑一栋，是两层楼的房子，门口挂木牌红漆字"南海庄"，为慰安所经营、管理者办公地和住所，兼"慰安妇"们的厨房，建有集体浴室。集体浴室里有烧水锅炉和浴室，"慰安妇"洗漱后还会于此梳妆。另有 6~8 幢民宅充作"慰安妇"居所和工作间。每座民宅制式不尽相同，有平房也有复式阁楼房，宅内有房间一到两间，配有冲凉房和厕所。宅后挖有排水渠和化粪池。日军用铁丝网把这些房子网住。1941 年左右，慰安所迁移到上表村，莲塘村的慰安所就逐渐废弃了。

位于莲塘村旭秀街二巷 33 号的老宅曾是
慰安所的管理办公室和食堂
图片来源：刘昌言先生

日军曾于旭秀街二巷 33 号的老宅
前合影
图片来源：刘昌言先生

旭秀街一巷的慰安所遗址
图片来源：中国"慰安妇"
问题研究中心

旭秀街二巷的慰安所遗址
图片来源：中国"慰安妇"
问题研究中心

（二）上表村慰安所及军人集会所

1941 年左右，日军征用上表村名为"阅书报社"的公共建筑，改建其为军人集会所，并在门口挂上木牌上书黑字"军人集会所"，供日本军人集会聚餐娱乐之用，有吃食酒水服务，同时作为设在军人集会所之后的慰安所的前台，慰安所的领班会于此处理售票与安排事务。

军人集会所背后 4 座民宅作为慰安所，屋内平均有房间 2~3 间，可以住 2~3 位"慰安妇"。4 座民宅为当时装潢较好的房屋，里面配备有自来水、电灯和卫生设施。

军人集会所遗址（阅书报社）
图片来源：中国"慰安妇"问
题研究中心

军人集会所遗址内部
图片来源：中国"慰安妇"
问题研究中心

上表村慰安所遗址
图片来源：中国"慰安妇"
问题研究中心

全新视角揭秘大角岑生黄杨山坠机事件

刘昌言　朱　玲*

大角岑生是日本侵华战争期间在华阵亡军阶最高的日军将领[①]，阵亡时即为海军大将。1941年2月5日，大角岑生乘坐的飞机坠落在广东省中山县境内的黄杨山（今属广东省珠海市斗门区）。几天以后，国内外媒体开始报道大角岑生坠机事件。当时国统区媒体普遍采用大角岑生飞机被我方部队击落说，而日伪媒体则持飞机故障失事说。根据中方搜寻到的坠毁飞机内的文件可知，大角岑生此行与扩大侵略战争关系密切。他的身亡泄露了日本南侵太平洋和东南亚的军事机密，打乱了日本的侵略计划，无疑是对日本军国主义的沉重打击。

虽然关于大角岑生坠机事件前人已有研究，但认识并不统一，因此有必要做进一步探讨。本文以三灶岛侵华日军罪证调研团队新发现的档案史料为基础，并结合了国内外媒体关于大角岑生的新闻报道。调研团队成立以来一直致力于大角岑生坠机斗门黄杨山的史实还原工作。团队成员不仅积极搜寻史料档案，而且多次前往坠机地点进行实地考察，采访知情人。因此，本文将在前人研究的基础上，进一步厘清历史事实，还原历史真相，从而更好地推动珠海抗战史的研究。

---

*刘昌言，中国致公党党员，珠海市金湾区金山实验学校教研主任，三灶岛侵华日军罪证调研团队负责人；朱玲，南京出版社编辑。

①参见高晓星：《在华毙命的日军最高将领应是大角岑生》，《近代史研究》1988年第1期，第306—308页。

2011 年斗门党史办主任梁少华率队到
大赤坎村调查坠机事件

2014 年 7 月刘昌言团队在当地人带领下前往
斗门黄杨山大角岑生坠机地点进行实地调研

一、大角岑生坠机事件概述

　　大角岑生（Mineo Osumi），出生于 1876 年 5 月 1 日，日本爱知县人，日本海军大将、正二位·勋一等·功五级·男爵，先后就读于日本海军兵学校和海军大学校，历任驻外武官、军令部参谋、海军省军务局长、第三战队司令官、海军次官、第二舰队及横须贺镇守府长官、军事参议官等职。1931 年至 1936 年先后任日本犬养内阁、斋藤内阁、冈田内阁海军大臣。此时正值日本海军派阀斗争（昭和海军大分裂）期间，大角岑生是舰队派清洗条约派的得力干将。大角岑生经历过两次世界大战，多次参加希特勒、墨索里尼主持的轴心国会议，参与策划扩大世界大战，是日本军国主义者中主张侵略中国和东南亚国家的狂热分子之一。

　　1941 年初，大角岑生代表日本最高军事当局先后飞抵上海、南京、武汉、广州等地，与侵华日军高级指挥官接触，策划扩大侵略战争。1941年 2 月 5 日晨，大角岑生率幕僚搭乘日本海军的大型运输机"微风号"，计划从广州飞往海南岛，谋划新的侵略计划。座机遇上大雾，迷航后闯入广东省中山县第八区中国军队的防区上空，随后失去信号。飞机失联后，日本方面顿感不妙，立即派出飞机在信号消失的区域搜索，最终在黄杨山上发现坠落的飞机残骸。至此，大角岑生成为日本侵华战争中阵亡的军阶最高的日军将领。

大角岑生失事飞机

随身携带的文件《日支条约关系》

大角岑生的海军军服

大角岑生随身携带的名片和航空通行证

"军极密"文件——三灶岛防备图

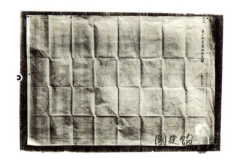
"军极密"文件——（三灶岛）
第六航空基地位置图②

② 《余汉谋电附大角岑生遗件含各项照片十四张》，台湾"国史馆"馆藏档案，卷名：《敌国各情（一）》，档案号：002-080103-00005-009。

二、大角岑生坠机事件国统区报道

大角岑生时任海军大将，被封男爵，在日军军中享有一定威望，同时在日本侵略战争中具有较为重要的影响力。他的坠机身亡事件迅速成为国内外媒体关注的焦点。我们首先来看当时国统区媒体的报道。

《四邑民国日报》是当时国统区最早报道大角岑生坠机的报纸。大角岑生坠机的次日（1941年2月6日），《四邑民国日报》即以头版头条报道此事，轰动一时。《广东文史资料存稿选编》一书收入了当时《四邑民国日报》记者伦海滨的一篇电话稿："日本男爵海军大将大角岑生等，在今天上午六时许，乘坐海军巨型飞机经中山县斗门大赤坎黄杨山时，因触山机毁人亡，尸体和文件等，现正在清点中。"[3]这篇电话稿是伦海滨在事件发生当天下午，前往事发地了解采访之后电话告知新会《四邑民国日报》编辑部的，内容虽简略，但可信度较高。

大角岑生坠机4天以后，即1941年2月9日，国统区各大媒体开始报道大角岑生坠机事件，下面举例说明。

《中央日报》是国民党中央的机关报，在民国政治、历史中扮演着举足轻重的角色。1941年2月9日，《中央日报》刊发消息称："我游击部队五日午在中山县附近，用密集机枪击落巨型海军机一架，内有乘员多名同时毙命，尸体粉碎，耳目难分。由其随身所带文件检查，有南洋联合舰队长官司令部字样。并悉该酋为海军大将男爵大角岑生、海军少将须贺彦次郎、海军中佐角田隆雄、海军中佐白滨荣一、主计中佐立见忠五郎、副官海军大尉松田英夫及操纵士黑濑寅雄（机长）、兴野广明与机关士高

---

[3]伦海滨：《日本男爵海军大将大角岑生丧生记》，《广东文史资料存稿选编》（第四卷），广东人民出版社，2005年版，第409页。

间真治、稻见次郎等。更证明大角此次率幕僚团前往海南作联合舰队长官之职，发动南遣，不料于当日正午于广州起飞向海南岛方向前进，旋在途中丧生云。"④《中央日报》的这则报道突出强调，大角岑生的座机坠毁是抗日游击队的攻击所致。这则报道是以"中央通讯社"的名义发出的，具有权威性，因此，国内外各大媒体均援引该消息。中国共产党主办的《新华日报》也在1941年2月9日以《中山我军击落敌机一架 敌酋大角等均坠地丧生》为题，报道了大角岑生坠机事件，内容与《中央日报》基本一致。

《中山日报》，是广东当地报纸，隶属国民党中央宣传部。1941年2月9日该报报道称："敌巨型机一架，五日午在中山县被我袁部击落，敌酋海军上将大角岑生及海陆重要人员多人，当场身死，今已证实。第

1941年2月9日《中央日报》第2版

1941年2月9日《新华日报》第1版

---

④《中山附近击落一敌机 敌酋大角等毙命 大角率幕僚由粤飞海南岛 图就南洋联合舰队司令职》，《中央日报》，1941年2月9日，第2版。

七战区长官余汉谋，粤主席李汉魂，以袁部为国立功，特各拨赏金一万元，以资激励，并分别明令嘉奖。"⑤该则报道明确写出了大角岑生的座机是被第七战区挺进第三纵队击落的，为此，第三纵队司令袁带获赏一万元。

除了常规的报纸以外，当时还有不少画刊也刊登了大角岑生坠机事件。这些画刊以图文并茂的形式记录了大角岑生坠机现场的画面，使读者看了更具震撼力。以下选取几个较有代表性的画刊。

1941年2月9日《中山日报》第2版

《良友》杂志是民国时期一份极具影响力的综合性画报。《良友》杂志在1941年第165期上刊登了大角岑生坠机事件，称："日本海军大将大角岑生男爵……二月五日大角率同僚属搭乘军用机由广州起飞，拟赴海南岛受任南洋联合舰队长官之职，中途飞经中山县境大赤坎乡，被华方游击队袁带部队以密集机枪将该机击落，大角以下海军少将须贺彦次郎，海军中佐角田隆雄、白滨荣一，主计中佐立见中五郎，副官海军大尉弘田秀雄等十人，全数毙命。"⑥

《东方画刊》是民国时期一份非常有特色的综合性摄影画报，以中英文对照的形式呈现，内容主要聚焦抗战时事新闻图片与摄影。《东方画刊》

---

⑤《敌前海相大角坠毙证实》，《中山日报》1941年2月9日，第2版。
⑥《击落大角坐机暴露南进程序》，《良友》1941年第165期，第11页。

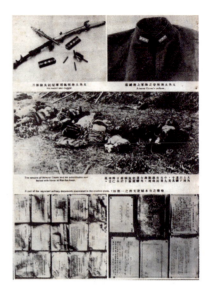

1941年《良友》第165期

在1941年第4卷第2期刊登大幅照片，报道大角岑生坠机消息："本年二月五日午刻，日军巨型三发动机一架飞经中山大赤坎乡，为我游击队袁带部以密集机枪击落，当检获破机及残骸十具及日方大批文件，经核视证实击毙诸人中有日海军上将军事参议官大角岑生男爵，海军少将须贺次郎，角田隆雄中佐等，我当局以表我大国风度，特将各残骸运往昆仑关，予以礼葬，侵略巨魁之枯骨，得与我卫国将士之忠魂，共聚一处，真是他们意外的荣幸了。"[⑦]

1941年第4卷《东方画刊》第2期

---

⑦《侵略者服上刑：大角岑生之死》，《东方画刊》1941年第4卷第2期，第7页。

三、大角岑生坠机事件日、伪的报道

日本国内对于大角岑生在中国境内坠机身亡感到十分震惊和惋惜，因为他们觉得失去了一位重要的日军将领。日本媒体对大角岑生给予了较多的关注，一方面歌颂其"赫赫战功"，另一方面对其罹难表示"惋惜"。日本媒体详细披露了搜寻大角岑生座机的过程和葬礼的情况。下面以《历史写真》为例说明。

《历史写真》是一本宣扬日军"圣战""鼓舞日军士气"、为侵华战争服务的时效性和政治性都很强的刊物。1941年4月1日出版的《历史写真》报道了大角岑生的坠机事件："军事参议官男爵大角岑生大将早先曾视察过支那方面的军情，二月五日随同须贺少将、角田中佐等人赴海南岛视察时所搭乘的海军征用飞机在驶离 ** 后失联，行踪不明。直至六日才于南支西江右岸黄杨山腹发现该飞机坠毁残骸。我军陆战队与陆军迅速奔赴现场，经证实，大角大将及机上人员共十人无一生还，全部殉职。在此紧要关头痛失我海军第一将领等一众能人将士，扼腕之余也让人痛恨不已。"[8]

《历史写真》1941 年 4 月 1 日版

---

[8]《大角岑生大将在南支遇难》，《历史写真》，1941年4月1日出版。

大角岑生坠机身亡后，沦陷区内的伪政权如丧考妣，对其进行大规模哀悼。伪政权的报道以日本媒体的报道为蓝本，基本上是照搬日本海军省的公告内容，并且批驳国民政府的虚假宣传。下面以《南京新报》和《晨报》为例说明。

《南京新报》是1938年8月创办的一份报纸，属于伪维新政府宣传部，专门为日本帝国主义的侵华战争进行辩护和摇旗呐喊，是日伪政权的主要宣传工具。《南京新报》1941年2月10日对大角岑生坠机事件报道称："大角大将前视察作战地军情之任务，于……二月五日下午零时十五分，乘海军征用机，飞往海南岛……自出发广州后，仅于零时三十分取得无线电连络一次，厥后即消息杳然……至六日上午十时十五分，在空中发现有飞机一架，坠毁于黄杨山上，海军陆战队，乃在白蕉附近登陆。自七日晨起，在海陆军飞机暨陆军援助之下，排除渝军之抵抗前进，同日下午，抵该机所在地，证明该机确系大角大将等一行所乘之飞机，机身业已破碎不堪，除尾部以外，大部分均已烧毁，旋发现大角大将及立见主计中佐，须贺少将等之遗体，其中须贺少将等遗体上，并有殉职后所遭之火伤，陆战队即收容各遗体及机件遗品，运至海军基地，各遗体定在海军基地火葬后，专用飞机运至东京，正式举行葬仪……"⑨

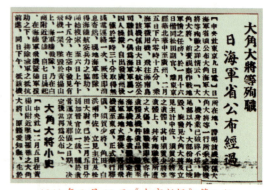

1941年2月10日《南京新报》第1版

《晨报》也是伪政权的报纸。1938年7月北平沦陷后，原《北平晨报》被接办并改名为《晨报》，成为北

---

⑨《大角大将等殉职　日海军省公布经过》，《南京新报》，1941年2月10日，第1版。

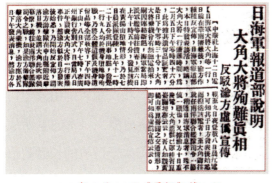

1941 年 2 月 14 日《晨报》第 1 版

平沦陷后的敌伪报纸，并一度成为伪华北政务委员会的机关报。以下为《晨报》1941 年 2 月 14 日的报道："大角大将一行遭难时间为二月五日下午零时四十六分，此为据其遗留品证实者。是日下午零时三十分，大角大将乘机曾有无线电拍来，嗣因连络断绝，海军当局即派军舰等前往搜查。至六日上午十时五十分，发现该机在黄杨山坠地情形，乃于七日晨派队登陆，上午十一时二十五分抵出事地点。发觉一行九人均于机身坠地时殉职，乃将全体遗骸及机身遗留品等全部收容，下午四时下山，八日下午七时，在广州举行告别式，日当局八日正午发表大角大将一行遭难事件。然渝方似于日方发表后始悉，乃开始反宣传，谓渝方游击队在中山县附近击落日机，并谓大角此次率领幕僚，前往就南洋联合舰队司令之职……又据渝方十日重庆电，大角遗骸已运桂省昆仑关埋葬云云……可知为虚伪宣传云云。"⑩

四、大角岑生坠机事件英文媒体的报道

大角岑生坠机身亡的消息披露后迅速成为国际性大新闻，国外主要媒体也刊登了大角岑生坠机的消息，包括在中国境内出版的英文报纸。下面

---

⑩《日海军报道部说明 大角大将殉难真相 反驳渝方虚伪宣传》，《晨报》1941年2月14日，第1版。

以《时代》杂志和《北华捷报》说明。

《时代》杂志作为当时美国乃至西方世界的重要新闻媒体之一，在抗日战争时期对中国及远东地区的报道具有显著的影响力。《时代》杂志在1941年第7期刊登了大角岑生的相关消息："上周，在广东省的山腰上，一架日本海军飞机坠毁，导致魁梧的64岁海军大将男爵，日本的首席战争顾问大角岑生遇难。在日本，大角大将被认为是仅次于已故的长老政治家西园寺公望公爵的自由派影响力。尽管如此，大角大将也是日本海军向南扩张帝国的坚定支持者。周末时，重庆方面声称这架飞机是被游击队的机枪手击落的，飞机残骸中发现了文件，显示大角大将当时正飞往海南岛，这个岛屿位于中国南部海岸线之外，他在那里将指挥联合的日本中国南海舰队向南推进。"[11]

《北华捷报》（*The North-China Herald*）是上海开埠后出现的第一份近代报刊，也是近代史上历时最长、影响最大的在华英文报纸之一。1941年2月12日，《北华捷报》详细报道了大角岑生的坠机事件："包括最高战争会议成员、海军大将男爵大角岑生在内的六名日本海军高级军官，在他们乘坐的飞机从广州飞往海南岛后不久坠毁，不幸遇难。事故发生在2月5日，但直到今天才在海军办公室的公报中公布，此前在广东省西江右岸的黄杨山发现了飞机残骸。接到消息后，附近的一支日本海军部

High Japanese Officials Killed

Flight from Canton to Hainan Island Ends in Tragedy on Hwangyangshan Mountain

Tokyo, Feb. 8.

SIX high Japanese naval officers, including Admiral Baron Mineo Osumi, a member of the Supreme War Council, were killed when the plane in which they were travelling from Canton to Hainan island crashed a few minutes after taking off.

The accident occurred on February 5, but was only revealed today, in a Navy Office communique following discovery of the wreckage on Hwangyangshan, on the right bank of the West river, in Kwangtung province.

The communique reads: "An aeroplane requisitioned by the Navy, with Admiral Baron Mineo Osumi, member of the Supreme War Council, Lieut. Hideo Matsuda, his aide, Rear-Admiral Hikajiro Suga, Commander Takao Tsunoda, Commander Eiichi Shirohama, and Fleet Paymaster Chugero Tachimi aboard, hopped off from Canton at 12.15 p.m. on February 5 for Hainan island and became missing since 12.30 the same day.

1941年2月12日《北华捷报》

---

[11] End of Osumi, *Times*, 1941, no.7, pp.27-28.

队立即与一支军事力量合作，开始搜寻失踪的飞机。2月6日早上，通过空中观察，在西江右岸的黄杨山发现了飞机残骸。一支登陆队伍立即登陆并开始向该地点前进，由海军、空军和军事力量掩护。日本军队于2月7日下午抵达该地点，并立即开始搜寻飞机上的乘客。"⑫

五、大角岑生坠机事件史实还原

通过以上国内外多方媒体的对比报道，可以确认大角岑生坠机人员名单为：海军大将男爵大角岑生、海军少将须贺彦次郎、海军中佐角田隆雄、海军中佐白滨荣一、副官海军大尉松田英夫、主计中佐立见忠五郎；大日本航空公司职员4名：飞行员黑濑寅雄（机长）与兴野广明、机师高间真治、稻见次郎，飞行目的地为中国海南岛。

大角岑生坠机时间应为午间时分，若是早上失联日军当天就会派遣飞机进行搜寻，不会迟至第二天。日军海军省的公告也称飞机是在2月5日午后坠毁，这也能证实坠机时间。大角岑生的遗体并未被运至广西昆仑关埋葬，这完全是当时国内媒体的失实报道。综上所述，我们梳理出了大角岑生坠机事件的时间轴。

1941年2月5日12时15分，大角岑生率幕僚共6人乘海军飞机，计划从广州飞往海南岛。飞机自广州起飞后，于12时30分与地面取得无线电联络1次后失联。12时46分，飞机坠毁于中国广东省中山县斗门黄

⑫ High Japanese Officials Killed: Flight from Canton to Hainan Island Ends in Tragedy on Hwangyangshan Mountain, *The North-China Herald*, 1941.2.12.

杨山上。中方人员上山收拾遗落文件物品并拍照。

2月6日上午10时左右，日本方面的飞机在空中搜索，发现坠毁于黄杨山的大角岑生座机。

2月7日晨，日军部队登陆白蕉，击退中方军队。11时25分抵达坠机地点收拾残骸，下午4时下山。台湾"国史馆"中的档案记载，日军是在申时（15时至17时）攻占黄杨山和斗门。⑬

2月8日中午，日本海军省发表通告，正式公布大角岑生一行坠机事件。下午7时，日军在广州举行大角岑生遗体告别仪式。

2月9日，国统区各大媒体报道大角岑生坠机事件，称大角岑生座机是被我方游击队击落。大角岑生遗体运往广西昆仑关，其余9人残骸葬于飞机被击落处。此为虚假宣传。

2月10日，日海军省公布大角岑生殉职详情，收容全体遗体及机件遗品，运至海军基地火葬。

2月11日，国统区媒体报道大角岑生遗骸运至广西昆仑关，以隆重军礼葬于该处日军阵亡将士墓中。此为失实报道，不可信。

2月14日，日伪报纸批驳国统区媒体的虚假宣传，否认大角岑生座机被游击队击落，否认遗骸运至昆仑关埋葬。

2月15日，日方发出公告，大角岑生等六将校遗骨将于17日运至日本东京。

2月17日下午4时，大角岑生等十位遗骨空运至东京羽田机场。

---

⑬台湾"国史馆"馆藏档案，卷名：《事略稿本——民国三十年二月》，档案号：002-060100-00149-027。

2月20日下午1时，大角岑生葬礼在东本愿寺举办。

至此，大角岑生坠机事件基本明晰。从以上国内外媒体的报道和相关档案可知，大角岑生坠机身亡的确暴露出了日本侵略战争的某些动向和计划，但对于此事件，国统区的报刊均将其作为我国抗日武装的重大战功来宣传也确实言过其实。在当时艰苦的抗战环境中，日本大将级别的将领坠机身亡被包装成我国抗日武装的功绩，在很大程度上能激发军民的抗日斗志。但通过资料对比和档案挖掘，本文基本还原了大角岑生坠机事件的历史真相。

以上为我们团队收集的最新抗战资料与分析，希望能更好地丰富珠海抗战历史档案，也是为了更好地教育青少年，铭记历史，缅怀先烈，珍爱和平，开创未来。

（本文写作得到侵华日军南京大屠杀遇难同胞纪念馆副研究馆员刘广建先生、珠海市斗门区党史办原主任梁少华先生，以及肇庆学院苏柳媚、许嘉轩、梁晓晴等同学的大力支持，特此鸣谢）

清末画报《时事报·图画新闻》中的香洲埠石狮

罗人芳

珠海市档案馆征集了一张清光绪至宣统年间由上海时事报馆发行的《时事报·图画新闻》单页，上面以图文并茂形式报道和记录了一则关于香山香洲埠的新闻，题名为《石狮出现》，全文如下：

"香洲埠大马路近因修整渠道。掘出石狮一对。每只重约五百余斤。即着工人抬回公所。给赏银洋三元。此石狮不知何时之物。今日始发现。意者沈沈睡狮。至今方醒欤。是可为合埠人民前途贺矣。"

该新闻除用 70 余字通俗易懂说明文字外，还配了一幅精美的黑白线描插图，生动还原了人们兴致勃勃围观香洲埠出土石狮的情景。

《时事报·图画新闻》为清光绪三十三年（1907）上海时事报馆创刊发行的新闻画刊，主要以时事新闻图画的形式报道和记录清光绪末年至宣统元年间，国内外朝野及奇闻趣事，真实展现了清末民初的历史风俗画卷，曾与《点石斋画报》《飞影阁画报》并称为上海滩最著名的三大时事新闻画刊。

《石狮出现》整体构图以新闻事件为中心，画面疏密有致，恰到好处，内容印证的正是 1909—1912 年珠海"香洲开埠"这一重大历史事件。在中日甲午战争和八国联军的打击下，1901 年慈禧太后宣布实行新政，民间实业救国的呼声高涨，政府鼓励华侨回国投资。1908 年 12 月，香山县王诜、伍于政、戴国安、冯宪章等一批具有远见卓识的商人，积极响应国家"重商开埠"号召，联名向广东省劝业道（清官署名，掌农工商矿及交通事务）申请建埠，希望振兴地方实业，安置归国华侨。

新闻开头所提"香洲埠大马路近因修整渠道"，其目的就是修建商埠，彼时商埠选址为今珠海市香洲区凤凰北一带，面临大海，北枕群山，因其在香山境内，又靠近九洲洋，故取名为"香洲埠"。由于该地多为沙滩，为满足开埠通商需求，需修筑堤岸、疏浚浅海。有趣的是，文中专门提及，石狮"每只重五百余斤"，为"抬回公所"，还花费了"银洋三元"。据估算，当时一块大洋约相当于现在的 800 元，为了把石狮抬回去，便需花费 2400 元，可见出土石狮之重、搬抬之艰。虽然这对石狮"不知何时之物"，来历和年代无从考证，但从插图一角，仍可窥见其雕刻质感和整体神态。石狮做蹲守之姿、怒目圆睁、狮口微张，头背部卷毛刻画逼真，形态庄严威武。在我国传统文化中，石狮一般被视作吉祥的象征，当时人们也认为，石狮的挖掘出土，意味着中国这只沉睡的东方"雄狮"已经苏醒，必将昂首立于世

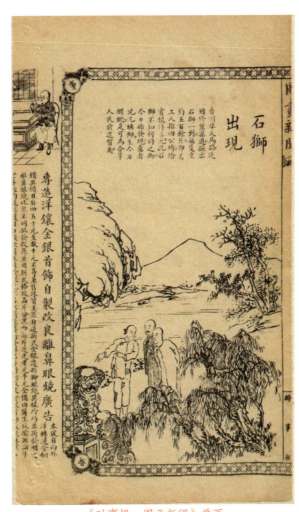

《时事报·图画新闻》单页

界之林，也寄寓庆贺香洲开埠后将前途无量、繁荣兴盛。

正如人们所期待的那样，1909年4月香洲埠破土动工后，短短一两年间便迅速崛起，修建了码头和十多条街道，建成1600多所房屋店铺。从珠海市档案馆馆藏"香洲开埠一周年"老照片（复制件）中，可以清晰地看到当时鳞次栉比的商铺和熙熙攘攘的人群。遗憾的是，1911年7月，一场延续6个小时的大火导致超过千间房屋被毁，加之清政府的腐败无能及各种历史原因，商埠发展便停滞不前。

虽然香洲开埠后如昙花绽放般消失在历史的长河中，关于该对石狮的去向也暂未查到相关的档案或史料，但作为近代中国第一个"民办"商埠、唯一经朝廷谕批的"无税口岸"、第一个"自由港"商埠，香洲开埠不仅是万马齐喑的晚清社会难得的亮点，同时有力见证了香山人民为挽救民族危亡，实施"实业救国"的伟大壮举，其一代又一代传承下来的敢为人先、开拓进取的精神品格，激励着今人勇往直前、接续奋斗。

《珠海客家史》（村落篇）内容梗概

杨长征

此书讲什么	记载根与脉	省港澳中珠	丝路海途地
南风阵阵吹	睁眼看世界	珠海怎定位	此书试表述
番禺善作舟	扬帆探海路	茫茫珠江口	丝路必经地
地理大发现	葡人西来早	借地晒贡物	登陆濠镜澳
香洲百几年	几次试开放	早在七八年	兴建毛纺厂
敢为天下先	改革集结号	文化何特色	本书试表述
文化融一体	广府兼客家	演进几千年	舞台多变迁
客家成一系	功绩载史册	狮山存浩气	陵园木棉红
追溯秦王朝	岭南设三郡	南海管四县	广府着先鞭
桂林加象郡	岭南开新篇	漫长两千年	民系渐形成
历史各短长	特性各不同	菜式天与地	语言地与天
杂混你我他	珠海尤明显	珠海地不大	客家村落多
乡音难改变	风俗仍流传	城市大发展	村落渐消失
还是需发掘	留住根与脉	突出创业史	浓墨建设史
写史启未来	奋斗是旗帜	写史留记忆	写史寻根脉
一套三部曲	村落先打头	迁徙要细述	百村细罗列
演变千百年	各取侧重点	百业有亮点	亮点照前路
一以地系事	二写人贡献	创业更艰难	笔墨著春秋
明清迁徙路	香山客家群	集众人之智	成众人之事
写众人之史	此书大特点	采编系源头	机构要跟上

市区镇村制　一一负主责　采编人员众　多达千五人
实地细调研　进村访长者　史料多翻阅　石碑对原文
现场开研讨　体例要统一　百村小百科　定格大文化
斗门汉坑村　义孝圣旨坊　义孝铸村魂　合力去传承
东坑战旗红　白马啸西风　写史几春秋　传承无时刻
汉坑示范村　文化走在前　乡村要振兴　一并付真情
协调各方面　旧貌换新颜　不仅写史书　饮食亦推动
后段工作细　编排校订功　掩卷再思索　此书开先河
客家文化盛　亦需呵护佢　一一七条村　人口三六万
客家源中原　千里大南迁　珠海海屿地　客家来得晚
拓荒古瑜保　永乐古劳乡　迁至坟头埔　县志可检索
香山唔算小　明代五万人　土广人稀稀　堪迁住址地
一纸迁界令　劫难百姓苦　台湾平定后　局势渐安宁
百姓纷纷至　开基又立村　道光咸丰年　村庄逾两百
清末行新政　香洲建新埠　梅惠东河韶　客家来帮衬
夯土筑瓦屋　传统客家风　偶见中西合　广府元素显
东江盐焗鸡　梅县酿豆腐　咸茶受欢迎　艾饼返寻味
偏重肥咸熟　犹有百磨坊　编织竹制品　斗笠叠箩筐
足球系高手　醒狮自当强　山歌唱心声　武术练金刚
耕读传家远　孝义铭心头　节俭方正道　好客民风淳
澳葡占横琴　群起而逐之　革命红旗展　客人赴国难
地灵育人杰　光辉耀神州　鉴往知未来　此书一明灯

再探宝镜湾

王　瑶　周运清

近年来，珠海出版了不少普及本土历史文化的读本，无不一次次关注宝镜湾。部分图书还综合各家之研究成果，将珠海高栏岛宝镜湾岩画再次定格在距今 3500 年至 4500 年之间。宝镜湾岩画的确切年龄，始终是个谜。

宝镜湾岩画和宝镜湾遗址文化层

刚发现宝镜湾岩画的时候，考古工作者就激动地把它断代为"青铜时代文化遗存"。很快，又在周围发现了新石器时代遗址。可见宝镜湾岩画并不孤独，石锛、石斧，肉眼判断它们的年龄都超过了 4000 岁。有它们做伴，就有一大堆兄弟姐妹，由此推算，宝镜湾岩画也应该有三四千岁。

宝镜湾岩画并非仅一处，而是多达五处七幅，"太阳石岩画""宝镜石岩画""天才石岩画""大坪石岩画""藏宝洞东壁岩画""藏宝洞西壁岩画""藏宝洞洞口岩画"，每一处名字都有图腾的意味。

岩画，那是人类童年的艺术。

广东大地迄今还没有找到第二个宝镜湾。广东的美

刚发现岩画时的珠海高栏岛宝镜湾
（杨珊、杨长征摄）

261

珠海高栏岛宝镜湾藏宝洞东壁岩画全图（杨珊、杨长征摄）

术史、舞蹈史、音乐史、文学史的第一篇章第一自然段依然从宝镜湾岩画写起。宝镜湾岩画有"珠海史前清明上河图"之誉。

宝镜湾岩画反映的是南越先民的生活，它表达的是南越先民的希冀，以及南越先民的崇拜，祈祷人丁兴旺、耕海丰收。

最引人注目的是藏宝洞东壁岩画。它长5米、高2.9米，阴刻阳刻交错凿刻，大船小船重重叠叠，歌舞场面众多。岩画右侧可辨一列先民戴着面具在跳傩舞，岩画偏中部可辨一先民兴奋地将头和双手着地倒立跳舞，正中位置可辨至少三人齐齐举起双手托着独木舟奔向大海。专家认为这是南越先民出海前的祭祀和祝愿。

大坪石岩画的风格更写实。画面可见：一艘大船耕海归来，两个先民如猿猴般顺着一块搭板登船，几十个先民围绕着大船手舞足蹈，几条类似狗的动物也跟着跳，应该是喜庆丰收。令人惊叹的是，大船只画了一半，另一半留白了，给人无限的想象空间。

1997年11月，珠海博物馆和南京大学历史系对宝镜湾遗址进行了第一次抢救性试掘，出土了一对完整的玉玦，还出土了穿孔石圭，更有一件夹砂陶鼎的鼎足。

　　仔细辨认宝镜湾藏宝洞东壁岩画图案，明显可辨一长方形恰似穿孔石圭；更令人惊讶的是，右下方有一个四足两耳的鼎状图案，恰好遗址又挖出了鼎足。穿孔石圭和鼎足是否可以和岩画互相比照呢？

　　1998年春，宝镜湾遗址第二次发掘，同年冬第三次发掘；2000年夏，宝镜湾遗址第四次发掘。几次发掘都出土大批文物，一次次改写珠海地区史前史。宝镜湾遗址文化层可分三期：第一期属新石器时代晚期早段；第二期属新石器时代晚期晚段；第三期相当于中原地区的商时期。而宝镜湾岩画，是用尖状石器凿刻的，其图案跟遗址的年代应有一定对应关系。考古学家认为大坪石岩画是具象岩画，距今约4000年，和宝镜湾遗址第二期文化层的年代相当；而藏宝洞东壁岩画距今约3500年，和宝镜湾遗址第三期文化层的年代相当。

　　宝镜湾岩画一次次吸引全国各地的专家、学者前去考察。当年国学大师饶宗颐到了现场，认真考察，写下七绝两首——《访宝镜湾岩画》，诗曰："千年岩画谁疏凿？又欲回车问夕阳。"

大坪石岩画（杨珊、杨长征摄）

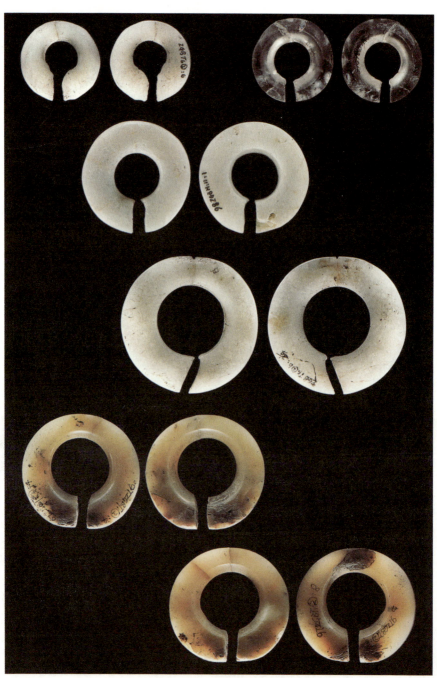

宝镜湾遗址出土的部分玉玦、水晶玦（珠海博物馆供图）

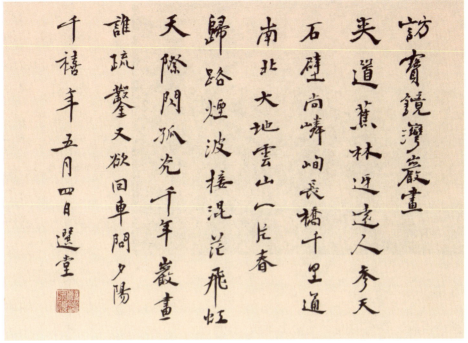

神秘的藏宝洞东壁岩画

岩画是先民凿刻或涂绘在山洞石壁或山崖上的图画。欧洲旧石器时代后期至铁器时代早期的文化中常有发现，题材多为狩猎和野兽、家畜形象。而我国新疆、内蒙古、甘肃、广西、贵州、黑龙江等地也发现类似岩画，但时代不很清楚，相对欧洲来说一般较晚。珠海高栏岛宝镜湾岩画的发现，填补了世界岩画题材的空白，向海而兴，向海而生，海洋文化的特点十分鲜明。

位于宁夏回族自治区的贺兰山岩画，记录了1万年至3000年前先民放牧、狩猎、祭祀、征战、娱舞、交媾等生产生活场景，成为研究远古人类文化史、原始艺术史的文化宝库。位于中国西南边陲地区陡峭岩壁上的

花山岩画，与其依存的喀斯特地貌、河流和台地浑然一体，展现了战国至东汉时期骆越人生活和祭祀的场景，使人得以一窥过去在中国南方盛行一时的青铜鼓文化仪式的原貌。

而珠海高栏岛宝镜湾岩画，存在时间上恰恰上承贺兰山岩画，下启花山岩画，不仅是中国岩画史上的一个重要节点，也是世界岩画史的重要一环。

宝镜湾藏宝洞东壁岩画最引人注目的是占据了画面三分之二的四五艘大船，刻画精美繁复。这些船如《越绝书》中所描述的"了乌船"那般"首尾高尖，当中平阔"，船身均饰有水波纹式样的线条。这些水波纹有些是单线，有些是双线；有些是常见的一笔而成的波浪纹，有些则用弯折的短曲线循环穿插成菱形图案排列，似乎是用船身上不同的波浪纹来呈现不同的动态，体现一些船才缓缓起航，另一些船已在激流勇进了。看！左下方的群舟上，有一组动态奔放的舞蹈人图案，他们双臂大展，腿脚或踢或蹬，或蹲或跑，动作不一，虽仅用单线条刻画，但刻凿时的轻重顿挫依然可在线条的粗细变化中体现，如此简洁却富有力量。听！连绵不断的海浪狂吼般撞向这支船队，船上的人却毫不畏惧，反以涛声为节拍，摆动，起舞，起航！

画面右上方有两条一上一下的大船，不可能是两条船相叠，只能是一左一右并驾齐驱。为了看到被挡住的那一条船，画师把它提上来让你看个清楚——这是一种新颖的创作手法。两条船既有相似也有不同的地方，总之都是在破浪前进，这让我们联

花山岩画上的"龙舟竞渡"图案（王瑶摄）

想到赛龙舟。花山岩画中的龙舟竞渡图，反映骆越人早就有龙舟竞渡的习俗，因越人临水而居，其生活习俗无不与水紧密相关，越人不仅"习于水斗，便于同舟"，为避"蛟龙"之害，而"披发文身"，且以龙舟竞渡的习俗祭祀水神。宝镜湾藏宝洞岩画比花山岩画还早一些，那赛龙舟的习俗是否可追溯到宝镜湾？

宝镜湾岩画的神奇之处，恰恰就是和宝镜湾遗址同一个地点。这在整个中国东南沿海地区绝无仅有。有了遗址，多少能够佐证岩画所处的时代。那藏宝洞岩画到底多少岁呢？是良渚、二里头文明曙光的时间段，还是殷墟甲骨文字传承的时间段？尚需深入探讨。

南海石锚

谁都想不到，发掘珠海高栏岛宝镜湾遗址时竟在文化层中出土一件大石锚，它由花岗岩质的椭圆形砾石加工而成，长径 33 厘米，短径 27 厘米，厚 13 厘米，重 18.5 千克，沿着短轴外部凿出一周用于系绑藤绳的凹槽，

18.5 千克的石锚（周运清摄）

凹槽宽 2.5 厘米，深 0.5 厘米至 1.1 厘米。这一下子就把省、港、澳的考古力量都调动起来了。

锚，古称碇，又作"矴"或"磱"，作为船舶最早的停泊工具，在最初的选材上，很可能就是绳索捆缚或竹编网兜内装着圆形石球，或仅仅是一块穿孔大石头，依靠石头自身的重量与水底地质形成的摩擦力，以与风力及水流对船只所形成的推力相平衡，即所谓"系石为碇"。每当开船时，将石头提起，称为"启碇"，船只将要停泊时，将石头放至水底，则称"下碇"。

从"系石为碇"到"木爪石碇"，是以木、石为主要原料。其中"木爪石碇"是将雕凿为条形的"碇石"与木结构的"爪"箍扎合成，使"碇石"在水底翻转中起到锚爪的作用。南海一号出水石碇正是泉州海外贸易繁盛的实物见证。

在碇和锚过渡阶段的代表性文物，首推南海一号的碇。2007 年，考古工作人员清理"南海一号"凝结物时，打捞出水一块长 3.1 米的花岗岩材质菱形石条，在石条中间部位有凹槽，同时中间宽厚、两端渐缩，经清理确认该石条为宋代碇石。就"南海一号"的船型及船载陶瓷判断，这应该是一艘从泉州港出发，前往东南亚或西亚进行海外贸易的福船型海船，而这碇石显然也应为当地所雕凿。

宝镜湾出土的这件石锚，把中国航海三个阶段全部勾连起来了！第二阶段，正是南海一号的碇做代表；第三阶段，就是铁锚，大家都见过。用铁制成，一端有两个或两个以上带倒钩的爪，另一端用铁链连到船上，抛到水底或岸边，用来稳定船舶。而宝镜湾出土石锚，恰恰就是第一阶段的代表。

出土这么大又这么重的一件石锚在南中国海北部地区还是首次。注意，是出土，不是采集，有文化层佐证——新石器时代晚期。挖，继续挖，看看有没有兄弟姐妹。考古，需要极大的耐心，一期一期地挖，一块一块碎陶片重拼，一块一块大石头小石头还原当时的历史场景。

接下来就要找找这一件石锚的兄弟姐妹以及它在环太平洋史前考古中的地位。近二三十年来，环太平洋西岸地区各种石坠发现不少，宝镜湾遗址出土的石网坠就近千件。据考古学资料分析，1到2千克的石坠，可作为捕捉沙丁鱼的渔网坠，7千克左右的石坠可作为捕捉文鳐飞鱼的渔网坠。10千克以上的石坠应该可以两三个捆绑使用，其实就是石锚。太平洋西岸发现巨型石坠的报道并不多。日本本州岛关东以北地区出土有特色的"T"字沟石锚，南部九州岛环沟石锚与南中国海北部地区同类器物较相似。

珠海和香港出土的史前石锚，比在美国出土的中国石锚早一两千年，形制也更为原始，表现出早期石锚的特点。外形凿成椭圆形，表面加工粗糙，没有钻孔，只是腰部凿出一道用于系藤索的深槽。但是，它的发现，证明距今4000年前的南越先民已经掌握和使用石锚这一泊船技术，这实在是一件了不起的事情。

珠海博物馆基本陈列"海洋纪事"之"岛民遗风"打头阵的文物就是宝镜湾遗址出土的这一件石锚。

地方风物

DIFANG FENGWU

别树一帜的淇澳端午祈福巡游

罗玉芬　林倩明

淇澳端午祈福巡游是流传于珠海市唐家湾镇淇澳村的一种民俗，至今已有近200年历史。淇澳村村民在端午节及节前的四天里集体祭祀、互访、庆祝、巡游，形成了独特的端午节民俗，表现了淇澳人民对美好生活的追求，对自然的敬畏、对民族英雄的崇拜，以及对海洋文化的传承。

历史渊源

淇澳端午祈福巡游，是当地"洗菩萨"传统风俗的延续和发展，其独特形式的形成源于清道光十三年（1833）淇澳人民的抗英战斗。在抗英战斗取得胜利的次年，为感谢战斗中神灵的庇佑，祈求风调雨顺、国泰民安、

淇澳端午祈福巡游方阵（汤晓东摄）

273

村子兴旺和睦，村民开始在端午举行祈福巡游活动，至清同治二年（1863）纪念抗英战斗胜利30周年时，已形成惯例，至今已有近200年的历史。中华人民共和国成立后，这一独特的民俗曾一度中断。从2010年开始，由淇澳老人协会牵头，恢复这一中断60余年的民俗活动。此后，在市、区、镇文化部门的关心支持下，每年如期举办，2013年5月入选珠海市第六批市级非物质文化遗产代表性项目名录，2015年11月入选广东省第六批省级非物质文化遗产代表性项目名录。

淇澳村所在的淇澳岛位于珠江口内伶仃洋上、珠海市唐家湾镇东北约2千米处，海岛面积约24平方千米，沿岸礁石林立，海湾较多，在靠近金星门水道一侧，分布着大围湾、石井湾、金星湾等海湾。根据《香山县志》《澳门记略》等史料记载，大致从明嘉靖二十七年（1548）至清乾隆三十四年（1769）的200多年间，淇澳地名变化经历"奇独澳—旗纛澳—旗纛屿—蜞澳或旗澳—奇澳—淇澳"的演变过程。因清乾隆三十四年朝廷在岛上设立官方机构淇澳司巡检，故更名"淇澳"。

淇澳村位于淇澳岛的东南部，聚落大致呈长方形分布。新中国成立前，淇澳村分为东溪坊、中行坊、旗西坊。淇澳正式建村始于南宋。南宋淳祐四年（1244），有谭、梁两姓迁来，后陆续迁来范、钟、蔡、江、姚、黄、王、苏、郭等九姓。淇澳人杰地灵，培育出清代康熙年间将军钟宝、中国共产党早期领导人苏兆征等杰出名人，历史留存众多，除10余座古庙宇外，还有村民为纪念抗击英国侵略者胜利、用侵略者赔款修建的白石街。

相关史料记载，1833年淇澳岛村民与入侵金星门靠泊囤烟、野蛮登岛的外国（主要是英国）鸦片商贩的抗争事件不断发生。当年10月13日中午，"有夷人入村争买什物，恃蛮捉去郭明秋，放枪致伤黄亚仰，抢去黄牛四只"，被村民苏上品等人发现，遂将偷牛之人捉获带回村内。下午，50多名夷人拥至村内寻衅滋事，被村民群起逐走，其中一名在扑剑殴打过程中被戳伤殒命，同时也有村民被夷人放枪打伤和捉拿上船。此后，夷人公然叫嚣"此村不肯顺从，应即覆其巢穴"。1833 年 10 月 15 日，英夷船主马基率众夷乘 10 余艘武装驳艇驶至马溪海，向淇澳村施放枪炮，村民孙亚福中枪重伤，钟氏大宗祠和天后宫等建筑物也被炮弹击穿。

淇澳村民历代口口相传：当时夷人的侵袭激怒淇澳村民，大家齐集天后宫前，祭过神，发誓要与侵略者决战一场。继而构筑防御工事，用铁炮和铜炮（康熙年间村人钟宝征战台湾时带回来的武器）奋起抗击。约在退潮时候，敌船搁浅挨打，一名英籍雇佣兵被击毙，夷人被迫扯起白旗，投降议和，并赔偿损失。战后，全村百姓在天后宫前召开酬神庆功大会，并将侵略者赔偿的 3000 两白银，用于修复被炮火打坏的祠庙、民房和铺筑一条近千米长的白石街。村民认为，此次战胜是受水潮爷爷、蔡二将军等神灵的庇佑，因此将"蔡二将军"雕像从蔡姓村民家中请入天后宫偏厅，正式享受香火；而水潮爷爷更是受到村民的加倍崇拜，香火愈加鼎盛。而且，在胜利的次年，村民开始举办持续五天的端午祈福巡游活动，全村同庆。后来，这逐渐成为淇澳村一个固定的民俗活动。

"水潮爷爷""蔡二将军"是淇澳特有的"神"，其来历也是淇澳特有的民间传说。关于"水潮爷爷"，相传南宋年间，居住在人烟稀少的淇澳岛上的村民艰难谋生，他们在一次台风过后的清晨，在现村东祖庙位置前，发现一尊从海上漂来的一尺多高的木雕菩萨。村民们对此惊恐万分，赶紧点燃香烛将菩萨放入水中，祈请菩萨另选居处。不料第二天，村民们惊异地看见昨天送走的菩萨竟然端坐在岸边高处的一块圆石上，于是，虔诚的村民们就地搭起了茅草棚供奉这尊菩萨。因其随潮水而来，故尊称为"水潮爷爷"。后来，淇澳村人建成祖庙，遂请水潮爷爷入住，世代供奉。

关于蔡二将军，相传在后来的一场台风过后，淇澳村西的双尾港又漂来一尊木雕菩萨，因为没有合适的庙宇安放，被一蔡姓村民抱回家中。由于这尊武将造型的木雕菩萨是淇澳岛第二位来自远方的客人，又是蔡姓村民当其兄弟般放在家中供奉的，村人便亲切地将其称为"蔡二将军"。淇澳村民认为，抗英战斗是受其庇佑而取得胜利，便从村民家中将其请入天后官偏厅，正式享受香火。

巡游过程

淇澳端午祈福巡游活动历时5天。初一接神洗尘。即从庙里面接出神祇，于祖庙前海水中清洗神像，之后放在各"坊"（"坊"为淇澳村的子区域单位，淇澳村分为东溪坊、中行坊、旗西坊三个"坊"）的行宫。同时，为天后圣母换衫。初二制作花炮，整理旗色等巡游用品。初三互相走访。三个坊的人持檀香互相拜访对方的行宫与神祇，同时进行社群交流。初四各自过节。以坊为单位，全村祭祀，村民也各自在家拜神做节。初五端午节正日集体巡游。

巡游活动包括烧炮、拜祭、巡游。

1. 五月初五晨七时左右，进行"抢头炮"，村民们以投标的形式抢点第一枚炮仗，出价最高的村民可以点头炮。头炮点响后，村民们便敲锣打

在淇澳祖庙前举行祭拜仪式

鼓地把头炮送到得标的人家，祝福好运降临其家。这又称为烧炮，实际为筹集巡游资金的一种形式，由村中善长认捐头炮、二炮、三炮等特定善款的方式筹集巡游所需资金。

2.淇澳村民将祖庙，东澳古庙，天后宫的水潮爷爷、天后娘娘、诸葛武侯、三元帝、蔡二将军等菩萨们端放在两顶特制神轿中，在祖庙门前摆放供品。

3.等待吉时，在村里德高望重的长者主持下，于祖庙前祭拜天地神明，燃放炮仗，焚烧元宝。祭品除常见的金猪（烧猪）、五样敬神菜和茶、酒、饭、粽子外，还有独具淇澳特色的五生五熟。五生是指用一头生猪的内脏做成的独特祭品：猪肚做寿星公，寓意长命百岁；猪肝、猪心做龟，象征延年益寿；猪小肚做寿桃，寓意福气安康；猪肺做孔雀，寓意百业兴盛；猪肠做拱门、猪腰做鲤鱼，寓意鱼跃龙门，步步高升。五熟由大蕉、枇杷、菠萝、桃子、李子等时令水果组成，寓意好时年、果稻丰收。祭品分置于三张特制的可抬走的祭台。

4.信众向菩萨上香、行礼、祝祷。

祭拜仪式切烧猪环节

5. 在拜祭后，燃放炮仗、鸣锣，淇澳村村民组成的巡游队伍由灯笼、金龙、醒狮引路，举着头牌、罗伞、单彩、双彩和大旗、百足旗等旗色，抬着祭台、神轿、小龙舟、泥板等，从祖庙出发，浩浩荡荡开始沿街巡游，途经东澳古庙、文昌阁、观音阁、天后宫、白石街回到祖庙。沿途信众燃放炮仗、敬奉供品，祈求家宅平安、生意兴隆。在途经文昌阁、观音阁时，巡游队伍会特意稍作停留，舞狮、祈福，寓意来年学子学业顺利。

6. 巡游中锣鼓喧天、鞭炮阵阵，村人竞相祈福，还有专人身着长衫，向信众派发平安米、平安茶、平安符和祛百病酒，活动完成后，将拜祭过的供品分给前来祭拜的村民带回家，寓意将平安、吉利带回给家人。

民俗特色

端午节作为中国四大传统节日之一，深深扎根于我国固有的文化和历史，是集拜神祭祖、祈福辟邪、欢庆娱乐和饮食于一体的民俗大节，其不仅是一个卫生保健节日，保证人们顺利适应自然节律的变化，同时也是一个纪念性节日，用以彰显伟大诗人屈原的品格。这一传统节日历来得到官方的重视，也得到各地民众的认真对待和积极参与，形成了龙舟竞渡、驱邪禳灾、防疫保健、端午食粽等家喻户晓的民俗活动。而在唐家湾地区，自古流传赛龙舟，耍菩萨（祈福巡游），浸龙舟水，门头挂艾叶、菖蒲并煎之沐浴，食芦兜粽和

巡游队伍途经淇澳牌坊

碱水粽等端午节习俗。但淇澳村别树一帜，村民们不赛龙舟而是制作小龙舟道具，也不仅在初五过节而是从初一到初五一连五天举行各种活动，他们为各路神祇净身洗尘、摆上供品祭祀，抬到街上巡游祈福，还有水潮爷爷、蔡二将军这样淇澳特有的、被村民认为庇佑他们取得抗英战争胜利的重要神灵，凡此种种，无不彰显鲜明的地方民俗特色。而长期以来，淇澳端午祈福巡游也形成5个约定俗成的惯例。

一是从农历五月初一开始持续五天祭祀活动，而且五天各有不同的内容。即：初一，请菩萨，洗菩萨，然后把各坊庙宇供奉的参与巡游菩萨集中供奉在各坊的行宫里（其中，东溪坊供奉水潮爷爷，中行坊供奉三元三品三官，旗西坊供奉天后圣母和蔡二将军。初二，整理罗伞、旗色等巡游用品。初三，互相走访，三个坊的人们持檀香互相拜访对方的行宫与神祇，同时进行社群交流。初四，各自过节，即各坊的村民在各自的行宫中做节拜神，随后各家各户回自己家拜神过节。初五，正式巡游。

二是巡游祭品包含独特的五生五熟。淇澳村民创造性地用一只生猪的内脏做成独特五生祭品，用猪肚、猪腰、猪肝、猪小肚、猪心、猪横脷等做成传统象征长寿、百业兴盛、步步高升等吉祥寓意的寿星公、龟、寿桃、鱼跃龙门等造型，这种奇思妙想凸显了民间智慧，表达了淇澳村民美好的生活祈愿。而由大蕉、菠萝、枇杷、桃子、李子等时令水果组成寓意好时年、果稻丰收的五熟祭品，又展示了淇澳半农半渔海岛村落的文化特色。

三是以抢头炮的方式筹集经费。每一年五月初五祭天仪式前，大约在上午七点钟，淇澳村民会进行"抢头炮"的活动。村民们会以竞标的方式抢点第一枚炮仗，即出价最高的村民获取点头炮的荣耀。头炮点响后，村民们便敲锣打鼓地把头炮送到得标的人家，恭贺好运降临该户人家。每一年，村民们都会制作八枚炮仗，竞投价格最高的前三名可以点燃头三枚，这三枚炮仗所获得的资金是每年淇澳端午祈福巡游重要的经费来源。其余五枚炮仗的中标者则负责巡游所用的葵扇、水等物资的费用。

四是巡游神祇多，巡游路线按照三个坊的顺序进行，相对固定。巡游队伍抬着水潮爷爷、天后娘娘、蔡二将军、诸葛武侯、三元帝等菩萨，从祖庙出发，沿村中道路开始巡游，途经东澳古庙、文昌阁、观音阁、天后宫、白石街回到祖庙，并在途经文昌阁、观音阁时稍作停留，燃放炮仗、舞醒狮，以祈愿村中学子们来年学业顺利，村民合家平安、百事顺遂。

五是巡游队伍沿途派发平安米、平安茶、平安符和祛百病酒，为村民祈求祛病消灾，除凶保收。"平安米"是淇澳村民们为了在端午这天讨好彩头，特地提早播种插秧而种植的早稻，巡游当天，穿长衫的长者会沿途给村民派发这些新米（即平安米），村民回家将这些新米掺进自家的米里，煮饭给全家吃，寓意好收成；"平安茶"又称"五月茶"，是用端午期间在淇澳岛山上采摘的几种药草煮成的茶水，村民认为喝下可以清肠胃，有祛病消灾之效；"平安符"是巡游当天，穿长衫的长者给信众派发黄纸上印有红色朱砂字符、折成三角形的平安符，村民认为有除凶、保平安的意义。

社会意义

淇澳端午祈福巡游习俗是淇澳村特有的民俗现象，其分布范围局限，地域特色鲜明，是珠江入海口周边半农半渔海岛村落文化的独特代表，也是粤文化及粤民俗研究中一项珍稀的非物质文化遗产，具有宝贵的研究价值和保护意义。

历史久远，富有地方特色。淇澳端午祈福巡游始于清道光年间，成型于清同治二年（1863），至今已有近200年的历史，是淇澳村人祈求风调雨顺、平安康健的一种民俗，富有地方特色和丰富的文化内涵。活动中免费派发平安茶是以端午期间采摘的本地药草煲制的药茶，村民认为喝下可一年祛病，是富有地方特色的节令防疫保健传统。

庆祝时间长，地域特色浓厚。与我国其他地区不同，淇澳村端午节不赛龙舟，也不仅限于农历五月初五过节，而是从初一到初五一连五天举行各种活动，是非常独特的端午节庆祝形式，具有浓厚的地域特色，蕴含丰富而可贵的历史信息和文化信息。

神祇众多，对地方人文保护独具意义。淇澳端午祈福巡游的神有水潮爷爷、天后娘娘、诸葛武侯、三元帝、蔡二将军等。其中天后娘娘是中国整个东南沿海地区广泛供奉的神，而水潮爷爷、蔡二将军是淇澳独有的神灵。巡游路线途经祖庙、文昌阁、天后宫、白石街等众多省、市级文物保护单位，是将实体文物保护和非物质文化遗产保护相结合的活动，对历史文化保护独具意义。

祭品独特，利于优秀传统文化的活态保护及传承。三张特制的方便抬运祭台，上置淇澳端午祈福巡游特有的五生五熟祭品，先在祖庙拜祭，而后沿街巡游。这些淇澳端午祈福巡游所独有的信息，通过活动的每年举办得以延续和强化，实现良好民俗的活态保护及传承，对传承优秀传统文化有着积极的意义。

内容独特，有利于促进文化旅游事业的发展。平安米为村民义务提前播种的当季新稻，免费派发；平安茶是端午期间采摘药草煮成的药茶，体现了民间中药祛病传统；平安符因每个坊神祇不同，样式不同。这三样巡游免费派发的特色物品，对游客具有一定吸引力。散发着非遗独特魅力，淇澳端午祈福巡游可通过更全面的宣传推广，助力当地文化旅游事业的发展，并辐射带动交通运输、餐饮服务等相关行业，进而推动当地的经济发展。

保护传承

珠海国家高新区和唐家湾镇自2006年7月实行"区镇合一，由市直管"的体制改革以来，积极挖掘、保护和开发利用辖区丰富的非物质文化遗产资源，重视非遗保护和传承工作，每年区财政预算中预留专项资金对非遗项目进行保护和传承，对文物古建进行活化利用，将非遗传承基地设于古建中，不断推进非遗创造性转化、创新性发展，推动非遗融入时代，融入现代生活，让非遗"活"起来、"火"起来。每年举办的"淇澳端午祈福巡游"民俗活动，也进一步推动了珠海民俗文化与自然遗产的传承和发展，让非遗走进群众的日常生活，全面展示了文物保护利用和文化遗产保护传承的新进展、新成效。

多年来，在各级文化部门的努力下，淇澳端午祈福巡游等唐家湾非物质文化遗产保护传承工作成果斐然。

一是通过线索挖掘、田野调查、走访、座谈、查阅相关资料等形式，厘清项目的基本内容、分布区域、所在区域及其地理环境、历史渊源、主要传承人、传承群体、主要特征、重要价值、存续状况等。通过访问曾经亲历现场的见证人，运用文字笔录、有声录音、影像录影等方式进行记录。在这些原始记录中，抽取有关的史料，再与其他历史文献比对，让历史更加全面翔实、更加接近具体的历史事件真实。归档形成文本、录影、历史照片等档案资料。

2006年，唐家湾镇文化站开展非物质文化遗产田野调查工作，收集、整理辖区民间文化遗产，启动非物质文化遗产代表作申报工作，自此，每年深入民间进行非遗线索挖掘工作。2010年，挖掘淇澳村民祈福巡游线索；2013年，高新区区属国企珠海唐家湾文化旅游有限公司作为保护单位，将淇澳端午祈福巡游成功申报为珠海市第6批市级非遗项目名录。2014年，淇澳端午祈福巡游的保护单位更换为珠海高新区(唐家湾镇)文化中心；2015年，高新区（唐家湾镇）文化中心与北京师范大学珠海分校文学院张明远教授团队合作，开展淇澳端午祈福巡游非遗项目课题研究，对淇澳端午祈福巡游非遗项目进行全方位的调研，深入挖掘其历史渊源和文化底蕴，同年，成功入选第六批省级非物质文化遗产代表性项目名录。因机构改革，珠海高新区（唐家湾镇）文化中心更名为珠海高新技术产业开发区文化服务中心。因此，2023年起，淇澳端午祈福巡游非遗项目的保护单位为珠海高新技术产业开发区文化服务中心。2021年底，对省级代表性传承人钟金平开展了口述史访谈，形成文档记录、音像资料等，保存"唐家湾记忆"。

兆征纪念学校巡游方阵

二是活化利用古建，打造非遗传承基地。珠海高新区于2016年投入专项资金对淇澳村钟氏大宗祠进行全面修缮，设立淇澳村史馆和淇澳端午祈福巡游非遗传承基地，以文字、图片、实物、多媒体等方式呈现该非遗项目，并常态化开展传承传播活动。

三是保护单位重视传承人梯队建设，组织代表性传承人开展后继传承人培养工作，包括巡游筹备和正式活动中组织策划、技能掌握、管理队伍等方面，并出台《淇澳端午祈福巡游项目传承人培养机制》《激励传承人群体措施》等文件。2024年，核心传承人队伍成员的年龄已由60岁以上逐步向40～50岁中青年下移，成员规模逐渐壮大，较好地完成了第一代表性传承人逝世后的延续发展工作。

四是保护单位将端午民俗结合"文化和自然遗产日"系列活动、高新区非遗文化节等活动举办，以文旅结合的形式，提高淇澳端午祈福巡游的社会知名度，提取淇澳端午祈福巡游里龙狮、罗伞、神轿等元素进行延展设计，更好赋予非遗特色文化特性，推出了"淇澳端午祈福巡游"文创礼盒，把"淇澳端午祈福巡游"打造成"国潮端午"大IP，让非遗文化为珠海高新区文旅带来"流量"，增添热度。

　　五是保护单位通过理论教学、实践指导、发送教学绘本等方式开展校园、社区教育传承活动，通过常态化"非遗进校园"工作，让学生通过非遗传承人的讲述，近距离接触民间艺术，感受地方文化气息，形成非遗保护传承的氛围。自2022年起，设由兆征纪念学校学生组成淇澳端午祈福巡游校园传承方阵，并特制了适合小学生手持的小头牌、小罗伞、小单彩等旗色，加入智勇双全、学业进步等青少年成长相关内容；同时联合淇澳社区学院开展舞狮非遗培训班，培养了一批有扎实技艺的"小狮人"。让高新区特色非遗在辖区青少年心中深深地扎下了根，学生从知到会、从学到做，筑牢文化自信，努力成长为非物质文化遗产的接班人、传承人。

　　六是保护单位积极推动非遗数字化展示工作。2020年首推"线上淇澳端午祈福巡游"互动小程序，设计洗菩萨、收平安茶及平安米两个趣味线上游戏互动环节，并以线上选择祝福语进行分享的形式，完成祈福的民俗传统；2023年推出"唐家湾记忆"非遗长卷，采用"手绘长卷＋二维动画＋VR（虚拟现实）＋音视频技术"的形式，以一位旅行者和非遗采风人的视角，以唐家湾地区岁时节令为线索，并通过视频、音频、动画、图像对比等辅助展示，实现市民通过微信公众号"珠海高新文化网"菜单栏点击"非遗长卷"进入浏览即可体验"指尖上"的高新非遗，其中绘声绘色再现端午节当天的淇澳岛盛大巡游场景。

　　未来，珠海高新技术产业开发区文化服务中心作为淇澳端午祈福巡游非遗项目的保护单位，计划接续做好非遗传承传播工作，让非遗连接现代生活，增强全社会非遗保护意识，营造非遗传承的浓厚社会氛围，让"唐家湾记忆"绽放更迷人光彩。同时，进一步把传承传播非遗、弘扬中华优秀传统文化融入推进产业发展的工作大局，持续深入挖掘非物质文化遗产市场消费潜力，创新打造消费新场景，全面激活高品质特色文商旅消费，让非遗在新时代焕发更加强劲持久的生命力。

斗门旧街"广盛"的由来与印记

邝国成

一、商号"广盛"的由来

广盛这商号是珠海市斗门区斗门墟 20 世纪 30 年代至 50 年代这不平凡时期的众多商号之一。

在前几年斗门旧街修复以后，大马路上"创业帮助就业孵化基地 16 号铺"的大门上厚重地用繁体字写上"广盛"两个金黄色大字，重现 1935 年创立的广盛老商号的风采。它靠近著名的"章荣"金山庄等旺铺。1938 年至 1940 年，侵华日军肆虐中山县沿海地区，多次轰炸斗门小濠涌等地，市场萧条，"广盛"经变化重组后，迁至二马路 22 号（现为 16 号）。

我的父亲邝乃煦（1914.1—1992.12）是广盛的创始人。他是小濠涌邝氏三房二十八世"乃"字辈，字乃煦，号天日，当地熟悉的人叫他日叔。他是个遗腹子。他父亲邝光厥结婚后不久，就为谋生去秘鲁做契约劳工（卖猪仔）。他与母亲张买欢（马山村人）在小濠涌村相依为命艰难度日。没过几年他父亲在秘鲁去世。他母亲用他父亲在秘鲁谋生遗留下的积蓄，做小贩，供其读书、当学徒、学手艺、学做生意。他 20 岁成家后，开创广盛门店。他尝试过多种生意，做鞋业成功后，又及时兼做布匹生意，以"广盛"商号迎接新中国诞生，成功接受社会主义工商业改造，转为斗门供销社干部。他成家后养育小孩 4 男 1 女长大成人。邝乃煦家族后人在西安、贵阳、西宁、广州、珠海香洲和斗门等地工作生活过，到现在，计有 40 余人。

邝乃煦在 20 世纪 60 年代参加过佛山专区政治学校学习，在六七十年代写过一份他的简历。在这份简历中，对"广盛"的由来叙述得明白，现摘录如下。

1914 年出生于斗门小濠冲（涌）村。

1918 年父亡于秘鲁，母子二人做小贩，没有田地。

1922 年至 1928 年读书。

1929 年 15 岁，到斗门"慎元隆"学做木屐。

上世纪 50 年代邝乃煦旧照的翻拍图。
笔者提供

1930 年到江门"容乐轩""华真"学照相，同年五月返乡途中被劫，加上身体不好，后来返乡。

1931 年至 1934 年在家做小贩。

1934 年结婚（20 岁）。

1935 年在斗门与邝光叶、陈华润三人合作开办"广盛"百货店。

1937 年母亲去世。

1938 年又与邝曾玉、梁毅志、邝拾合开"民众"茶楼，又做杨旺、杨光（八甲人）澳门走私的运货收渡费，有二年之久（他们二人跑渡，我店为变卖处）。

1938 年日本飞机炸毁了其小濠涌的房屋。

1939 年茶楼失败，回"广盛"店。一个人接顶这盘生意。到斗门沦陷，逃往深潭村（住到 1941 年），各种生意停业。

1940 年稍安静，又往斗门与邝荫合作鞋业生意，一个月后邝荫提出不合作了，他做帮手便于计算。于是就自己一人做。又曾与陈汝麟、陈锡其三人合作搞过几个月"俱乐部"摆麻将，失败后，又与邝荫做鞋。

1941 年鞋业冷淡。

1942 年至 1944 年由于日军侵入，商业大受干扰，只有自己独家营鞋，生意一度兴旺。先后请过长短工十几人。

1942 年又与陈汝麟代章荣看管"金山庄"（侨汇代理）一年多，每月工资 100 港元，后因感情冲突 1944 年与陈、章断交。

1944 年鞋业兴旺。买谷一万斤，后黄文英（地主）借去六七千斤，两年后他仍未还，1946 年他以十亩田抵。

1945 年鞋业转淡。

1946 年与石嘴村王文英买十亩围田，租给上洲村余甘和种。

1947 年与南门村赵炎买一亩多坑田，租给深潭村黄华信种。

1947 年在沥歧村买赵炎三亩多坑田，租给沥歧村振九种，收了两年多田租。

1947 年生意冷淡。又由余甘和做中人（以十亩田租抵利）向别人借贷 1000 元港币往江门买布扩充生意，开始营业布、鞋，直到解放。

1949 年解放，仍有三个工人。

1950 年参加斗门青年学习社（斗门镇团委组织）。

1951 年至 1953 年任斗门工商联主任。

1952 年土改评成分为"工商业兼小土地出租者"。

1952 年筹办斗门电灯公司（任筹委主任）几年后移交给国家。

1952 年与赵德芳等合办"协源"代购店，1954 年店闭。

1954 年任斗门工商联宣教。

1955 年年底，经上级批准与罗荣合、赵仲宏、赵作、李敬搞合作商店。

1956 年过渡为国营合作供销店，转为店员，爱人转入手工业社。过渡时资本 235.00 元，每年利息 11.70 元，本人工资 38.5 元。

1959 年至 1961 年无从事任何非法活动。

1960 年，参加县工商界芦溪农场学习半年。

1962 年曾经商店领导同意，接商店原在大赤坎均生围之耕地二亩自耕自收一造；

1964 年至 1966 年四清运动。

1965 年 7 月至 9 月，参加佛山专区政治学校学习。

1966 年至 1967 年文化大革命。

备注：1938 年至 1949 年经商，先后雇工人、学徒、长短工共约 30 人。"文化大革命"运动宣布成分为资本家，家庭成分资本家兼小土地出租者。

二、老铺记忆

1944 年 5 月，我出生在二马路的广盛老铺里。母亲赵银满（大赤坎村人）对我说过，我在 1 岁左右，在铺门口被路过的两名荷枪的日本兵抱走，幸得被邻居阿姨救回。

二马路和大马路上的铺子绝大多数是中西结合带骑楼的连壁式建筑物。二马路广盛铺的左边是梁旺丁木制品店，右边是邓老板的日杂箩篸店，斜对面是陈智才牧师的福音堂，还有"唯一"书店、"黑白"照相馆、"南昌盛"酱园……再往西边马路斜坡旁是著名的大店"云常"，改革开放后曾做过斗门华侨商店。

二马路的广盛铺南北长约 10 米（含骑楼）、宽约 4 米，占地面积 40 多平方米，是所谓的三层楼，坐北朝南，一楼前面是店铺、二马路，后边是厨房和后门、上淋街。二楼是住房兼读书房。靠北木板墙承有约 1.3 米 × 0.4 米放有祖宗牌位和祖父画像的

2023 年春节期间，笔者在大马路 16 号铺"广盛"门前的留影

神架。画像放玻璃镜架里，椭圆形手绘彩像下写着"邝光厥公遗像"，右下角小字写"民国廿年摄于江门华真"。西墙有个带铁栏栅的窗，窗外下檐已是邻居的屋顶瓦面，靠东边墙有一个走廊，上5级木楼梯通往骑楼（约4米高）顶的三楼，右后转又有几级小木梯通往阁楼。房子约为15行宽的瓦顶房，中间主梁高前后低（南北斜坡），南北坡都有两块玻璃瓦作透光天窗。三楼只有十余平方米，二三楼都只2米多高，阁楼南边有木板墙，北边不足2米高，设有栏杆。楼梯、楼面、廊墙都是用杉木板做的。当时二马路扩宽改造，南面的骑楼要斜切去一块，所以铺面是15度的斜面。三楼靠马路墙上开有三对玻璃小窗门，后因木框烂了，换成木板窗门了。当时各店铺临街的柱子内设有下水管通道。铺面沿马路外墙装修美观，顶部还有图案。后因年久失修和一些原因都无法保留了。

我小时候看过，那个矮小的阁楼有不少木盒子（用来装出售皮鞋的鞋盒），有用竹箩装做鞋的脚模（鞋楦）十多对；有个约70厘米×70厘米×65厘米工作台，四面有个小抽屉，放着做鞋专用的锤、钳、锥、剪、小鞋钉、鸡眼、小冲子……台面被长年的工作损坏了大部分，布满钉孔锤印。靠西墙边还有一张竹谷围、小农具、大簸箕；还见过一个陈琴、广东音乐曲艺等书籍、旧篮球、杂物……这些见证了父亲曾活跃参加的多种社会活动。我孩提时早上或傍晚在铺骑楼马路边，紧依偎着坐在小凳上擦汗休息的父亲，还分享他吃的大包等美点。

在二楼的走廊墙上，高高挂着一个三边围着红布写着"冠字""乃煦"的字架，已很旧色，有许多灰尘。这两层楼都放有床、蚊帐。骑楼上的三楼为父母住，有衣柜、梳妆台椅、坤甸木床（俗称贵妃床）、洗面架，二楼为兄弟姐妹们用的书房兼住房，有书桌椅、凉竹长椅、大小床二三张、痰盂等。我们做作业都在放学后马上抓紧时间做完的。因没有自来水，母亲每天上下楼换水、洗刷。地面一楼，南面为骑楼靠二马路，里面为铺面，也有近3米高。当时临街铺面为了安全，大门是分装式的几块厚板木门，朝开晚装，还上木柱（称"将军栋"），很结实，但很重，每天早晚装卸移动又麻烦，后来都改掉简化为大门了。地面铺有边长1尺的红色方砖。铺面里有放布匹的货架、放鞋的架子，中间有张可展开布匹约1米×2.2米的大台（带有放账本等的抽屉），还有一张较高的方凳。做鞋工作台多数放在铺门口，到晚上移回铺内。里面曾间有个小房，后因太窄，又拆了，放大台。西墙凸起的砖柱上挂有一个钟面八角形的机械摆钟。解放初期，斗门镇很早就有电灯，铺里的电灯装在楼板木梁下，垂吊下来，有白瓷灯罩，配有可升降平衡的白瓷锤，每层和厨房都装电灯和拉线开关。铺面北边叫"铺尾"，开有一趟门到厨房，直通到后门。后门用对开的厚木板做，每年春节前都贴上红纸写的门楹"后来""更好"。

当时是用板材间出厨房。从铺面入厨房，右转为上二楼的13级木楼梯。楼梯底座正对是通道，旁边放两个大水缸（装红片糖的陶瓷大缸），左边的装"龙井水"（泉水，专用来煲开水、汤、饭用），右边的装普通井水，每天清晨就要挑水装满两缸；紧接是"石桥"（放砧板、盘、砵），设有下水道通出墙外。斜楼梯底放老糠（稻谷壳）、柴草，正对北墙建有连续三个灶和烟通，有放大铁镬的"机器灶"，可燃烧老糠、木糠，炒菜的中铁镬灶，煲汤水的小灶（当时有瓦煲、铜煲，后有锑煲），有烟道沿东北墙角通出瓦面外。灶台的旁边就是后门，就对着一条不足2米宽的上淋街，中间还开一条小小的明水渠，设有一个沉淀杂物的井。铺后门正对的一座二层楼的房子（现为上淋街6号），20世纪40年代后期广盛生意旺些，一些亲朋也来求职，父母也尽量同意，有时多到10余人，就租借这房子用。铺门口骑楼西南角放一大水缸，保持装满水，作为居民消防用水，当时政府还备有人力消防车。

到新中国成立不久，工商业社会主义改造时，父亲带头响应办合作商店，广盛就转为为斗门棉布第四合作经销店。1955年在中山纪念中学读高中的兄长邝国陶假日回家，帮忙用美术字写商店新名。后来父亲转为供

20世纪50年代"广盛"的购货证照片翻拍图。笔者提供

销社干部，母亲转为车衣社职工。父亲曾在水果门市部等店工作过，68岁批准退休，到1989年其每月退休金升到51元。

三、老铺的新生

二马路的广盛老铺经历了几十个春秋，逐渐残旧。到20世纪80年代，我回家看望父母时遇上大风雨天，连床上都要放盘、桶装漏水……楼板、梯板都有不少地方磨烂、磨透，不少墙砖也残旧，扫地的沙尘从楼板漏下，从楼板可望见骑楼行人。国家经济困难时期，我和弟、妹帮母亲在一楼养过鸡、猪，在二楼养过兔子，在墟边的山岗地上开荒种番薯、萝卜等菜，上山打柴草，自力更生渡难关。到20世纪80年代，父亲退休又在过去他住的三楼养白鸽，他窝住在矮小的阁楼。多少年来父母有个心愿，要修缮老铺，要住得安稳点才行。直到父亲去世后，母亲才向儿女们提出老铺大修的设想。1996年，兄弟妹商定，大家与母亲都出资，行动起来，由学建筑的妹夫陈振健设计，由专业建筑队施工。中途又解决了拆旧屋梁时影响邻居的纠纷问题，前后经过两年多的努力才完成，后领了房地产权证。根据2000年8月办的房地产权证的记注，房子为三层混合结构，用地面积自用 40 多平方米，建筑面积 105 平方米。

二哥邝国陶 1956 年荣幸地从中山纪念中学被挑选保送到西安第四军医大学读书，毕业后一直在四医大工作，成家立业，父母和全家都引以为荣。我家成为军属，镇政府颁发"光荣之家"牌匾挂在老铺门楣上，每年春节前镇上都发新年楹联"一人参军，全家光荣"或"发扬革命传统，争取更大光荣"，母亲都亲自叫我们或请年轻同志贴好。她每次参加"八一"和春节军属座谈茶话会，带回米、油等慰问品，特别高兴、自豪。

老铺翻新修建后，全家和亲戚朋友都高兴，特别是在西安、广州、珠海的亲人来往更多。现每层都有电灯、插座、自来水喉、厕所、小住房，方便多了。母亲曾住二楼，三楼设有堂上历代宗亲的神架、祖父的遗像镜框位。母亲有遗嘱：老铺为祖屋不能卖掉。经商量，一层铺面可出租，以租金作养屋及拜山等公共活动费用开支。铺面曾做过缝补衣、理发、小饮食店，近年来创业者做甜品、小吃的"水瓶座"店，生意兴隆。

二马路 16 号广盛老铺目前创业门店的新貌。笔者提供